我的青藏之旅：羊卓雍的祈祷

我的青藏之旅：美丽的金银滩

佛光岩探秘

东方金字塔：西夏王陵

干河沟的擎天石

牯牛背山脊

未开发的水洞景区

驴行二万五千米

梅家沟的吊桥

秋游红花湖

美丽的水银河峡谷

红池坝草甸的牛群

赤水河畔"美酒河"

花都掠影

黔东南千户苗寨

洞穴魅影

黔东南加榜梯田与苗寨

四面山之丹霞

黔东南黎平天生桥

飞鸽林场之水上公路

梦中的泸沽湖

迷人的草海

东川红土地

车窗外的中俄风景差异

腾格里沙漠中的月牙湖

地理系那些事

地理业余生活：地理系 86 级的小乐队

见证历史的川师大荷花池

天文达人：王林安（右一）

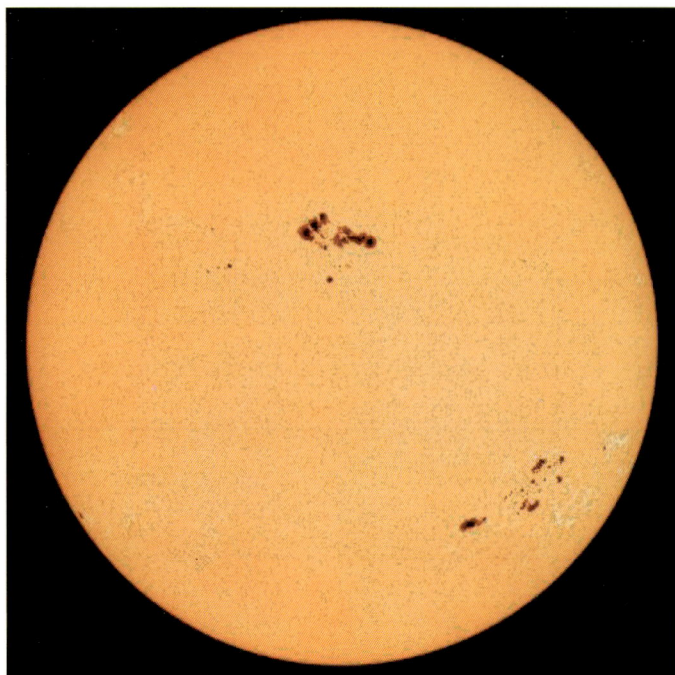

太阳黑子的故事

天文观察：弯弯的太阳

岷江情缘：岷江水文实习

野外实习轶事：旧饭菜票的回忆

自然地理考察：打通中学学生在找化石

化石临时陈列

地理教研纪事：与兄弟学校联合教研

人文地理考察：到电厂参观考察

四川盆地立体地形模型

地理研究性学习活动图片展

穿地图服装摆地图造型

世纪末的"长征"会师了

地理奖励——带班外出考察

学习小组中的组长讲解

地理高考季：操场一角学习

绞杀植物之菟丝子

绞杀植物之藤三七

我的地理之路

——献给师生家长旅行者的地理故事书

行山水之路　探地球奥秘　品精彩人生

王泽安◎著

NORTHEAST NORMAL UNIVERSITY PRESS

东北师范大学出版社

WWW.NENUP.COM

前　言

　　"安哥""男神"，朋友们想象不到，这是一群十几岁的中学生对我这个50多岁教师的"爱"称。学生对老师的喜爱缘于老师对学生的热爱，在我30年的地理教学生涯中，师生间发生了太多的地理故事。有弟子说，老师您可以把这些故事写下来，以飨读者。

　　地理故事多、杂，有发生在读书求学期间的，有发生在工作岗位上的，还有发生在社会生活中的，如何才能串成有条理的一部作品呢？经过好一阵苦思冥想，我终于找到了切入点：苏联作家高尔基不是有人生三部曲《童年》《在人间》《我的大学》吗，我何不参照一下呢？于是，《我的地理之路》诞生了。

　　《我的地理之路》以我的地理历程为主线，分为四个篇章："地理童年""地理大学""地理校园""地理人间"。

　　"地理童年"，包括"童年糗事""地理初解""故乡情深"三部分，回忆了童年的趣闻，记述了我懵懂之中对地理的粗浅认知，不乏情趣和童真。

　　"地理大学"，则包括"地理学习""地理实习""地理生活"三节，呈现了大学生活的片段，打开了地理学科的广阔视野，激起朋友们，特别是中小学生对地理学习的向往。

　　"地理校园"内容就丰富了，包括"星空故事""地图故事""道具课堂""地理行动""地理实践""石头情结""地理创作""弟子趣闻"等内容，记录了我参加工作以来的地理教学点滴，展现了地理学科的丰富内涵，让朋友们体味到地理学科的无穷魅力。就是那些对地理不了解、不感兴趣的人，恐怕也会因此而改变看法吧。

　　"地理人间"通过"生产地理""生活地理""环保故事""旅游杂谈""美文欣赏"等内容，让朋友们看到地理学科与生产生活、环保旅游相结合的事例，哪怕是一篇篇游记散文，也蕴含了丰富的地理知识。

写本书之用意为何？通过地理知识、地理趣闻、地理故事，通过教学点滴，为中学生打开地理之门，指引方向；给中学教师智慧教学抛砖引玉，给旅游爱好者的自助出游出谋划策也是用意之一。

风雨 50 年，地理注定了我的人生，地理之路让我领略风光无限。我愿通过此书，广交天下朋友，让此书成为我们之间友谊的桥梁、交流的纽带。

相信，读完此书的朋友，一定会因此书而产生共鸣，觉得地理有趣、好玩、有用了。如果还有人对地理不感兴趣，甚至有抵触情绪，请找我！

目 录

第一篇 地理童年

第四篇　地理人间

第一篇　地理童年

第一章　童年糗事

防空洞的故事

20世纪70年代，当时国际形势严峻。村里的泥墙上、田坎边、岩壁上满是"伟大领袖毛主席万寿无疆""将文化大革命进行到底""备战备荒为人民""打倒美帝国主义"之类的标语，大人们成天说着让人半懂不懂的话，村里广播也播放着革命歌曲。这样的情形一直是我童年生活的主要色彩，感觉有声音告诉我：这世界不太平，随时可能有战争爆发。怎么办？几个小朋友商量后决定，挖防空洞。

小伙伴们正忙着呢

家乡眉山地处岷江河以东（属川西龙泉山余脉的浅丘地带），小山上下都是磨圆度很高的鹅卵石（后来才知道，这是四川盆地还是湖泊时期的沉积物）。山上原本有些树，"大炼钢铁"那阵被砍光了，后来才撒了种子，树刚长起来，不高但特别茂密，小孩子藏在里面，大人们无论如何也找不到。这恰恰是孩子们逃避外界干扰的天堂。挖防空洞这样的"大工程"同样不能让大人知道，所以挖掘工具只能从家里"偷"了，其实不过就是小凿子、小铲子之类，最给力的工具当数那把小锄头。

防空洞的选址是个问题。开始，小伙伴们认为很简单，电影《地道战》里挖地道不是很容易吗？那时候，我们哪知道《地道战》那地方是华北的冲积平原，我们这儿是山区。小伙伴们在山中有高坎的地方找了好几处，都因鹅卵石太多，挖了几锄，就放弃了。我想：山中有小山沟的地方可能要好挖些，石子少，土质松软，才容易被水冲刷成山沟沟嘛。于是在我的鼓动下，小伙伴们到山沟里找位置。终于在一条被灌木藤蔓遮着的山沟沟里找到一处泥多石子少的地方，开始"施工"了。

小孩子嘛，"施工"进度自然很慢，但伙伴们热情很高，到天色暗下来时，才收工。大人们经常要用的工具自然得悄悄带回去，下次再拿来，大人们不常用的工具就留在那里。半个月过去，经过伙伴们的齐心协力，防空洞已经有了雏形，宽和高都有一米多吧，可以容下我们四五个小朋友。雨是淋不下来了，只是很挤，放不下其他东西。

大伙一阵高兴之后，又担忧起来：有小朋友说，万一敌人打过来，我们躲起来，地方太小，没有存放食物的地方；又有伙伴说，敌人打过来，我的爸爸妈妈也要来躲；其他小朋友马上表示，大人要来，那大家的爸爸妈妈爷爷奶奶都要来，但也有小朋友说，这防空洞是我们小朋友自己的，大人本来就不知道……这一下炸锅了，意见不统一，争吵不休。最后伙伴们不欢而散，自然后续"工程"搁浅了。

1976年9月9日，毛泽东主席逝世。第二天，从广播听到这个噩耗，这一次，小伙伴们居然不约而同地聚到防空洞来。大家伤心、难过，更多的是担忧和恐惧：毛主席他老人家不在了，敌人肯定要打过来了。大家很快做出决定，防空洞还要继续挖。只可惜，后期的"工程"量太大，可不是几个小孩能担当的。以后的日子，国际国内形势也没有太大的变化，小伙伴们偶尔去看看，也可能带上工具掏几下。后来，有些家长知晓了，强烈阻止孩子的行动，"工程"几乎停滞。第二年的一场大雨，山洪把防空洞冲塌了一方，重新"施工"更困难了，又因为山沟沟里潮湿，洞里待久了真不舒服。再后来，防空洞"工程"渐渐淡出了伙伴们的记忆……

十多年后，读大学的我偶然想起儿时的防空洞，信步走到那一条山沟沟，沟还在，洞早坍塌不见了。"物是人非事事休"，"防空洞"定格在了童年的梦中。

洞穴冒险故事

不知道为什么，我从小就和洞穴有缘。小时候的我，如初生牛犊，根本就没有"怕"字，现在想起来反而有些怕了。

安居"地下室"。说是地下室，实际上是家乡梁子山养猪场的粪池，上面盖上了条石板，密不透风，只留一个小小的进粪口。养猪场刚刚建好，粪池也是干的，空空如也。一天，我和许多小伙伴在养猪场玩藏"猫猫"。不小心，我从进粪口跌入粪池，开始是一阵惊呼，但适应阴暗光线后，发现粪池是绝佳的避难所，于是邀小伙伴们，一个个顺着进粪口，下到粪池。经过商议，这个粪池地下室在养猪场正式启用之前的好长时间成了小伙伴们拥有临时产权的"天堂"。小伙伴们几乎天天往"地下室"跑：有从家里"偷"来好吃的东西，邀约来这里大家共享的；有在家做了错事，来这里避祸的；有为了逃避劳动，来这里苟且"偷生"的。当然，更多的是来地下室分享自由和欢乐的……这样一个美好去处，在现在家长的眼里绝对是危险之所，顶板条石塌陷，只需一个麻袋的泥土突然封住进粪口，小伙伴们必将全部被闷死。

探秘"蛮子洞"。离家不到三公里，就是成都平原与龙泉山脉的分界，交界处有南北向的砂岩山脉。面向平原一侧岩壁的一些洞穴成了小伙伴们冒险的又一个去处。这些洞穴，有的好进，有的则要在岩壁上奋力攀爬才得以进入。洞穴中，有的小伙伴在洞壁胡乱涂鸦，有的则找到不知名的白石头（后来证明是石膏晶体）。末了，大家学大人，在洞中埋锅造饭，办"锅锅宴"。其实，也没生火，就拿几块石头垒成灶台，找几片小草或树叶就当菜饭了，还假装吃得很香呢，童年的快乐就是这样简单。然后有一天，我们进到其中一个洞，吓了一大跳，里面居然有人住，只是当时人不在。洞壁一侧有个简易铺，衣物被盖俱全，但破、旧、脏、乱，旁边还有锅碗灶台，一堆灰烬还有余温。小伙伴们怕得慌，快速逃离。后来，大人知道了，他们添油加醋地分析其中的危险，这加剧了我们的害怕：那个有人住的洞叫"蛮子"洞，是高原上流浪来的外地人住的地方，他们身上都有刀，如果惹了他们，很可能"白刀子进，红刀子出"。后来，再看见"蛮子"洞，我们再也不敢贸然进入了。

枕边"骷髅头"。老家山上埋有不少坟茔，其中有的坟年代太久，石灰敷的棺椁破了个洞（不排除是盗洞），尸骨从外面都能看见。有一天，也不知哪来的胆，两三个小伙伴居然爬到墓穴中玩，把玩碎骨，还将它们摆成各种造型（这可不是人体骨骼实习哟）。最后，我居然把骷髅头取了出来，摇摇甩甩地拎回了家，而且放在我睡的床头摆弄。直到晚上，被母亲发现，说是亵渎了死者，鬼魂缠身不得了。我被母亲狠狠地打了一顿，而且是我一辈子被母亲教训的唯一的一次。

天井、柿树与云梯

朋友，你见过云梯吗，架过云梯吗？我就架过。

小时候，家里有一院天井，长着一棵两个大人才能合抱的柿树，大人也不知道树龄几何。柿树伸出天井，高出房屋好多，远远就能望见。树冠很大，枝叶繁茂，因此天井总是遮天蔽日，异常潮湿。我最惊奇的是天井的排水系统，无论多大的雨，天井内的水总能顺利排出。后来经过观察发现天井有一明一暗两个排水孔：暗孔经过屋内的地下一直排到远处的农田，小雨、中雨，暗孔就能保证排水；明孔则从天井一角与天井外的屋椽排水明渠相连，大雨、暴雨就能派上用场。

每年秋天，柿子成熟的季节是我最幸福的时候。放学路上，远远就望见柿树那挂满枝头的黄灿灿柿子，脚步就更加轻快。回到家中，书包一扔，就来一个"猴子"上树，在枝丫间搜寻那些最大又熟透的柿子。邻居或房前的路人经常看到树上很享受地吃着柿子的我，不禁投来羡慕的眼光。

最绝的功夫，当数在收摘柿子时搭设云梯了。云梯出场的机会是在某些大树枝挂满柿子又向外伸出很远的时候，柿子悬在空中，用其他手段根本无法摘到。准备工作：将一架普通的木梯送上树，木梯后端架在柿树主干的分杈处。然后在柿树主干上拴上绳索的一头，绳索另一头绕过木梯前端后，握在手中，缓缓将木梯前端送往挂满柿子的枝头下方，边送边松手中的绳索，

云梯是架在树上的哟

到位后，再将手中绳索固定在树上牢固的枝干上。云梯架成了，我就可以踏着梯步直达挂满柿子的枝头下方开始采摘了。

站在云梯前端，是典型的高空作业，但小时候的我完全不知道害怕。眺望远方，绵延伸展的稻田，村旁潺潺的溪流，牛背牧童的短笛，袅袅升起的炊烟，可不就是陶渊明笔下的田园牧歌图嘛。

那些年，生产队大集体劳动是记工分，除了基本解决温饱，到年底结算不了多少钱，柿树就是我们家的主要经济来源。可惜，20 年以后，老家新修楼房，天井里堆石灰，将柿树活生生给"烧"死了。当我回到老宅，天井不在了，柿树不在了，那仅存已经发黑的树桩似乎在向我述说着它的悲惨遭遇……

Ade[①]，我的天井！ Ade，我的柿树和云梯！

童年水电工

水工

生于斯，长于斯，农村孩子成天与山水、泥土打交道，可谓接地气了。相信好多城里的孩子少了在山上松林中躲猫猫、在田间地头玩打仗、在池塘边捏泥人的乐趣体验吧！那份纯粹的童趣，那种乡土气息，已驻入我的灵魂深处。对于我来说，当临时水电工的经历就更有意思了。

这里的"水工"特指淘井的工种，好多人没听说过吧。

20 世纪 70 年代，家乡饮用水主要还是井水（当然，实在口渴，河水、山水也可以喝，那时候污染少嘛）。一般在地势稍低的山坳附近就有一口口的水井，每天村民抽时间到水井挑水成为习惯。离我家 100 米的地方有口水井，那是十几户人家共同的水源。水井打在龙泉山脉边缘由沙子、砾

注：① Ade 德语中的一个单词，意思是"别了""再见"。在中文语境下，"Ade"见于鲁迅先生的《从百草园到三味书屋》，本文借用一下。

石构成的松散沉积层上，有十多米深，四周用大的鹅卵石围成不到一米的径口。沙子、砾石透水性好，水量丰富，水井的水面经常上升到趴在井沿就可以捧到水的高度。天长日久，难免有一些杂物落到井中，影响水质，所以每到一年的枯水季节，水位稍低时，就要进行一年一度的淘井工作。由于井口小，淘井应该选身材娇小者担当。那一年，还不到十岁的我，主动报名，担当大任。

大人们先从井口提水，井水尽量提干之后，我的工作就开始了。赤脚踩在井壁凸出的卵石上，慢慢往井底靠近。长时间泡在水中，卵石很湿滑，须格外小心，先一只脚踩稳了，才挪动另一只脚，稍不留意，我就可能成为自由落体。五分钟左右，就下到井底，全程没拴保险绳。

井底之蛙的感觉，只有到了井底才感受得深刻。脚踩进黑黑的淤泥里，不知什么异物还不断刺激到脚板，湿气很重，四周光线暗淡，抬头仰望，只见一方小小的圆圆的天空，这就是人们说的"簸箕大的天"，一块块凸起的卵石黑黢黢地像要向我压下来。我正在后怕甚至后悔，上面的大人发话了："准备好没有，工具递下来喽。"不容我考虑，箢箕（竹篾等编成的盛东西的器具）放了下来。

一年的时间，井底已沉积起能没过我小腿的淤泥和杂物。我用箢箕深深地一刬，就装满了，叫上面的大人往上提。在装满淤泥的箢箕的上升过程中，要特别注意安全。身体尽量靠井壁，千万不要往上看，肯定有水和杂物从上面掉落，就这样，仍然有水和杂物落到我的头上，砸得我隐隐作痛。我现在才想起，那时没戴安全帽，或者根本就没有安全帽。杂物种类很多，木棍竹签、铁丝铁钉（肯定生锈了）、衣物布条、玻璃碎片等等，还好，那时几乎没有"白色垃圾"，清理这些杂物须格外小心，不然伤到自己的手就只能自认倒霉了。

淤泥杂物不断减少，但是水位并没有下降，因为水已经越渗越多了，我看井底基本没有淤泥杂物了，就向上面正式宣布，淘井结束。然后，我又踏着卵石，慢慢升井。爬至井台，我大概已变成一条泥鳅，在大人的夸赞声中，完成了光荣的淘井使命，结束了两个小时的井底生活。

电工

童年当临时电工的经历，现在想起都令我后怕。

20世纪80年代初，故乡通电了，结束了使用煤油灯的历史，这可是开天辟地的事，山村居民兴奋了好一阵。

不过，输电线路有隐患，没引起注意。改革开放之初，土地刚刚承包到户，村民都不富裕，做输电线路预算时省掉了购买电杆的钱，将输电线埋在土里，俗称"地埋线"。村民各家各户出劳力，在山道两旁、田间地头、房前屋后，挖坑埋线，接好电路回填，通电到户，就以为高枕无忧了。

一两年后，村民发现家里的电灯越来越暗，甚至仅仅灯丝发红，照明效果极差，与此同时，分摊的电费却只涨不降。原因是什么呢？正在读中学的我，多少知道一些电学知识，我帮村民分析：四川盆地温暖潮湿，土质松软，输电线上的绝缘胶皮容易被腐蚀，特别是总输电线分到各家各户的接头处最容易出现锈蚀，因此出现接触不良、漏电、短路等现象。这时候，人们开始尝到"地埋线"的苦头。

节假日或归宿假回到家，我看到那幽暗的灯光就来气。怎么看书，怎么学习？我毅然拿起家里的简易工具（一把夹钳、一卷胶布、一支电笔、一根针）就出门去。那时候安全意识淡薄，没给电管部门打招呼，直接开始带电操作。其实，现在看来，也只有带电操作，才能检查出输电线路问题所在。

检修线路三招：问、查、修。

问。输电线从村子的变压器接出，我就从变压器接出的线路开始，每到一个分到农户家的接头，就问这户村民，电灯是否正常，若正常就继续往前检查。

查。当问到某家电灯出现不亮或只有灯丝发红时，判断多半是接头处的问题。然后，请村民将自家接线处挖出来（村民肯定愿意的）。往往看到烧焦的胶皮、接线处呈粉状，不漏电才怪。

修。这个时候，我就在带电的情况下，进行接线处处理。在带电的情况下，用夹钳将两股线绕上几圈，接在一起，再用绝缘胶布缠牢。然后用油布（塑料布）再包一下（防雨水），算完成了一个地点的检修。依次排查下去……

针，做何用？电工工具好像没有针吧。这就是我高明的地方了。对于那种上一个接线处有电，而下一个接线处没电的情况，我怀疑这两个接线处之间的某段线出问题，这个时候针就要派上用场了。我选点找村民试挖，挖开一处，露出地埋线。用夹钳夹稳针头刺进地埋线的火线，然后用电笔在针上试电。若无电，故障在上游；有电，故障在下游。如此这般，缩小故障范围并最终找到故障点。

作为一名中学生，不要报酬，冒险义务为村民排忧解难，现在想起来，我仍然为自己点赞。

第二章　地理初解

"天狗吃月"的故事

　　月食，是地球刚好处在太阳与月球之间，从地球夜半球看到的天象。月食发生时，太阳照到月球的光线部分或全部被地球掩盖，人们以为是天狗把月亮吞下了，故民间称月食为"天狗吃月"。童年，特别是乡村童年，由于天文知识匮乏，对重要天象我们总有一种神秘感，有时甚至是一种恐惧感。我小时候的一起"天狗吃月"事件就羞死人。

　　有一天，读高中回来的二哥，翻出一本小册子（可能是天文历书），告诉我那天晚上有"天狗吃月"。好奇的我追问"天狗吃月是什么"。二哥神神秘秘地说："今天夜晚，不知在什么时候，天幕中一只巨大的天狗张牙舞爪地把月亮吞下肚去，过好久，月亮被天狗玩弄够了，才又被吐出来……"二哥的非科学解释（科学解释我也不一定懂），除了让我惊骇，就只剩下恐惧了。我暗暗决定，晚上我将蜷缩在被窝里直到天亮。

　　黄昏时分，大哥收工回来，在吃晚饭的时候说："对面李家山，我们生产队有几块地的菜长得好，快要成熟了，山上又没有人家户（就是住户），怕菜被人连夜偷了去。今天轮到我们家去守夜。我们白天做活都辛苦了，老三（也就是我），你吃完饭就去守一次夜。"平时，我胆子就不算大，一听这话如晴天霹雳。我哪敢呀，这不是要我命吗？

　　晚饭后，大哥就催促我出发，我磨磨蹭蹭就是不出门。几番喊话，不见动静，大哥恼火地拽着我就走。家里人不明缘由，也没有"救"我。

小朋友谈月食色变

月夜下，我被大哥拖着往李家山走，我不敢抬头看朗朗明月，只一门心思用脚蹬田坎地边一切可以阻止前进的凸起。到李家山两三里路，大哥好不容易把我拖了几百米，因我不断给他制造阻力的缘故，他实在拖不动了，索性直接把我提起来走。这样，阻力少了，但四五十斤不断扭动的身躯，同样让他费力。

又经过几段田坎路，大哥累得不行，只好把我放下来，歇口气。趁他稍稍手松之际，我一个箭步蹿了出去，连续穿越几块麦田和几个沟坎，在一块麦田角落俯下身来。大哥取出生产队配给守夜人用的手电筒，东照照，西晃晃，最终没有发现我，一个人守夜去了。

我轻手轻脚悄悄潜回家中，还是被父母发觉了。"老三，你咋没去守夜？"我编了谎话："大哥说，他自己去守夜了。"我通过"努力奋斗"，终于迎来属于自己的平安夜……

40多年过去了，对我的大哥愧疚心依旧，回首一潸然。

家乡地名传奇

我的家乡地名中有三个关键词：东坡、家相、玄翁。小时候不觉得有啥特别，不在意。后来才发现，八辈祖宗（湖广填四川）安家的地方沾了宋朝名人的光。

东坡，自然是"学富五车，才高八斗"的苏轼了。苏学士太有名了，名气如雷贯耳，唐宋八大家之一，天才加通才，不仅在诗歌、词、散文、书法、绘画上皆有极高的造诣，还是文学家、书法家、画家，而且在音乐、医药、经学佛学、美食养身、文艺批评上也有经典传世。当然除此之外，他还是出色的政治家。无论是居庙堂之高，还是处江湖之远，他都能为国分忧，为民造福，受人敬重和爱戴。同时，其父亲苏洵和兄弟苏辙也很有才华，"三苏"名满天下。与东坡同乡，自然是荣光无限，每当别人问起我的老家时，我总会油然而生一种来自才子之乡的自豪感。

家相、玄翁，这两个地名似乎就不引人关注了。但如你有耐性，向"度娘"打听打听"家铉翁"，你就会发现这个人物也非同小可，他是与文天祥同时期的一位爱国先贤，一位肝胆照日月、浩气著春秋的英雄人物。

家铉翁，1213年出生于现东坡区家相乡玄翁村。其六世祖家勤国，少时与苏轼、苏辙同窗游学；其五世祖家愿居官刚正不阿，美名传世……铉翁成年后，因祖宗有功于国，于是补官入仕，在地方和京城多年为官，政绩卓著，就连文天祥对铉翁也崇敬非常。文天祥的《文山先生全集》中，称颂铉翁的诗就多达9首。1276年，元军布阵南宋都城临安（今杭州），文天祥以右丞相资格赴元谈判，遭扣留。南宋文武百官签降书，唯家铉翁悲愤交加，拒不署名。

后来，太后及幼帝等被解送到大都（今北京）。家铉翁参加祈请团，北上祈请元朝保存赵氏一脉。无论面对气势汹汹的元朝达官，还是面对卑躬屈膝的团内庸官，他都力保宋朝江山，表现出舍生取义的高风亮节。元人对铉翁束手无策，唯有下令羁押。

1279年，南宋最后的抗元斗争彻底失败，元朝实现统一。家铉翁听闻后，肝胆俱裂，痛不欲生，泪流满面，茶饭不思。元世祖闻讯后，深为钦佩，希望这样的股肱之臣能为元所用。然铉翁"臣心一片磁针石，不指南方不肯休"，从此，家铉翁失去自由，长期被软禁在大都。其间铉翁了解到文天祥之妹被俘为奴时，倾其所有，将其赎出送还文天祥之弟。

随着统治的日益巩固，元朝对南宋遗臣的监管也有所放松，家铉翁将未酬壮志转移到教育上，开设学馆，教授弟子。1294年，元成宗为博宽宏大量之雅名，准许82岁高龄的铉翁南还。他拒绝了封号和赐金，带着一身正气和清白回到了江南。几年后，在接近90岁的耄耋之年，写成《春秋集传详说》30卷和《则堂集》之后，抱着亡国痛，离开了人世。

1947年，铉翁的故里定石乡更名为家相乡。1950年，他的出生地家家林，更名为铉翁村，也就是后来的玄翁村。家乡人杰地灵，地名隐含如此豪情和悲怆，我知道得太晚，有愧啊。然，地以人名，幸哉！

黄楠树千年枯荣见证"家家林"的演变

寻秘追踪"池塘恐怖声"

8月初，盛夏时节，我回到家乡。刚到村口，就听邻居说起一件怪事，弄得村民人心惶惶，睡不踏实。

原来，离我家两公里左右有一个池塘，池塘不大也不深，只是长满了水草，周围是稻田，附近没有农家住户。不知从哪天夜里开始，偶然经过池塘边小路的人听到从池塘方向传来粗大而沉闷的响声，"嗡——嗡——""嗡——嗡——"，声音传来，如大厦将倾，灾难将至。每一个听到的人都在惊骇之中快速逃离。每到夜里，这种恐怖声就会响起，后来再没有人敢夜走池塘边了……

消息不胫而走，我回来之时已是家喻户晓、尽人皆知。出于探险猎奇心理，入夜，我与同样感兴趣的两个侄儿（读初一和高一）商量好，带上手电筒，踏上了夜探恐怖池塘的"征程"。

山村的夏夜，宁静而又清凉，虫子在草丛中低吟，远处蛙声悠扬。当一行三人跨过一条小溪，转过一段田坎路，离"恐怖"池塘就越来越近了。我的心悬起来，腿脚也不那么灵便了。当离池塘大约200米时，静静地，我们停下来，不敢发出任何声响。候了片刻，也没有什么事发生。我们三"麻"起胆，再往前行约50米，仍然没有动静，胆子稍大些，准备继续向前。突然，"嗡——嗡——""嗡——嗡——"的巨大闷响传来，虽然早有准备，我们仍然惊恐不已，几乎欲夺路逃走……

刚退两步，猛然想起此行目的，我们定了定神，仰望天空，银河白练，星光璀璨，似乎也没有什么灾难降临。我和两个侄儿商量，决定冒险继续前行。

我们蹑手蹑脚，靠近目标

走到离池塘50米左右，响声再次传来，还是害怕，不过，心略略定了些。我们都不发声，在田坎上挪着碎步，听着不时传来的"嗡嗡"闷响，好不容易来到池塘边的小路上。

我们坐下来，静静观察，声音是从池塘的另一头传来的。"嗡——嗡——"的声响听多了，也没什么事情发生，我们慢慢不怎么怕了，只是这声响到底是什么发出来的还未可知。我们小声商议，决定进行最后的探索之旅。

我们关了手电筒，也不说话，猫着身子，借着星光，沿着塘埂，我领头轻手轻脚地向池塘另一头挪去……心情越来越紧张，真担心突然发生什么，回去无法向两个哥哥交代啊。离池塘尽头只有约20米了，响声停了，我们静下几分钟，也没再听到声响。夜色中，我回身轻轻碰了碰两个侄儿，指示走完最后20米。没迈出两步，突然，池塘边一声水响，跟青蛙入水一样的声音，之后，又静了下来。我马上打开手电，照到水边，还能看到微微的水波纹。我直起身来，说道："走，我们回家，我可以解密'池塘恐怖声'了。"

原来，青蛙（也可能是其他蛙类）由于某种原因，共鸣系统发生变异或病变，发出了跟其他正常蛙不一样的蛙声。人异之，以为怪，其实正常。

第二天，我将探索成果公之于众，村里又恢复了往日的平静。

第一次乡土调查

高中时，我的地理老师姓龚，是一位德高望重的老学究。我的地理之路基本上是受地理老师的影响。

有一天，大概是放归宿假之际，地理老师把我们一群人叫到他办公室。老师发给每人一张《乡土地理数据调查表》和一封盖有学校红印的介绍信，要我们回到各自的乡镇村社进行乡土地理调查并采集相关数据。

作为山村孩子的我，那可是第一次与政府部门打交道，战战兢兢，怎一个怕字了得。周末回到家，本想叫上哥给我壮胆，哥只说了一句"自己的事自己解决"就不理我了。我只能硬着头皮向乡政府走去。

那天，乡镇上不逢赶场，人不多。我怯生生地问到了乡长办公室，我弱弱地问了一句："您是李乡长吗？""我就是，你一个学生娃有啥事？"我马上递上了介绍信和调查表。李乡长看了半分钟，将调查表还给我，并向我指了指万会计的办公室，说："这事，你到万会计那里，他那里有你要的数据。"我高兴地到了万会计办公室，万会计戴上了老花眼镜，开始翻查资料柜的簿册，

眉山地理
（中.小学适用）

眉山县教育局编印

将调查表上需要的数据一一填上去。

半个小时后，万会计把调查表还给我。我满载而归，看来采访也不难嘛，我那调查表上面密密麻麻填上了本乡的数据：行政的构成、耕地林地面积、人口数量、粮食作物年产量、经济作物年产量、本乡经济收入、副业收入……

半年以后，本县的乡土地理《眉山地理》问世，我功不可没哟。

家乡人文景观调查

学生时代，没假期作业的日子当数高考结束后的暑假了。这大好光阴可不能浪费，于是我策划了一次家乡人文景观调查。家乡眉山，处在天府之国的成都平原南部，山水相依，历史悠久，人文景观之丰富岂是几次调查能查清楚的。这里回放几个片段。

古人

在眉山，最负盛名的肯定是苏洵、苏轼、苏辙父子了，三苏在唐宋八大家占三席，是不得了的事。1000多年过去了，在眉山仍有三苏的遗迹。三苏祠乃三苏故居，珍藏和陈列的大量三苏手迹、各种印版和拓版的诗文字画、辑录本子以及相关文献犹如一部百读不厌的书卷，常读常新，韵味厚重。"连鳌山"三个绵中裹铁、行云流水般的大字将苏氏兄弟踌躇满志、读书游学、诗文会友的历史定格。苏坟山又叫苏公陵，是苏洵和程夫人的合墓，也是苏轼发妻王弗墓及苏轼、苏辙衣冠冢所在地，踏入那短松岗，黄土垄芳草如茵，清怨凄凄，似述苏轼当年与亲人生死两茫茫，相顾无言泪千行……为纪念苏氏父子，彪炳中华文化，当地的地名店名均与苏氏有关：苏祠中学、三苏广场、苏湖路，甚至医院名、酒楼名也沾光苏氏。而餐桌上的东坡肘子、东坡鱼算是家乡人民向天底下的吃客打出的两张名片了。

蟆颐古观老人泉

古寺

离家直线距离只有十多公里的著名人文景观就是大旺寺。唐代建塔，宋代建寺，明末被毁，清末重建。30米高的13级白色砖塔，凌跨苍穹，横截流云。可能是巧合，也多少有些蹊跷，有塔的时代，眉山文教昌明，人才辈出。塔毁后的两百年，文教不振，人才冷落。30年前，大旺山有塔无寺，还未开发，我登上孤零零的大旺塔，西望成都平原，如绿色地毯，一望无涯。不经意间，我在塔身一处砖缝间居然找到一枚古币，这难道就是高考及第的好兆头？

古观

与眉山城区隔岷江相望，有一座依江而立的小山，山上古木参天，荫翳蔽日，因形似金蟾之下巴而名蟆颐山。这是一座小巧玲珑的山，清清秀秀，翠翠茸茸。山不在高，有仙则名。唐朝时，蟆颐山上出现了一座漂亮的道观。道观以供奉四目老人为主，所以取名重瞳观，又因观址在蟆颐山上，俗称蟆颐观。虽经岁月洗礼，但蟆颐观却像块魔方，不败其魅力。

山下那段岷江有个特别好听的名字"玻璃江"，那是因为江面波平浪静，江水透明清澈，在蓝天的映衬下呈深蓝色，如纯净莹亮的玻璃。就在山上崖壁，一个造福人民的蟆颐古堰在此分水，无声无息灌溉下游万顷良田数百年哪！

今渠

很多人不知道，中华人民共和国成立后，四川省有个叫"东风渠"的大工程。东风渠原名东山灌溉工程，是指自都江堰府河引水自流灌溉成都市东面，毗河以南至龙泉山西麓丘陵地带，包括龙泉驿区平坝丘陵地带，并提水灌溉部分深丘山区农田，这当然包括眉山东坡区河东的广大地区。川西第一大湖——黑龙滩水库修筑后，引

川西水利工程东风渠

蓄东风渠水，灌溉面积大增。几十年来，东风渠默默滋养灌区，旱涝保收，五谷丰登，我们不该忘记它。

今矿

家乡的一种矿不得不提，那就是石膏。它是硫酸盐矿物的一种，高浓度硫酸钙溶液卤水，在地壳发展陆地面积扩大、海洋面积缩小的过程中，海相、湖相、封闭或半封闭的盐水盆地经蒸发沉积结晶作用生成硫酸盐矿床。地史时期四川盆地经历过一个湖盆时代，正好满足成矿条件。

小时候，家乡有条美如弯月的月江河，河流凹岸有个石子场，场边有个粉

笔厂。每天都有一条条满载石膏的小木船沿江而来,在粉笔厂的岸边卸货。白色纤维状石膏晶体强烈吸引小朋友的目光,因而小朋友从旁边走过的时候总会拾起掉落的小结晶块把玩。听大人说,粉笔化水可以点豆花。有时,几个小伙伴厚着脸皮进入正在工作的粉笔制作坊,向工人讨要粉笔,工人给了我们那些断裂的粉笔次品,小伙伴们一脸高兴。40年过去了,而今只有那空空的矿洞述说着当年的故事。

第三章　故乡情深

我的岷江情缘

当漫步在百里岷江大堤上饱览两岸秀丽风光时，我望着滔滔江水温情流淌，不舍昼夜地布恩于成都平原（又称川西平原）的人民，一种无可名状的情感涌上心头。40多年了，岷江给了我太多的回忆，带给我太多的欢乐和梦想。

建设岷江

成都平原，被誉为"天府之国"。当年，李冰父子主持修建都江堰工程后，成都平原大部分区域的水患得以消除，农业发展，人丁兴旺。然而，有一个不争的事实：平原地区河道弯曲、河床浅、泥沙容易淤积，河道分汊严重。从家乡镇上到老县城的几公里路程居然要涉三个渡口，一旦洪水涌来，便是溪水流淌、满地汪洋的景象。

1975年12月起的三个春秋，河沙、卵石、水泥和上万民工血汗凝成的两道锁江长堤，将放荡不羁的岷江水锁住，迫使其皈依正道。那时候，我还在念小学，周末和假期兴致勃勃地来到热火朝天的施工现场，大人们戏说"小鬼，你要吃工地上的饭，就必须参加劳动哟"，我也就不客气，拾起工地边的一个小箩筐，加入搬运土石方的大军。大人们看我认真起来，反而不好意思："小鬼，跟你开玩笑呢，一边去，等会儿开饭的时候有你的份，我们匀点给你就行了。"

岷江大堤建成了，交通仍然不便。通过500米的河床，等渡轮、乘渡轮往往要花一两个小时，而且危险重重。小学那阵，为了到县城看场电影，一个班的学生竟使渡船超载沉没，酿成惨剧。1986年9月，经过两年奋战，世世代代梦寐以求的"江虹卧波"——眉山岷江大桥建成通车

岷江大堤与湿地

了。大桥建设期间，我正读高中。每个月归宿假回家，都能远远望见正在施工的大桥，心中有说不尽的欣喜。更为自豪的是，我的二哥也参加了大桥的建设。在江心筑起桥墩，需要将桥墩四周围起来，抽干当中的水才能进行混凝土施工。二哥就负责其中一个桥墩的抽水工作，抽水机 24 小时不停地抽水，以防渗水影响施工。柴油抽水机的巨大噪声、挥之不去的油烟、低矮简陋的工棚就是一个普通建设者工作环境的真实写照。

亲近岷江

1956 年毛泽东巡视南方，三次畅游长江，而且写下"万里长江横渡，极目楚天舒"的豪迈词句。我没有毛主席的豪情，也没有畅游过长江，却畅游过长江的支流——岷江。不要见笑，岷江也不窄。家乡的岷江河段，枯水季节有200 多米宽，洪水季节有近 500 米宽哟。中学阶段，根本就不知道怕。5 月，雨季来临之前，就开始在岷江里游泳了。游泳有两种方式：一种是找个水稍缓、人烟稀的地方，几个伙伴除光身上的衣服，跳下水嬉戏两个小时才上岸；另一种方式就具有挑战性，那就是横渡岷江。即便不是洪水季节，水仍然有些湍急。我和伙伴们想的办法是尽量借助流水来帮忙，先在岸边往上游步行约两公里，选择合适地点下水，不断划水向对岸慢慢靠近，在流水的推动下节省不少体力。到达对岸后，休整片刻再次下水往回游，到达岸边刚好就是放置衣服的地方。计算倒是好精准，但水中一个漩涡、一个浪头，就可能让人走上不归路，现在想起来仍然心有余悸。

现在的学校，怕出安全事故，基本没有老师敢组织学生下河游泳。出生在我们那个时代，这一点就幸运多了。五一节以后，老师就开始不定期带我们去游泳。当然，还是不敢在岷江干流上。当年，岷江河道建设时，裁弯取直，留下一些积水的河湾、涸水沱。那时候又没什么污染，这些地方便成为绝佳的天然游泳场所。学地理的人知道，河流凹岸水深、凸岸水浅，满足不同需求。老师选择一个叫王家渡的地方作为游泳地，并告诫我们，下水之前，先做准备活动，以防下水后抽筋，不会游的在靠岸边位置，找一个同学做保护。我们都游得很好，从没出过问题。

长跑，一直是我最喜爱的运动项目。但是，我不太喜欢在学校运动场一圈圈地跑，太不新鲜太不刺激了。高中时，我们年级自发组成了一个越野长跑队。下午五点，我们的长跑队出发了，一路狂奔。青纱帐、甘蔗林不断被我们甩在身后，我们的目的地是岷江大堤。长跑队里，我算比较差的一个，当我气喘吁吁跑到大堤时，他们则休息停当，要往回跑了。以我这样的成绩，在大学里居然是班上长跑前三名，可见早年锻炼的功效。

实习岷江

岷江实习则是大学的事了。那次水文实习，我们选择在都江堰水利工程的内江水文站，那是从专业角度了解岷江。取水样、测水质，装模作样分析水样，煞有介事撰写报告，心底里对岷江多了一份敬畏，多了一份感激。

另一次实习在乐山。站在乐山大佛一侧凌云山上俯瞰江面，岷江从北往南静静流淌，大渡河和青衣江从西向东汹涌而来，因含沙量的不同，在交汇处形成明显的分界线，清水本清，浊水本浊。往下游，江水开始相互融合，你中有我、我中有你，最后融为一体，滚滚远去。那场面十分壮观，让人震撼。

以后的日子，落入凡尘中，一去 30 年，与岷江渐行渐远。我时常梦想再一次亲吻您：岷江，不知还有机会否？

苏坟漫笔

"唐宋八大家，苏门父子占三席。"早年就知道，在眉山市东坡区土地乡有个三苏坟，早春的一天下午，我终于有机会一探苏坟究竟。

小公路蜿蜒至公益村西，来到一湾池塘边，到苏坟区了。春寒料峭，池塘寂静无声，水深莫测，三苏坟就在池塘对岸的山岗。沿着池塘一侧的小路，绕到对岸，一段看似平常的石阶梯展现在前面，不过旁边石碑上"回音梯"几个字，让我觉得这石梯一定有些不寻常。我站在石梯上大喊一声，看能否听到回音。这时，同行的哥哥提醒我，叫我往石梯上跺跺脚，阵阵回音从石梯下面传来，凸显奇妙。

拾阶而上，一座集雕刻、绘画、匾联文辞和书法等多种艺术于一体的牌坊立于眼前，门洞前后两侧有对称的两副楹联彪炳苏门父子的文学成就。从门洞进来是高低两个平台，据说成了每年庙会举办场所。

高处平台尽头就是苏洵墓。苏洵墓后侧稍高位置右边是苏轼墓，左侧是苏轼夫人王弗之墓，

苏坟山下的老翁亭

再往后就是苏辙墓。墓碑为仿木石牌坊，高大宏伟而庄严，墓基红砂石砌筑，堆封土，四座墓有石板路相通，周围植松柏、银杏、芙蓉。我们说到大器晚成，经常以苏洵为例。苏洵，号老泉，据说27岁才发愤读书，经过十多年的闭门苦读，学业大进。他的文章以政论文成就最高，代表作有《衡论》《六国论》。苏洵长子苏轼，更是光彩照人，文学艺术成就在宋朝可谓登峰造极，文学家、书画家、散文家、诗人、豪放派词人代表等一顶顶桂冠集于一身，可谓空前绝后。《念奴娇》《水调歌头》《赤壁赋》等名篇耳熟能详。其弟苏辙也是著名的散文家，擅长政论和史论，他的《三国论》《六国论》[①]借古讽今，脍炙人口。

到此，疑问顿时产生：苏门父子都葬于此吗？为何墓碑比较新？苏轼夫人王弗的墓怎么也在这里？左右寻思，不得其解，唯有查相关记载。

原来，眉山三苏坟只有苏洵及其夫人程氏以及苏轼夫人王弗的灵柩。苏轼、苏辙依当年"夜雨对床"的前约，死后两兄弟都葬在今河南郏县，眉山只是后来的衣冠冢。王弗是苏轼的第一位夫人，在苏轼心中位置特别。她16岁嫁给了19岁的苏轼。王弗，事亲甚孝，对苏轼关怀备至，二人情深意笃，恩爱有加。刚嫁给苏轼时，苏轼不曾听说过她读书。每当苏轼读书时，她便陪伴在侧，也无多言，终日不去；苏轼偶有遗忘，她便从旁提醒。苏轼问及其他诗书，她都约略知道。从此，苏轼更高看自己的爱妻。可惜天命无常，王弗27岁就病故。苏轼在他夫人去世十年后的一天，忽然梦见自己的亡妻，伤感至极，写下了传诵千古的悼亡词——《江城子》："十年生死两茫茫。不思量，自难忘。千里孤坟，无处话凄凉……"伉俪情深，感人至深。

由于经过宋、元、明、清数百年的变迁，碑志腐蚀剥落，无法查考，甚至祠被拆毁，墓被挖平，种上庄稼。直到1986年，才重修了苏洵、程夫人、王弗墓，增修了苏轼、苏辙衣冠墓，竖墓碑，撰墓志。

游罢墓区，返回山下池塘，才注意到池塘边还有一座"老翁亭"，踏过水桥，池塘中央还有一口"老翁井"。

斗转星移，逝者如斯。如今三苏坟与市区三苏祠遥相辉映，永远接受人们的祭拜与景仰。

注：①苏洵、苏轼、苏辙都写过《六国论》。

故乡田园偶书

初春的一个早上，我沿着蜿蜒的小路，来一次梦想多年的故乡田园"垄上行"。故乡的田野，我已离开您太久。虽然绿色依然装点大地，但与30年前相比，多了太多变迁和陌生。

田地里不见终日劳作的村民，庄稼却长势喜人。现代高效农业在这里逐步体现：榨菜成片成规模，不占价格优势的小麦已不见踪影，而油菜仍占据半壁江山。在田间漫无目的地踱步，满眼皆是初开的金黄油菜花，无论山间低谷还是丘陵缓坡，都被这金黄的色块拼成一幅壮美的田园画。我试图用手机拍照，把这美景尽收，几番尝试发现是徒劳。一只采花粉的蜜蜂，头深深地埋入油菜花蕊中，腿上已裹着厚厚的花粉，却一动不动。走近一看，原来它已经死了。我有些伤感：是冻死，饿死，还是累死，抑或是找不到回家的路？同时我又有些感动：是勤奋，是执着，是伟大？我轻轻地将它握在手里，很久很久……

田垄上、溪沟边满是长长的衰草，衰草下新芽已破土。一路走过，成群的小鸟在枝头欢叫着、嬉闹着，有时故意靠我很近，像是在向我宣示它们的主权。儿时的小河，依然有水在静静地流淌，但早已换了颜面：时过境迁，小河几乎不能算河了，只能叫作小溪沟，听不到潺潺的流水声。摘一片枯叶放入水中，枯叶静静漂向远方。小溪边长着以前没有的薏苡，初春时节，只能见到它枯黄的枝叶，但薏仁却异常坚实饱满。这么好的薏仁无人问津，我禁不住采了一些装入口袋。

阳光不知什么时候已洒满大地，我在田间也徜徉太久，到了该折返的时候。田野尽头是一条公路，公路旁有养蜂人搭建的帐篷，一箱箱的蜂箱整齐地排列在两旁。正是蜜蜂采蜜的季节，蜜蜂们已开始忙碌……一位东北人一直陪着我走，他好多次发出感叹："这里的田园实在太美，我真想一辈子看着它。"

故乡田园带给我永远的温情，也带给我永远的甜蜜。

天文达人——我的哥

试想你走进这样一个房间：桌上桌下数十本天文书籍，墙角数架天文望远镜，有收好的，也有三角架支好的，有低倍的，也有高倍的，价值在上千元到数万元不等，柜子里、墙壁上还有各式小型望远镜存放。你一定以为这是哪个科普馆或是天文台的储物间，可是你错了，这是我大哥家的一个房间。我的地理之路上，有一个人给予我启迪和引领，他就是我的哥，一个响当当的天文达人。

也许是时代弄人，"文革"中成绩优秀的哥初中毕业后就再没有机会升入高中，但不知什么时候起，哥对天文学产生了浓厚的兴趣。田间劳作之余，他翻起了一本本天文书籍以及《飞碟探索》杂志，从最初的天文科普读物到后来的天文专业书，从最初的肉眼观天到后来的天文望远镜观天。在农村，我哥属于改革开放后先富起来的那部分人。他依靠灵活的头脑、丰富的知识，掌握了多种技能。在村子里，他第一个修楼房，第一个买电脑、配舞厅、开影楼，再后来，也是第一个买轿车。

我读高中和大学那阵，每一次回家，当夜幕降临、繁星满天之时，哥就邀我到楼顶，架起天文望远镜，开始了楼顶夜话和巡天之旅。仰望星空，话题从地月系、太阳系到银河系、总星系，从火星的红色岩石到木星的众多卫星、土星的美丽光环，从爱因斯坦相对论到光谱红移、宇宙大爆炸……谈到兴奋之时，望远望对准星空中一团白乎乎的东西，观察那到底是星团还是星云，或者对准某颗突然增亮的星星，观察是不是新星爆发……

哥的天文爱好还附带科普宣传，同时还产生经济效益。这是怎么回事呢？每到农闲之时，天气明朗或有重要天象，哥就带上他的宝贝望远镜来到眉山县（现在是眉山市东坡区）中心广场，架好望远镜，挂一个牌子——如"科普宣传'星空望月'一元一看"，望远镜周围立即围上了不少人。广场上不是有执勤的民警吗？而且广场上是不允许摆摊设

哥哥书架上的天文书籍

点的。民警走过来俯身一看，望远镜、科普宣传，嗯……这个稀奇可以摆。民警站起身来，对群众招呼道："来来来，要看月亮的讲秩序，排好队一个一个地看。"就这样，广场群众一个个来到望远镜前，眼睛对着目镜进行观察，哥此时就不停地进行讲解，并不断提示观察要点，比如注意观察月球上的裂谷、环形山，或者一个个陨石坑等等。过一两分钟，由于地球自转的原因，观察目标位置发生偏离，哥还要微调，进行追踪观察……

两三个小时过去了，广场上清静下来，清点一下，居然有一两百元的收入。民警走过来，问："你是哪里的人哟？"哥只说了一句"东门口"，在民警满脸的狐疑中，哥收拾好装备，骑上摩托离去。后来，哥到广场的次数渐渐多了起来，与广场民警也熟起来，但是（据哥讲）广场民警始终没弄明白，哥是何方神圣，何种职业，何种身份！

哥的望远镜可以说是多用途的，低倍的还可以望地面近物。雨过天晴后的黄昏望得很远，峨眉山、四姑娘山甚至四川省最高峰贡嘎山的绵延气势都可以从镜头中望到。一次，哥在楼顶观察，从镜头中看到远处正在架设高压电线，绞车在山的一头卷高压电缆，不巧一根高压电缆上带上了一大团稻草结子，在高压电杆处卡着了，如果继续强拉，高压电缆可能拉断，造成不小损失。哥马上下楼骑上摩托，迅速找到绞车工人，暂停施工，排除了险情。

其实，哥给我的启发还不止天文。哥有个记日记的习惯，而且有个平凡而又了不起的举动。近50年的日记中，每一天的天气状况，甚至于每一次的降雨量，他都做了原始的记载。光阴荏苒，如今回到家乡，我依然能见到楼顶一角那个陈旧的雨量计……

我的地理情缘

我能够与地理终身结缘，应该是从高中开始。有点奇妙，好像冥冥之中自有定数。今儿个说给大家听听。

老学究

20世纪80年代的高中，高二才进行文理分科，我是怎么决定选理科的，已经没印象了，也许是因为那句"学好数理化，走遍天下都不怕"吧，多数人选了理科，我也随着大溜选了理科。地理课程是高二才开设，一般规矩是文科要高考所以要认真学，理科只有象征性的结业考试所以马虎学。然而，教我们的地理老师龚正中是一位非常敬业、学识渊博的老学究。不管是文科，还是理科，龚老师对待课堂都一样认真。记得一次讲"地球公转的意义"，他硬是让同学们把所有桌凳往教室中间靠，指定同学们为太阳，然后他抱起地球仪贴着教室四周墙壁，顺时针绕着走上两转，边走边让我们注意观察什么"昼夜半球""直射点的南北移动""极昼极夜区域"……

你还别说，这样一折腾，还真形象，我们记忆深刻。我由此对地理学科产生莫大的兴趣。

两次考试

高二只学了一年的地理，我们理科平时没有考试，只到期末有个随堂考试。高二上学期期末的那次考试要正规些，算是期末考试。老师发了卷子，要我们认真做，不许作弊。不知怎么搞的，平时没花时间，只是上课听了听，做题却像是一种享受，一会儿工夫，做完交卷。成绩发下来，80多分，全班第二。那才叫一个爽，要知道我当年在班上各科都很平庸哟。平庸到哪种程度？高中阶段除了两个当过我班主任的老师和一个活泼型的外语老师能当面点出我的名字，直到我高中毕业，其他老师都叫不出我的名字啊。真正是"无人知道的小草"！

第二次地理考试就是高二下学期期末了。那次考试，算结业考试，学校为了让成绩不至于太难看，默许了开卷考试。也是随堂考试，卷子发下来后，监考老师就走到窗前，一直到考试结束都在欣赏窗外风景。教室里就是另一番景象了，翻书的算是比较厚道的了，有的同学平时没听课，书都不会翻，直接瞄向旁边同学，不断进行着"复制"和"粘贴"，只不过，同学们都心知肚明，教室里只有纸张翻动声，很安静。但是，我不学他们，明明地理题不难嘛，为啥要采用"非常"手段呢？我真实地发挥了自己的水平。成绩发下来，还是80多分，不过却成了全班倒数第二。好喜剧！

志愿定终生

高三与地理课无缘。但是地理烙印还在，经常和同桌拿地图抽地名引起班主任的警觉（后文有介绍），放归宿假回家和我的哥（一位天文达人）进行天文观察。地理已经在我心中挥之不去了，高考前的一个夏夜，我躺在学校草坪上，仰望星空，立下志愿：选择与地理有关的专业，从事与地理有关的工作。

那时填志愿是在高考之前。就在填志愿期间，人心浮动，有说"填个华东师大走了算了"的，有说"哈工大搜身（其实是收生）就让它搜"的，还有说"就凭我这双老农民的手，没的说考不起好大学的"……而我则像着了魔一样，从一本、二本到专科全部填地质、矿产、林业、气象、石油等与地理有关的专业，凡是师范院校也只填地理专业。

最终结果，我被四川师范大学地理系录取。一辈子就这么定了！

自然灾害祭

人人都有痛苦往事的记忆，尤其在自然灾害面前，那种写在脸上的无助神情久久挥之不去，那种镌刻在心中的疼痛，多年后依然清晰如昨。童年遭遇的自然灾害，带给我更多的是对自然的敬畏。

地震往事

1976年唐山大地震，让世界记住了唐山，但当年的松潘地震同样让我记忆犹新。炎热8月的一天，地震发生。上级通知传达下来，为防再次地震，要求各家各户必须在户外露宿。

露天蚊帐

那时的农村经济条件差，哪有什么帐篷，找些木板（没有木板的，只有下门板了）铺在院坝或竹林之下，木板下垫上砖、石块或凳子，这就是一个简易的床。盛夏蚊虫多，没蚊帐可不行，只得将家里的破旧蚊帐取下来，用竹竿撑挂起一个无蚊的空间。一连好多天，都在外露宿。母亲却是个例外，她把我们兄弟三人和父亲安顿在外后，却没有多的材料再搭建简易床铺了，就坚持要回屋里睡觉，我们只能祈求不再有地震发生。

有一天晚上，半梦半醒之间，听见门扣在响，大地传来阵阵震动。忽地惊起，马上叫醒母亲，一家人无助地跑到院坝中央，睁眼熬到天亮……第二天，广播喇叭通告，松潘又一次7.2级地震发生了。

黑雨来袭

读小学时，有天晚上静悄悄地下了场雨。平常的一场夜雨微不足道，奇怪的是，我在上学路上有了不寻常的发现，山间的浅水田、路旁的小水坑水色偏黑，好像洗过毛笔的砚池。一场黑雨？好可怕！难道世界末日要来临？……那一阵，惶惶不可终日。

后来读大学才知道，还真有带颜色的雨，多半是污染造成的。有色粉尘与水汽结合或污染物溶于水发生物理化学变化都可能形成有颜色的雨，世界上别的地方还下过红色的雨、粉色的雪……这可一点都不浪漫哟。

冰雹灌顶

我在乡镇读初中时，经历了一次冰雹灌顶的黑色恐怖。

一天下午，老师正在上课。天色逐渐暗了下来，那不是一般的暗，暗到教室后排学生只能隐约感觉到讲台上老师晃动的身影。那时，教室里还没有电灯（记忆中是初三才装上电灯的），看到光线实在太暗，课也就停了下来。

顷刻间，李子大小的冰雹打了下来。教室是瓦木结构的平房，那瓦片才不经打哟，冰雹一砸便碎，破碎的瓦片和冰雹肆无忌惮地向我们砸来。猝不及防，立刻就有同学受伤。不过很快同学们一个个反应过来，都往课桌下面钻。一时间，课桌成了同学们最好的也是唯一的庇护所。

冰雹肆虐一刻钟后停息。大家从桌子下钻出来，仍发现有同学手臂、脸颊受伤出血的痕迹。教室一片狼藉，全是碎瓦片、积水、书本及尚未融化的冰雹。走出教室，全校其他平房皆未能幸免。课是没法上了，回家！

回家才知道，还有更惨的。三个侄子就读的村小学大礼堂（也是村集会场所）在冰雹来袭中倒塌，有小学生伤亡，我其中一个侄子也受了伤。

灭鼠趣闻

老鼠似乎是人类永远的敌人，如影相随，不离不弃。于是，灭鼠就成了永恒的话题，不管哪个年代都有鼠害。人类真的该好好研究研究，为什么老鼠有这么顽强的生命力？

记得小时候，家里老鼠就多，家中房间夯实的地下不知不觉有了很多洞，全都是老鼠的"功劳"。有时，一家人正吃饭的时候，老鼠居然在洞口向外张望。有一次夜间，母亲被痛醒了，原来是老鼠把母亲的脚趾啃流血了。

买耗子药灭鼠效果有限。有次晚上回家，居然一脚踩到一只老鼠。由于踩的位置不对，是老鼠的尾巴，老鼠反身要攻击我，我反而要左右躲闪，最后只好松开脚，让老鼠逃了。借着手电筒的光亮，地面有点血迹，看来老鼠是尾巴磨破了皮的。活该那只老鼠倒霉，一年后的一天晚上，我再一次踩到那只老鼠。我怎么认得出来还是那只老鼠？从它尾巴上的伤痕皱纹即可断定。只不过，这一年后的它比以前更大了，显得更老了，行动迟缓了。这次没给它任何机会，我叫哥哥拿来夹钳，将它稳稳夹住。然后在房前的旱田里挖了一个坑，举行了一个活埋老鼠的仪式。

这事过后，我总觉得人类有点残忍，都生活在地球，凭什么不给老鼠活路。多年后，老鼠们开始与时俱进，适应了城市生活，它们爬水管、走电线，飞檐走壁来到我家。起初我选择容忍。老鼠开始还算懂规矩，从不破坏家具，吃了我家的瓜子、花生，吃后的瓜子壳、花生壳还摆放得整整齐齐，后来可能是老鼠家族兴旺了，家中不安宁了，且不说半夜常有响动，平时家里也有股臊臭味了。

忍无可忍，我开始驱鼠。先是养猫，此法见效，但家中的布质、皮质沙发常被猫抓坏，又因为是养宠物，慢慢地人猫间会产生感情，像我这样经常外出旅行，就没法照顾了。现在有一种电子驱鼠器，靠发出人感觉不到却让老鼠难受的超声波，让老鼠最终选择逃离。我试了试，起初还有效果，不过老鼠适应一段时间后又不灵了。

看来，人鼠大战还得继续。

第二篇 地理大学

第一章 地理学习

地理系的那些事

初入地理系，总还是有些兴奋的。听老师说，地理系的野外考察实习很多，虽然不像野外科考队员那样，成天在外，但每学期总有几次与大自然打交道的机会，享受被大自然拥揽的那种惬意。哪像数学系的"呆子"，成天就是做题算题太无趣（无意贬低数学，只是不了解而已）。

我粗略统计了一下，大学期间，我们地理系校内外大型实践活动有20多次。活动归来，同学们背着地质包，挎着水壶，拿着地质锤，从校园雄赳赳气昂昂地走过，其他系同学总会投来羡慕的目光，那真是我们最神气的时候。

校内项目

有些活动直接在校内开展。比如参观矿物化石标本，在学校运动场观星空识星座，用天文望远镜观察月相，举办庐山冰川辩论赛，在地图室绘地图等等。有些活动项目，在校园及其附近展开，如摄影实习，将校园内外做对比拍照研究，分类识别校园内外的植物属。有的活动还具有危险性，像在土壤实验室进行土壤成分测定的实验，整个实验室乌烟瘴气、毒气弥漫，好多同学咳嗽不止，

老同学在考察中

有的同学实在受不了，选择逃离。

校外项目

校外地理考察分为自然和人文两大类。如参观成都地质学院（现成都理工大学）、参观中国科学院成都分院地理研究所、参观选矿厂、参观龙泉驿气象站、参观航天展、青城山地图实习、都江堰水文实习、江油马角坝地质地貌实习、调查川师大周边企事业单位（派出所、十三团、药剂厂）、考察崇州银厂沟九龙沟、阿坝汶川漩口地貌实习、白塔湖土壤实习、青城后山植物实习、峨眉山综合自然地理实习、西昌攀枝花人文地理实习。百闻不如一见，校外实习学到的知识多，校外实习的故事也多，参观考察实习活动大大满足了我们地理人的好奇心。

自选项目

对地理痴迷的我，除了学校的规定项目，还有我的自选项目。比如到刀板沟考察红色砂岩，请生物系校友教同学认植物，考察石埂子水库，组织乡村夏令营，参观德阳的中国第二重型机器厂，教学实习期间的东山考察。有些项目，同样具有危险性，在此特别提醒：1988年6月，在一个灰蒙蒙的下午，我借了系里的望远镜，到校外田野开阔处的田埂上观察太阳黑子。薄云之下，太阳光不强，我试着通过望远镜仔细观察太阳表面，发现有好几个黑子。激动之余就忘了安全，我靠在田埂草坡上，一直没放下望远镜，就那样一直对着太阳，直到太阳掉下地平线。我取下望远镜时，眼睛昏黑一片，什么也看不见，好几分钟才缓过神来，恍恍惚惚地向学校走去……好险，如果失去光明，就亏大了！

大学晚自习回忆

我越发肯定我老了或者变傻了，因为我又开始回忆往事了。这次回忆的是我大学时的晚自习。

抢座位

20世纪80年代，大学上晚自习是一种自觉行为。晚饭后，各系同学不约而同地背上书包，朝教学楼、图书馆走去，为的是抢占座位。那个时候，各系各专业虽然有行政班，上课时教室相对固定，但不上课时，任何人都可以到想去的教室上自习。所以，要上晚自习，得先抢占座位，把书包往课桌上一放，就算是占位成功。要想上图书馆，得去得更早些。大学几年光景，我把全校所有教学楼的所有教室几乎都占了个遍，神奇吧。

转后山

"又是一年三月三，风筝飞满天……"这是一天我晚自习前转山时哼的一首歌曲。抢到座位后，天色尚早，同学们多半会从图书馆旁的侧门出发，一路散步出校园，花一角钱买上一包瓜子，和同学聊着天，一路嗑着瓜子上狮子山，很是惬意。黄昏的狮子山，春夏秋冬不断变换的景色，吸引着学子们沉浸其中，流连其间。直到夜幕降临，才回到刚才抢到位置的教室，开始上晚自习。由于占座位没注意是哪幢楼、哪层楼、哪间教室，粗心的人曾发生找不到自己书包的糗事。

跨校晚自习

每学期临近期末，课少了，进入复习阶段。考试，有时是三两天才考一科，这个时候的晚自习就可以转场了。高中同学中在成都读大学的同学不少，四川大学、成都科大、电子科大、西南财大、华西医大、中医学院、工业学院……于是背上书包，就到老同学的大学蹭晚自习了。与老同学一道，故作正经地坐在教室里，拿出自己的专业书籍或笔记开始复习，偶尔有从旁经过的学子扫过我的桌面书本，发现课程完全与他们的所学专业无关，不由得向我投来异样的目光。开初我显得有些不自在，后来，脸皮厚了，就心安理得了，甚至还暗自发笑。小样，也有你不知道的！

特殊晚自习

大学期间，晚自习是自由安排的。学校社团有很多活动也在晚上，这时候，晚自习就变成了棋友会、歌友会、舞友会。我参加了业余美校的学习，有时还得把晚上花在乐理提高班、服装裁剪班、篮球裁判班、交谊舞提高班上。作为地理系的学子，就更幸福了，看月相、望星空、描绘地图、冲洗照片、观看地理科教影片……

上过多少自习，仿佛就在昨天；有过多少同学，仿佛就在眼前。我还天真地想：哪天，我们再一道回母校上个晚自习，那该是多美的事啊！

太阳黑子的故事

初识黑子

初中我在乡里就读,学校在距家偏西方向几公里的地方,每天步行上学。一天清晨,我正奔走在路上,无意间一个回头,发现一轮红日正从路的尽头升起,让我惊恐的是:万万没想到,太阳表面居然有几个黑点点。天象突变,难道有灾难要发生吗?我一路心事重重来到学校,将此事告诉同学。同学跟我来到操场上,遗憾的是,这时太阳升高,光线强烈了,眼睛已不能直视太阳,哪里还看得到什么太阳上的黑点点,同学当我开了个玩笑,说说笑笑回教室了。我在惶恐中熬过了几天,也没什么大事发生,这事就渐渐被遗忘了。

高中时,我在地理课上终于得到答案,原来那令我悬想的是太阳活动的现象之一——黑子爆发。大学读地理系,有机会进一步详细了解太阳黑子了。不仅如此,还借了系里的望远镜,定点"打望"。四川盆地,尤其是成都平原太阳辐射最弱,难怪古代有"蜀犬吠日"之说。一个有薄云的下午,我在旷野观察太阳,透过云层可以见到太阳的轮廓。日落前的半个小时,太阳终于摆脱云层,普照大地,不过此时光线已经不强了。肉眼可以直视太阳了,我就通过望远镜仔细观察太阳。让我惊喜啊,太阳表面有好几个黑子。黑子,看上去似乎不动,好像固定在某位置。我靠在草坡上,观察着、欣赏着、思考着,直到太阳掉下地平线。

细说黑子

太阳大气层从里到外分三层,光球层、色球层、日冕层。光球层表面有时会出现一些暗的区域,它是磁场聚集的地方,这就是太阳黑子。其实,黑子并不黑,只是周围温度高(约6000℃),而区域背景温度只有约4000℃,呈暗红色而已。黑子是太阳表面可以看到的最突出的现象。一个中等大小的黑子大概和地球的大小差不多。黑子的形成和消失要经历几天到几个星期不等。黑子随太阳表面一起旋转,大约经过27天完成一次自转。

太阳黑子突然增多,是太阳活动增强的表现之一。大约每11年一个周期,出现一个太阳活动极大值年。这时,太阳辐射强度增加,高能红外线随着增加,还会向外抛射出大量的高能带电粒子。

黑子影响

关于太阳黑子爆发的年份，地球有哪些现象发生，专门研究的科学家太多了。说到研究我可不够格，充其量将他们的研究成果加以梳理和罗列。

对于地球：有研究表明，地球上的气候状况、水文现象、地震活动、植物生长、动物的攻击性乃至全球性的流感发生等，都具有 11 年的周期变化。高能紫外线强度的增加，会引起感冒病毒细胞中遗传因子的变异，发生突变性遗传，从而产生出一种感染力极强而人体对它没有免疫力的亚型流感病毒。这种亚型病毒产生以后，如通过动物、人等媒介体更会迅速地蔓延，以致酿成来势凶猛的流行性感冒。地球上流行性感冒的大流行年，大都是太阳黑子活动的高峰年。

对于人类：太阳的活动增强时，引起磁暴、极光，干扰大气电离层，对人造卫星、宇宙飞船及其中的仪器设备造成损坏，并严重威胁宇航员的健康和安全。增强的 X 射线影响无线电通信，在高纬度地区磁暴会产生感应电流，严重干扰高压供电系统，以致造成重大事故。

前一时期已经发现人类皮肤癌的发病率，有一条周期性的变化曲线。而现在发现这条曲线的变化周期正好与太阳黑子的活动周期是合拍的，并且皮肤癌发病率的高峰往往出现在黑子高峰以后的第二年。

还有一些有趣的现象。

最新研究表明，人类的发明创造也与太阳黑子的周期活动有关。俄罗斯科学家伊德里斯教授通过对理论物理的发展，进行深入研究后证明，科学创造确有一定的规律。以爱因斯坦为例，他在物理学上的四次重大突破，时间分别是 1905 年、1916 年、1927 年、1938 年，其周期恰为 11 年，而且这四年正好是太阳黑子的高峰年。不仅如此，艺术才能也受太阳黑子活动的影响。18 世纪至 19 世纪的 50 名作曲家的创作高峰几乎都同太阳黑子活动高峰一致，他们都是在太阳黑子活动的高峰年写出了自己的传世之作。

挪威科技大学研究团队还有惊人发现：出生在太阳活动极小值年的人，平均寿命比出生在太阳活动极大值年的人要长 5.2 年。这种趋势在女性身上，比在男性身上更明显。太阳活动极大值年引起的磁暴，或许会扰乱我们的生物钟，导致多样心理疾病，包括抑郁与自杀倾向、犯罪率上升。另外，太阳活动强烈时，人体磁场出现异常，由此导致人体神经系统反应能力下降，驾驶行为出错率上升，交通事故因此明显增多。

太多了，不说了，把大家吓着了，担不起责。你们自己看着办吧！不过有一点希望，保护地球，珍惜生命，太阳活动极大值年，格外注意点。

第二章　地理实习

野外实习轶事

最令其他系羡慕的非地理系的野外实习莫属。自然地理、人文地理以及自然人文综合实习，在给我们增长知识的同时，也替我们留下许多难忘记忆。

旧式饭菜票

地理实习有很多实习基地：马角坝、九龙沟、白水河、峨眉山、西昌、攀枝花、龙泉……实习基地的食堂多数采用的是凭饭菜票购餐的方式。现在看看我收藏的那些各种面额的饭菜票，一分、二分，一两、二两……足以进收藏博物馆了。

"活化石"标本

地质实习前，先要参观矿物化石标本。一次，在标本陈列室，同学们正在静静地依次观看每一个化石标本，突然，有个同学大叫起来："老师，这个化石是活的。"老师马上赶过来，一瞧气得不行。不知哪位同学趁大家不注意，往标本盒里放了活的虫子……后来怎么样？查不出"凶手"，后来就没有后来了。

白云岩上的刀砍纹

老太婆的脸

这其实是地理专业解释某一种岩石性状的通俗叫法。石灰岩、白云岩都是碳酸盐类，石灰岩风化侵蚀可以形成丰富的喀斯特地貌，而白云岩风化则多呈刀砍纹（即交叉成45度左右的普遍裂纹），俗称"老太婆的脸"。当年，我们在江油马角坝实习时，就经常见到"老太婆的脸"。

量"惨状"

此"惨状"非真惨状，乃"产状"也。产状，主要指面状体的空间延展方位。矿床、岩层、构造层、节理面等都可以进行产状的描述。主要包含三个要素：走向、倾向和倾角。野外可通过地质罗盘测出，因此，我们地质野外实习时，就经常"惨状"不离口，动不动就量个"惨状"，把不明就里的路人吓得不轻。

埋牙齿

有一次野外实习，有个同学松动很久的牙齿被自己狠心地拔下来。如何处理这个掉落的牙齿呢？经过慎重考虑，他认真地把牙齿包好，在实习基地后山上挖了个坑，郑重地把牙齿埋进坑里。同学看见了，问其缘由，同学反问一句："你知道古人类牙齿化石是怎么发现的吗？我是给后人发现古人类牙齿化石提供一个机会而已。"想得好长远啊。

彩色山岗

一天，实习结束。晚饭后，近黄昏，我和刘同学漫步到实习基地后山下。望见半山腰五彩缤纷，又有烟雾缭绕，风景独特。于是，我和同学刘明祥决定爬上山，一探究竟，万一是个地理大发现，那就出名了。凸形山坡，登山过程看不到上面的情形，等经过一场艰难跋涉，上到半山，惊得魂都没有了：一大片坟茔，坟头挂满五颜六色随风摇曳的纸钱，尚有没烧尽的冥纸飘出轻烟，阵阵阴风袭来，远处火星点点，忽明忽暗……天色已经暗下来了，再也不敢多看一眼，慌不择路，逃下山去。

土壤与植物实习盘点

老师在讲土壤剖面

1987年11月12—13日，我们地理系86级同学到崇庆县（现崇州市）白塔湖和九龙沟进行了土壤实习和植物地理实习。班上文健康同学显得格外兴奋，原来实习地点是他家乡。

我们懂得了选择土壤剖面的方法。想当初，学校里想象那土壤剖面如何简单好挖，到了实地才发觉不是那么回事。土壤剖面的选择地点是个大问题。我们第三小组挖的是水稻土剖面。我想，剖面不能挖在房屋附近，所以选择远离农家的田里。走到田里，确定方向，马上就应想象出土壤剖面的外观，再之后，就是"劳力专业户"同学的事了。

对于挖个土壤剖面，我是很自信的，但是对土壤剖面分层和对每层的结构形态做分析，我就不那么灵通了。这里体现出书本知识和实践的差距太大了，正是"纸上得来终觉浅，绝知此事要躬行"。

通过分析讨论和老师的指引，懂得水稻土的结构形态及分层，A–P–W–C留给我印象尤深。黄色过渡到灰黑色，从上到下，由润到湿还依稀浮现于我眼前。我还记得我从剖面里捡出几个石子儿玩。当然那些细节看起来无所谓，但要说出点道理来，可就要连篇累牍了。心里想着，待到明年峨眉山实习，我痛快地写也不迟，心里一延宕，竟致此事成了悬案。

其他小组有挖黄壤剖面的，有挖紫色土剖面的。时间短暂，我们来不及细观白塔湖秀丽的景色，大家竞相发挥红军爬雪山的精神，持着一个信念，冲上山岗，进行土壤剖面选点……回崇庆县城的车上，我闭目思索成都地区土壤的分布规律，模模糊糊，不甚明了。

对于植物地理实习，更是惭愧。除了认过几种植物，隐约看出植被的垂直地带性分异规律外，要想再挖出点收获似乎很难。

脚下的地在走，身边的水在流。我爬得越来越高（海拔近2000米），可压根儿没留神自然土壤也有垂直分布规律。山朦胧、水朦胧，单画了几个景观素描就花去不少时间，并且素描画得也不好，让同学见笑。

在崇庆县城，看了看"县"容，尝了尝名小吃，这都与实习不相干，只有在招待所的假山旁，看了几种很有代表性的苔藓植物和蕨类植物，还与植物地理稍稍有关，于是心安理得起来。

总而言之，笼而统一，那次实习为第二年综合地理实习做好了铺垫，打好了基础（base），实习中的不足或缺点便是下一次的注意事项：1.土壤剖面的层次分析；2.土壤的分布规律；3.眼睛和手的作用的发挥。

野外实习是看一个人能力的时候，不能像有的同学一样，来到大千世界，漫无目的，无所事事，晕头转向，茫然不知所往。难道知识就这样学活了吗？

我们依依不舍地告别了白塔湖和九龙沟，这情景还没看够，我们又要分手。就这样，悄悄地离去，只留下淡淡的一句："再见，再见，待到明年的这一天。"

峨眉山实习往事

　　1988年暑期将至，地理系进行综合自然地理实习，这可是我盼望已久的事。综合自然地理实习，实习什么呢？

　　地质地貌实习。峨眉山玄武岩之磅礴、大断崖"舍身崖"之气势、九老洞之神秘、台地阶地之区别，自然记忆犹新。不过，最难忘的还是我站在万佛顶最高处（海拔3099米）突出的岩石上高呼"中华人民共和国万岁！"然后纵身跳下的壮举（还好，不是狼牙山）。

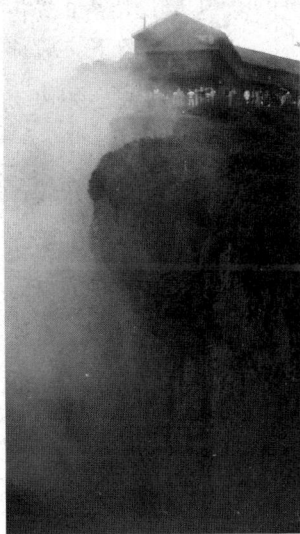

峨眉山舍身崖

　　土壤实习。观察紫色土、黄壤、灰化土等不同海拔的土壤剖面，没引起多大的反响，没有值得回忆的。

　　气候气象实习。最是有趣！在山腰万年寺感受雾气缭绕下的峨眉山，有"不识峨山真面目，只缘身在此山中"的浮想；在金顶观云海、日出，我还叫上同学们到指定地点看佛光。（鬼才相信，佛光能在指定地点看，其实并不稀奇，只要懂得佛光产生的原理，人人都能判定佛光产生的地点）；参观金顶气象站，了解横着打的闪电。蛮有收获的。

　　生物实习。动物实习简单，不过是洗象池听弹琴蛙"弹琴"、九十九道拐看猴哥、金顶草甸上踩巨蛙而已。植物实习则是辨识从常绿阔叶林到山顶针叶林的垂直地带性分布，认识不同海拔的山地植物，找寻活化石"树蕨"；另外就是在实习快结束之际进行认植被比赛。上百种植物标本，挂在室外，一排又一排，让我们一种一种写出名称，还要附上所属科别，难死人了。好多同学只恨老师介绍时，耳朵扇蚊子去了。不过，我还记得木通科有一种"猫儿屎"哟。

　　永远的痛，峨眉山实习也要留下伤痛记忆。苟琦等同学因购买到霉变饼干，在和商贩交涉过程中，与当地"地头蛇"（欺行霸市者）发生冲突，老师、同学都很受"伤"，还惊动了当时的峨眉县（现在的峨眉山市）、乐山市公安局，对当地商业秩序进行了整顿，对责任人进行了追究。母校也迅速派人来看望我们，安慰我们受伤的心。

攀西实习记忆

1989 年 4 月，地理系学生前往西昌和攀枝花进行人文地理实习。这就是我们通常说的攀西地区。

航天基地的冷月

西昌，月亮女儿的故乡。彝海、凉山、马帮铃声，邛池、火把、飞天梦想，无不令人向往。初到西昌，彝海结盟的故事是必须了解的。当年，中央红军长征途经彝区，红军先遣部队司令员刘伯承与彝族首领小叶丹结盟，留下一段佳话。入夜，站在刘伯承与小叶丹的雕像前，思绪仿佛回到那红色年代。旁边，就是诱人的邛海景色，与晚间湖面上空皎洁的明月，交相辉映，诗意盎然。

航天基地是考察内容之一。中心控制室、发射架、航天展区向游人开放，还有趣事发生。在航天展厅的长征 3 号运载火箭旁，讲解员给我们详细讲解，数据精确，这时，一个老外掺和进来，还用延长杆将录音设备伸到讲解员跟前准备录音。我们发现讲解员说出的数据突然变得模糊不清了，一分钟后，老外觉得没啥可取之处，转过身到别处去了，这时，讲解员告诉我们的数据又变得精确无误了。这是为什么？你懂的。高高的发射架平时都静静守候，并无特别。只是发射架正下方有个巨大的 L 形水槽，引起了我们的强烈好奇。当讲解员让我们望一望水槽出水孔正对的山坡那些死亡的草木时，我们中有的人就知道答案了。原来水槽里是冷却水，火箭点火后，强烈的火焰喷射进水槽，冷却水变得滚烫，喷射到出水孔正对的山坡，这里的植被就为航天事业"捐躯"了。

西昌还有一处攀枝花钢铁企业的实验工厂，看了一阵，没啥印象，在此不表。不过，在西昌的一个夜晚，我瞒着老师和同学，独自来了一次"夜走大凉山"。惊悚之举，现在想起来都后怕。（详见附文《夜走大凉山》）

金沙江畔的红流

没到攀枝花之前，就知道它有很多地理之最。世界上钒钛磁铁矿最丰富的地方、长江上游第一个大城市、横断山区最大的城市……在创业者们的努力下，到 20 世纪 80 年代末，攀枝花这座美丽的城市已经出现在金沙江畔。崭新整洁的街道、浓密遮阴的凤凰树、布局合理的功能区，让人觉得这里就是一个宜居城市。

大小宝鼎、攀矿、攀钢是实习内容，无非看三样东西：煤炭、铁矿以及钢铁是怎样炼成的。煤矿、铁矿区是远观，不可能让我们亲自去开采吧，钢铁冶炼过程就要全程参观了。我偷偷地做了一件事，现在必须检讨：在铁矿石粉磨成的铁矿小球堆旁，我趁工作人员不注意，将滚落在一旁的两颗小球放进了衣服口袋；在烧结后即将进炉冶炼的铁矿小球堆旁，我又趁工作人员不注意，将脚下的两颗小球放进了衣服口袋……（太不守规矩了，以后别人再不敢带人来参观了）如今，30 年过去了，那四颗铁矿小球，两颗烧结的，两颗没烧结的，还一直躺在我的标本箱里，也让多少届学生一睹攀枝花铁矿的风采，让多少届学生聆听了那一段攀枝花传奇。

入夜，攀枝花峡谷山城，夜景堪看。站在南岸山坡，和风轻拂，神清气爽。细听，金沙江传来滔滔水声，山下到山上，万家掌灯灯火明，山顶不远处，一轮孤冷圆月，朗朗高照。在攀钢所在地的弄弄坪（据说是一个小山头，被推平后，周恩来总理给命的名），铁水红流时，夜幕中好像有笔在点红。最壮观的是高温矿渣从高处倾倒时一泻而下，在夜色中重重地画下红艳艳的一笔，一直涂抹到山下，许久才暗淡消失——好美的画卷。

在攀枝花大学游逛时，不经意间居然碰到高中女同学，而且还是同桌，好兴奋哟。不过，有大学几个同学在场，不敢放肆，说一些客套话，请她介绍一下在攀枝花的切身体会作罢。2015 年夏天，我再一次途经攀枝花，心境不一样，再好的风景也不那么美了，同桌的伊人在哪儿，还好吗……

教学实习往事

教学实习是师范专业大学生临毕业前的必修课。实习学校可以自己联系，也可以由学校统一安排。我和另外三位同学一道被学校安排在四川德阳市二重子弟初中（也叫红卫中学）实习。

二重全称"中华人民共和国第二重型机器厂"，是中国最大的重型机械制造企业和重大技术装备国产化基地，是关系国民经济命脉和国家安全的重要骨干企业。厂区占地 2.6 平方公里，八个分厂，职工数万人，每天早上上班高峰，30 米宽

大气的二重厂厂门

的厂大门，庞大的自行车流能持续 20 分钟。企业有子弟小学、子弟初中、子弟高中，在这样的企业子弟校实习，当然是显得高大上喽，甚至做梦都想分到这里来工作。

子弟初中规模很大，全校有 40 个教学班，这在那个时代算不得了了。我们被安排到初一进行地理教学实习，同时每个同学也当一个班的见习班主任。我们刚报到时，有个初三数学老师生病住院了，我和老班居然敢分别接下这个班代数和几何的教学任务。

初中地理学科在那时虽然不受待见，甚至地理教师也多半是其他学科老师兼任，在这里却不一样。仅初一就三个专职地理老教师，其中一位还是地质学院毕业从事过多年地质工作的科技工作者。

两个月时间，虽然短暂，但在地理教学的设计、地形立体模型的制作、东山地理考察的策划等方面，我受益匪浅。还有就是数学教学，虽然是代课，但毕竟是初三，马虎不得，我们这些非专业人士要做到不误人子弟，只得"挖空心思"了。还好，凭借满腔热情和与学生的亲近交流，我们都圆满完成了学校交给的任务。

实习期间收获的师生情谊，那也是一笔财富。记得，实习结束与学生依依惜别，学生泪流满面，有学生根本就不让我们走。我们只好说："暂时不走了。"可等他们上课去了，我们就在指导教师的护送下静静地上了车，现在想起来是多么残忍和无情啊！

后来，学生与我们还有一些书信往来，但为了不影响他们的正常学业，我们主动减少了联系，只留给他们美好的记忆。

乡村夏令营

30年前，开展夏令营活动对农村孩子无疑是有致命诱惑的。大学时的一个暑期，热情似火的我就组织了一次。

放假之前，我写了封信给家乡的初中母校表达了办夏令营的愿望，学校领导在星期一的全校晨会上宣读了我的信，算是一个动员了。期末，我早早地来到初中母校，老师很热情，学生来咨询，几天工夫，由20多名初高中学生组成的夏令营开营了。

夏令营有哪些内容呢？纯玩是不行的，家长老师也不答应。

学业辅导

夏令营营员构成复杂，从初一到初三都有，还有两名高中生也参加进来。所以，我不得不搬救兵——正在读川大的高中同学任振豪。在家乡村小的两间教室，我辅导数学，任同学辅导英语，其他学科掺杂其间。当然，辅导方式，肯定没有学校正规，多在轻松愉快的氛围中进行。

才艺表演

一般两三天，就有一次营员的才艺表演时间。营员们或歌或舞，或说或唱，彰显个性，展示才艺，自然得体，又妙趣横生。谁说农村孩子木讷呆板了？

游园活动

活动期间，组织了一次百科知识游园。查阅多种资料，出了数百道知识趣题、谜语，写成条幅挂在绳上，让营员多答题，多得奖。营员兴致高涨，多年之后都还向往。

野外考察

活动后期，组织了两次野外考察，我从大学地理系借回来的地质罗盘、望远镜、放大镜等物件有了用武之地，分别考察家乡的山川地貌和四川省大型水库——黑龙滩水库，其中，不知在哪个岩洞找到的一块类似狗牙床的石头，石头表面包裹一层石膏晶体，非常漂亮，至今还被我精心收藏呢。

快乐的时光总是过得很快，一个月很快过去了，大家都有些依依不舍，幸好深厚的友谊能够长存，这么多年过去了，还有营员和我保持着联系哟。

组织活动锻炼人。与初中小学老师协调场地校舍，与大学高中同学协调学科辅导，与家乡机砖厂协调营员伙食，知识储备、教案准备、安全防范……现在想来，那些酸甜苦辣皆是成长啊！

夜走大凉山

1989 年 4 月，我的大学生涯中最后一次地理野外实习，目的地是川西南之隅的航天城——西昌。

参观卫星发射基地、游览邛海、考察攀钢实验工厂、研究黄联土林、领略西昌古城，这些在脑海中的记忆似乎不深了，最深的印象仍然是那一次擅自脱离队伍独自进行的夜走大凉山之旅。

西昌海拔约 2000 米，地处南北狭长的安宁河谷，温差小，四季如春，有"小春城"之称。西昌不远处有一座山峰，远远望去，好像是由一道山脊向高处延伸而形成的，这应该算是大凉山的一个余脉吧。我的探险猎奇心理占了上风，晚餐后，天色还没暗下来，一个人悄悄离开考察驻地，带上笔和笔记本出发了。

孤身一人向山顶进发

南北延伸的山脊，北低南高，我稳稳地从北侧上了山脊。山脊不宽，恰好容得下一条小路。4 月的西昌，雨季未到，但风已呼呼地刮个不休，山脊上满是齐腰深的衰草，随风摇摆。有些草长得特别，我便采起来，夹在笔记本里，算作标本，还做好记录。高度不断增加，风越发地紧，灌入耳鼓，发出异样可怕的声音，头稍稍偏个角度，声音随之改变，心有点发紧，对自己的冒险有点后悔。但开弓没有回头箭，我还是壮着胆子继续沿山脊向上走。

天色开始暗淡下来。10 分钟之后，埋头走路的我猛然抬头，一个大大的黑色十字架横在我前方。十字架有约三米高，"十"字的每一个笔画可能有一米宽，在暗淡的天光下，阴森可怕。是进还是退，我不断地做思想斗争。经过观察，也未见有什么动静，我胆子稍稍大了些，慢慢地靠近，走到十字架近前，根本不敢细看，半闭着眼睛，侧身迈了过去，感觉好像过了一道鬼门关。

夜幕这张网好像要撒到底了，只有天边还有一丝亮光。我不敢停留，继续向上探索前进。忽然听到前方发出越来越强的"嘶嘶"声。到了这个份儿上，我还顾虑什么，往前紧走几步。突然我吓得瘫倒在地，心里直发怵。原来，就在我前方几米远，几根粗大的高压输电线低垂在离地面不足两米高的地方，而且随风摇荡。输电线两端从什么地方延过来已看不清了。别无选择，我伏下身来，徐徐做匍匐前进状，想到身体上方在风力吹拂下发出巨大声响的高压线，稍有不慎，一次放电或一次接触，就会命丧黄泉，真有些万念俱灰，但理智还是控制着我，我终于爬过了高压输电区。

四周完全暗了下来，山脊还在向高处延伸。这时的我反而不怕了，死神旁边过来的人，什么都觉得无所谓了，又摸索着山脊上的衰草前进。不知过了多久，向前迈步时突然差点踩空，定定神，借助远方西昌市区微弱的灯光，发现终于到山顶了。缓过神来，环顾四周，猛然发现山顶还有一座高高的钢架，壮着胆子摸才知道是冰凉的钢体结构的。来不及细想这钢架是做什么用的，脚下软软的东西又让我疑惑。弯下身子，用手抓一把，感觉好像是燃烧什么东西的灰烬，凑到鼻子边一嗅，不得了，这是动物燃烧后的灰烬……

我的心理防线终于崩溃，什么也不能想了，什么也不敢想了，朝着市区的方向，向山下滚去……

十多分钟过后，我居然活着从陡坡滚到了山下。上山一个多小时，下山十多分钟，真是奇迹。劫后余生，我兴奋地向有亮光的地方摸去，一个小时后，回到了驻地。这时我才发现，笔早掉了，夹在笔记本里的植物标本也不见踪影，衣服还破了多处，几处疼痛应验几处划伤。因是私自出游，违反纪律，所以不敢在同学老师面前提起。

第三章 地理生活

狮子山的故事

川师大旁边有一座狮子山，现在把川师老校区干脆直接叫"狮子山校区"。狮子山对于曾经求学于此的川师学子，可谓再熟悉不过了。

在川师南边静安路、中环路锦绣大道、成龙路等尚未形成之前，那里才是名副其实的狮子山。虽是龙泉山延伸过来的低海拔土丘，山上只有稀疏的林木果蔬和一些农舍庄稼地，找不着任何像"狮子"的迹象，但"狮子山"三个字已经给老川师人留下了太多的历史记忆。

大学晚自习前转山散步离不开狮子山，节假日、周末，同学老乡聚会野炊野餐首选狮子山，谈情说爱的情侣们更把狮子山奉为风水宝地。30多年前，川师后门（应该是现在的南门附近）外，只有两三家茶馆。那茶馆是真正喝茶人的茶馆。周末，两三个好友相约，来到茶馆，泡上一杯茶，开始了惬意的周末休闲。有看书下围棋的，有小声聊天的，也有打台球的（那时候打麻将还不流行），总之，每一位喝茶人都觉得生活是那么有滋有味。

狮子山有点不像山，有个重要原因：成昆铁路绕过成都市从狮子山经过，东西向把狮子山剖开，本来就不高的山，被分成南北两个部分。火车从山谷中经过时，我们站在两侧目送，有时还向车上的人挥手致意。在狮子山上发生的一件与川师有关的往事在此可以一提，虽然尘封多年，但仍让人感慨。

20世纪60年代以后，中苏关系恶化，苏联扶持我国南边的越南，在中越边境袭扰生事，还侵占领土、恶华排华。1979年二三月间，我国为了

30年前的狮子山

捍卫主权，惩治侵略，进行了一场自卫反击战。自卫反击后，中越关系跌入谷底，边境仍然时有冲突，因而边防部队多。我国每年都要派其他部队到中越边境换防，那些从中越边境换防归来的解放军官兵就成了我们学子们心中的英雄。就在1985年，又一批换防官兵归来，当军列经过狮子山时，居然被热情似火的川师学子们给拦停了。大学生们涌上军列（那时军列是敞篷的），向列车上的解放军官兵献花，表达对保家卫国不怕牺牲的共和国军人的崇高敬意。拦军列，要在平时，那可是重大事件，这次川师学子们的"壮"举，也算是中华人民共和国的个例了。

不过，此次事件，还是出了点意外。军列从制动到启动过程中，地理系85级（川师大的地理系的首届哟）一名女生，不幸被撞，所幸经过医治没有生命危险。但，因为耽误了学业，这名女生就留级到我们地理系86级，她就是我们敬爱的"首长"。"首长"和蔼可亲，乐于助人，遇人总笑脸相迎，大家都很喜欢她。这么多年不见"首长"，怪想念的。

30多年过去了。城市化让狮子山面目全非，老川师人恐怕只有见到那仅存的荷花池才能联想到当年的光景了。喜乎？悲乎？

地理业余生活

真的有点神了，我的很多业余爱好或多或少与地理有关。不信来看看。

摄影

大学有门选修课——摄影课，我欣然报名选修。30多年前，还处在120、135胶片时代，相机还是奢侈品或专业设备，红梅、海鸥、凤凰是中国的三大品牌，平常人家是没有的。

进行一番理论学习后，几个同学摩拳擦掌，从系里借出相机来，为了不浪费每一张胶片，做好照相计划。校园内外、狮子山上，同学们对着一些景物进行对比拍照。比如，光圈不变，调整曝光时间，或者曝光时间不变，只调整光圈，每照一张都要做好登记，以便做质量分析。

回到学校暗室，又亲自操刀，显影、定影、晾干，一气呵成，暗室不再神秘。

长跑

体育项目中，我偏爱长跑，那是耐力的比拼，锻炼培养人坚韧的意志品质。

每天晚自习结束，就奔向运动场，400米跑道，跑10圈、20圈是常事，大汗淋漓回寝室冲个凉，那才叫爽。

长期锻炼，体格强壮，体育达到优秀，地理野外实习时，我显现出体能充足的优势。有时野外实习要走很长的路，有的同学早早地就叫苦了，我还没什么感觉。另外，大学期间，时有长距离步行、骑行，效果相当。

音乐

我是非常喜欢音乐的，大学时还是乐队成员。大学时，专门有音乐笔记本和歌曲摘录本。

有一段时间，对中国和世界各地的民歌感兴趣，尤其喜欢研究民歌的地域性特征。民歌与当地的地理环境有无关系呢？《新疆是个好地方》《黄土高坡》……那种浓郁的地方韵味让人着迷。

我把中国每个省份的民歌收集起来，还把世界上一些国家的民歌也摘抄下来，仔细品味，有时达到忘我之境界，由此可见其魅力。今生喜欢音乐，无憾！

围棋

围棋是老祖先发明的，承载着深厚的文化内涵。棋盘是方的，棋子是圆的，天圆地方，天地融合；四方表示四个方位，360多个交叉点表示一年的光阴；黑白棋子，表示阴阳；对弈双方地盘的此消彼长，表示实力的强弱对比；弈棋时的取势和取利则蕴含着更多哲学思想。

我高中时，就常听闻中日围棋擂台赛消息，聂卫平被尊为"棋圣"，但因学业压力，不曾与围棋相识。进大学，办完入学手续，第一件事就是到成都人民商场买下了一副塑料围棋，开始了我的围棋人生。

30年过去了，我依然钟爱围棋，还将一些喜欢围棋的儿童领进了围棋之门。

辩论赛

大学期间锻炼自己的平台很多，辩论赛就是其中一个，我不会放过。记得，我读大学时，学术上正在兴起关于江西庐山是否存在第四纪冰川的讨论。地理系86级在老师的提议下，开展了一次颇有声势的辩论赛。

辩论话题是"第四纪庐山是否有过冰川活动？"。肯定回答方为正方，我是正方的一员，否定方为反方。为了那一次辩论，同学们可谓辛苦，那时的资料信息来源无非图书馆和一些科普杂志，在相关书籍的字里行间，搜寻点滴对己方有利的证据，最后形成观点、论据。

　　辩论的细节，由于时过境迁，已经记不得了。不过，辩论比的是气场，比的是双方选手临场反应和表达能力，结论并不重要了。各位想一想，一群都没到庐山进行过实地考察的人，能辩出个什么结论？庐山山脚下那一堆沉积物，到底是冰期冰碛物还是泥石流堆积物，我哪知道呀！

地理日记

　　从初中开始，我就养成了记日记的习惯。日记本有两种：一种记载日常事务，每天身边发生的故事；另一种是收集摘抄中国和世界各地风土人情、地理趣闻、重大发现等。

　　到目前我的近30本日记中，以大学期间的日记质量最高，每天大学晚自习结束前的10多分钟，就是我记日记的黄金时间，把一天来所见所闻所感，用优美的语言（自认为）记录下来。多年后，当再一次翻开大学时的日记本时，我不禁惊叹：那时候，我太有才呀！虽然如今早已不知是摘抄还是原创，但品读起来，仍有诗意和哲理。

我的地理日记本

现摘录几句请大家欣赏：

　　"××和我漫步在校园后面的狮子山，我们慢慢说着过去，微风吹走冬的寒意……""冷冷清清暮色天，悠悠荡荡半世心，人为物役，丝丝清苦，远山之景，欲望无尽……""有人对我说'你从来没有完整地唱完一首歌'，也许，也许，本来就不该唱完吧！""今天，有的人得意忘形，面部肌肉都扭曲了，我则极度失落和痛苦，唯有拿起短笛，吹响那'没有花香、没有树高……'"

　　有人给我出了个艰难的选择题：假如，家里突然发生火灾，你只能带走家里的一样东西，请问你带什么走？我毫不犹豫地回答："我那些日记本！"

毕业季决策

大学毕业季，是个躁动的季节。同学分别，情人分手，在交通信息还不太发达的20世纪80年代，离别很可能就是永远。大学时睡在我上铺的"渊"，他坐在行驶的派遣车辆上，在我向他呼喊并拼命挥手时，他终于回首望到我的那一眼，就是我和他交往的最后定格画面。

那时，师范专业毕业生选择与现在不同，虽然基本上是当一名教师，但在不同地区，享受的待遇还是有差别的。

首选是到大型厂矿子弟校工作，那时的子弟校很"牛"哟，改革开放初期，百业俱兴，大型企业效益好，待遇高，自办子弟校软硬件比地方学校好得多。所以，很多人选择到子弟校。只可惜，子弟校不在统一分配计划中，而且名额少，往往出现多人争一个名额的情况。另外，厂矿来校要指标时，还要向大学交纳数千元培养费，有时，竞争者多的企业，这个培养费干脆由这些争取去的大学生自己出。

第二条途径就是申请到边远省区或四川边远地区，如当时的甘孜、阿坝、凉山（简称"甘阿凉"）。这些地方，由于民族扶持政策，到这里工作的大学生待遇是很高的，而且，由于人才缺乏，大学生在这些地方施展才华的空间很大。高中课文中，文学家碧野的《天山景物记》把天山描述得好壮美，大学即将毕业的我，也曾有前往新疆工作的冲动。我给新疆维吾尔自治区乌鲁木齐教育局写了封信，表达了希望到新疆工作的愿望。一个月以后，当我收到乌鲁木齐教育局的回信的时候，我发现信寄错地方了。回信中这样写道：……乌鲁木齐教育局编制已满，你可以咨询自治区教育局，了解新疆其他地区的编制情况……完了，我该把信寄往新疆维吾尔自治区教育局，路途遥远，再寄信已经来不及了。

第三条途径是参加学校的统一分配，这是最普遍的方式，那时的包"分配"主要就指这种情况。

然而，热爱地理专业的我，却有些不安和不甘。那时的普通高中没有扩招，普通高中的学校规模不大，需要地理教师也不多。参加统一分配，很可能就到初中学校了，初中学校普遍对地理学科是不够重视的，有的新老师一到初中学校就被安排教其他学科，这样就等于学而无以致用了。

我毕业志愿上有三条要求：进高中学校、进子弟校、靠近铁路。后来，重庆松藻矿务局来校要指标（也可以说是买指标），三条要求都符合，正合我意。那位来校要人的是一个子弟校的校长，我和几个同学与来人在地理系办公室见了面。他说，子弟校现在要新办高中，需要新教师来补充，校长本人就是20世纪60年代川师人，对川师的水平非常认可，所以直接考虑回川师来要人。经过简单的面谈后，就没有消息了。等到毕业发放派遣证时，才知道，我的目的地：重庆松藻矿务局。

毕业派遣趣事

趣事一：千钧一发

1989年6月底，川师对毕业生的毕业派遣工作接近尾声。按照惯例，毕业生要到总务处领派遣证。待我去领派遣证时，被告知发往綦江的车票已经发完。后来才知道，松藻矿务局当初只要四个指标，不知怎么回事，学校搭了一个指标给矿务局，而我又是最后一个去领派遣证的，原计划的四张车票已发完，学校只给我车票钱，让我自己到成都火车北站去买。赶公交、排队，好不容易总算买到车票。

平时不抽烟的我，为了在与同学分别之际，表达一份热情，也破天荒地买了一包烟，散给抽烟的同学。那时的车票是一个小硬纸片，怕弄丢，我把它放在烟盒里。在与一批批同学的送别过程中，散完最后一支烟，随手就将烟盒扔在了学校马路边的树下（这个习惯可不好，现在早改了）。轮到我离开学校了，我上了川师派的解放牌敞篷大卡车（那时大卡车好像可以载人），离开了狮子山。车开出几公里了，我突然想到车票还在烟盒里，而烟盒已经扔了。不行，没有车票上不了车，我也没有钱再买车票了，马上叫停卡车，把行李托付给同行同学，下车了。

一路飞跑回学校，这可是在川师的最后一次长跑哟。学校马路上，清洁工正在清扫马路，而且已经到了我扔烟盒的地点。千钧一发之际，我边跑边喊："师傅，停一下！"跑到近前，一大堆垃圾中，烟盒有好多个，我开始翻找，清洁工师傅疑惑地看着我。我终于找到我扔的那个烟盒，口子开着，居然车票还在。

我兴奋地握着师傅的手，一个劲地说："谢谢你慢了一点，要不就完了……"

趣事之二：最后时刻

车票到手，只能自己乘公交车到火车北站了。这一下，另一个麻烦事来了：我要找我的行李。当初独自下车，很紧急，只给身边一个同学说了声"帮忙照看一下行李"。那这个同学是哪一位？当时还真没有太深刻的印象。我虽然知道，与我同往一个工作单位的还有几位，但其他系的，还不认识，他们不可能带着我的行李。

离进站检票的时间越来越近，我在偌大的几个候车厅转来转去，那真是热锅上的蚂蚁。我要乘坐的成都—贵阳的特快列车开始检票了，我还在找同学、找行李。终于，在一个角落里发现了我的同学，他也很着急，"再不来，我也要检票上车了"。我来不及话别，说声"后会有期"，便直奔检票口。在即将停止检票的最后当口，我检票进站上车了。当我坐上座位，才发现衣服早已湿透。

工作报到险情

趣事一：狼狈下车

1989年6月30日深夜，一列从成都开往贵阳的特快列车在綦江车站停下时，五个从川师毕业前往工作单位报到的大学生下车了，我就是其中一员。其实，我们好希望6月30日就能到达单位报到啊。为什么呢？6月份报到，7月份就是全月工资，7月1日报到，就只有半月工资了。没办法，我们只能借助幽暗的灯光，找到一家车站旅馆住下，次日再去报到了。

趣事二：垮杆部队

第二天，又是几个小时的慢车。列车依河缓缓而行，车窗外是绵延的群山，特别使人压抑。中午时分到达川黔交界四川境内最后一个车站——石门坎车站。（之所以叫川黔交界是因为那时候重庆还没直辖，很多年过去了，黔北深山里的山民仍把我们称作四川人）

带着行李、着装不整、疲惫不堪的我们，活像当年被打垮的部队士兵一样，步履蹒跚地走在铁道上。边走边问，居然直接到了松藻煤矿子弟校周康福校长的家。周校长正在午休，开门时还是睡眼惺忪。听明来意后，热情招呼我们进屋。不过，看得出来，校长一脸疑惑，心想：我到川师要的是四个人，怎么来了五个？后来才知道，化学系的付泽全同学是母校的特别名额。松藻矿务局没花一分钱，捡了个宝贝。

接下来，事件就简单了，带我们吃饭、安排住宿、到校参观、与全校教职工见面、到矿务局总部办理手续……

趣事三：夹皮沟

几天前，我们初到松藻煤矿时，因为疲倦，还没来得及细细观察周边环境。等吃饱睡足了，再审视这里，不觉有些后悔。松藻煤矿处在綦江上游松坎河谷之中，两岸崖壁陡峭，职工家属区（包括学校）在河两岸地势稍缓的山坡上，几乎没有平的地方。从成都平原来到这夹皮沟里，我们的心理落差有多大啊。想到以后就要在这里工作，献青春、献终身，甚至可能还要献子孙，总觉得不是滋味。

子弟校的老师给予我们的关怀，让我们稍感宽慰。他们中也有好多是四五十岁的中年教师，学历不低，有的从建矿开始就扎根这里了。几十年的风雨，从他们脸上我没有读到沧桑，却读到自信和对生活的热情，显得我真有点年少无知和张狂。

趣事四：借钱回家

7月7日学校散学典礼，该回家了，可是没盘缠。按照政策，前半个月又没有工资，我们刚到学校，又不好意思向学校提出预支工资的请求。

周校长看出了我们的尴尬，把我们叫到办公室，让我们写个借条，向学校财务借一些钱回家。就这样，还没工作，就欠着账了。

第三篇　地理校园

第一章　星空故事

天文爱好者的情愫

很多朋友喜欢地理是从喜欢天文开始的，受我的哥哥——一位天文达人的影响，我对天文有着特别的兴致。

望远镜巡天

多少个繁星满天的夜晚，我独自或邀约一两个伙伴来到没有灯光的山岗。主要星座是要识别的，那些我们平常熟知的牛郎星、织女星、北斗七星、北极星也要打个照面，运气好，偶尔还会见到流星划过天际。但是，如果突然有人问："在星空中如何区分星云和星团、恒星和行星？"呵呵，有天文望远镜就好办了。

天文爱好者，望远镜是必须配备的。我没有我哥哥那种上万元的装备，只能从一般的望远镜开始。比如，星空中白乎乎的一团，分不清是星云还是星团，用望远镜对准一望，若"白团"依稀可辨星星点点，那它就是星团了，若还是白乎乎一团，这"白团"是星云的可能性就大了。

参加工作后，学校"宝葫芦"状的望远镜让人欢喜让人追。夜晚，挎着"宝葫芦"外出，总有大人小孩尾随看稀奇。在山岗开阔处架好、调试好望远镜，我好好地给大伙儿普及了一次天文知识，当然我也好好地过了一把天文瘾。

天文伞教学

20多年前，为了教学需要，我曾买了一把天文伞。天文伞顶端是北极，撑开伞面，就像天穹打开，将北半球天空主要的星座和明亮的星体都呈现出来。

如果有学生要为难你，在白天进行模拟星空定位，怎么办？不慌，将伞顶朝向北方，向上仰起若干度（多少度，你这里的纬度是多少度就仰起来多少度），然后进行钟点和月份的推算。参照点位置是每年7月晚八九点钟，牛郎织女星在天顶位置，星空图以北天极为中心每小时自东向西转15度，每个月自西向东转360/12＝30度，结合实际月日时，两种运动叠加，就是此时星空的大致情形。有点费劲，还好，通过几次用天文伞进行实时定位，总算让人满意了。

可惜了。天文伞放在办公室，一个不知情的人雨天拿出去用了，可能发现没有避雨功能，雨水又毁了上面的图形文字，干脆就不还了，天文伞在我的视野中消失。很久以后，突然想起的时候，已经没有任何线索，算了吧。

现在不同了，信息时代。据说，手机上就可以下载安装一个"移动天文台"APP。朋友们可以试试。

天球仪定位

参观北京科技馆时，带回一个天球仪，这可是个好宝贝。制作精细，星空中主要星座，及头几等星全部都有，还可以根据不同纬度来调整角度。几番琢磨，终于可以进行实时星空定位。

每当有爱好天文的朋友来访，我一定会拿出天球仪，让朋友也牛刀小试，自己比画，进行实时星空定位。

高中地理第一课——观察星空

熟悉高中地理教材的人知道，《高中地理》第一课是"地球的宇宙环境"，那不是天文学的入门吗？为了给刚进入高中，毫无天文学基础的学生一个"下马威"，来一点震撼，我准备一开学就让学生进行星空观察。由于秋天晴朗夜空不等人，这不，有的班级第一节正课还没上，就直接被带到了室外。

星空观察的地点，多年来我曾选择过宽阔的操场、高高的山岗、僻静的路上，都因安全保障或光线太强等原因而造成观测效果不佳，最后选定在教学楼的楼顶上。当天色完全暗下来，我便带上强光手电，神秘兮兮地来到学生上夜自习的教室，给学生轻声交代："今天晚上，如果女生们想认识'牛郎'，男生们想认识'织女'，那就不要高声喧哗，悄悄跟我上顶楼。"学生们哪有不兴奋的，一个个紧张兮兮地上到楼顶，按体育队形排好，我正式开讲。

仰望满天的繁星，先从星座讲起，我手执强光手电，光柱指向一个个星体相对密集的区域，那就是一个个星座，星座中最亮的几颗星就是要隆重介绍的。什么大熊座"勺子"形的北斗七星、小熊座的北极星、仙后座的"W"五星、天琴座的织女星、天鹰座的牛郎星、天鹅座的天津四等。然后，再讲恒星、行星、卫星、星云，以及看北极星定方位等等，学生是不是眼界大开不知道，兴趣肯定被我一下子点燃了。我讲完后的提问环节，他们总是不断好奇地发问。

寻找北极星

为什么银河不是"河"？流星是怎么回事？人所属的星座与星空上的星座有什么联系？牛郎织女相隔多远，假如以光速前行每年七月初七能否"见"一面？星空中，如何用肉眼识别行星和恒星？星团、星云看上去都是白乎乎一团，如何进一步区别？观察地点不变，北极星为什么不升不落，永远定在星空中的固定位置？北极星的高度为什么刚好是观察者的纬度？为什么有的星星眨眼，有的星星不眨眼？冬夜夏夜同一时刻观察到的星空是不是完全一样？……

问题多而有趣，一时解答不完，有些问题，即使解答了，学生一时半会儿也不能理解，尚需后期知识来弥补。不过，可以肯定的是，学生学习天文地理的兴趣被激起了，我的良苦用心，起到了效果。

半个小时的时间，转瞬就过了，学生们留恋也好、依依不舍也罢，请跟我下楼，回教室！

天象观察——地理学习的兴趣点

探索星空奥秘，提升科学素养，激发学习兴趣，一直是我地理教学的着力点之一。大凡地球上有什么重要天象，我都以恰当形式与学生分享。下面举上几例。

彗星撞木星

1994 年 7 月, "苏梅克－列维 9 号"彗星撞击木星, 从 17 日到 22 日, 连续五天时间, 20 多块碎片接二连三地撞向木星, 相当于在 130 多个小时中, 在木星上空不间断地爆炸了 20 亿颗原子弹, 释放出了约 40 万亿吨 TNT 烈性炸药爆炸时的能量。只可惜, 不能亲眼看到, 事后我用图片给学生展示讲解了事。

弯弯的太阳

1997 年 3 月 9 日的日全食, 是 20 世纪中国可见的最后一个日全食, 在中国最北的漠河还可见到日食与海尔－波普彗星同现天空的景象。那天, 天空有点薄云, 我和学生正好一道乘车外出春游。当上午日食发生时, 我立即让司机停下车来, 薄云天气正好挡住一些强光, 让我们好好欣赏了一回天空中弯弯的太阳。

最亮的火星

2003 年 8 月 29 日, 高三学生提前来到学校。新闻里说晚上可以欣赏到六万年来离地球最近的火星, 我和学生们早早地来到学校操场的空旷处。天色完全暗下来了, 抬头搜寻整个天空, 星星倒是有一些, 就是不见那颗红红的火星。这时, 一个学生说: "老师, 东方远处山头上的那处亮光, 是山民的电灯吧。"我顺着学生指的方向, 粗粗一看, 太亮了, 不可能是火星, 于是仍然把眼光放在上方天空继续搜索。没想到, 一会儿再看东方山头上那"电灯", 居然一直升高, 我不得不宣布, 那就是我们要找的火星, 学生们欢呼起来。我却有点不好意思了, 地理"专家"犯了低级错误, 太不像话, 连火星都没认出来, 怪只怪, 那晚火星太亮了。

金星凌日

金星轨道在地球轨道内侧, 某些特殊时刻, 地球、金星、太阳会在一条直线上, 这时从地球上可以看到金星就像一个小黑点一样在太阳表面缓慢移动, 天文学称之为"金星凌日"。2004 年 6 月 8 日, 高三的学生正在高考, 高二学生继续上课。大家都知道, 肉眼"凡胎"是不敢直视高空太阳的。下午, 金星凌日开始时, 我准备了一个大水盆, 盛好清水, 置于楼道太阳刚好照得到的地方, 然后开始了观察。学生轮流走近水盆, 观察水面上

水盆中观察金星凌日

的太阳，圆圆的太阳面上一个明显的小黑点（或者叫小圆点），那就是金星啊，传说中的"太白金星"啊。

重庆日全食

2009 年的长江流域日全食，只可惜发生在 7 月 22 日，正值暑期，我通过 QQ 和短信通知了一些学生观察的注意事项，自己透过电脑软盘盘片进行了观察。

红月亮

2014 年 10 月 8 日的月全食观察时机最佳。月亮带食而升，晚自习时，正好是月全食发生时，月球所在区域，太阳光完全无法直射。不过，透过地球的大气层，还是会有少许的太阳光通过折射进入地影，因而，从地球上看来，月亮并不是从空中消失，而是呈现难得一见的古铜色，也就是平常所说的"红月亮"。教室正好向东开窗，学生站在窗前就能一睹"红月亮"风采了。

神秘天象

2005 年 4 月 6 日黄昏时分，不明飞行物光临打通。黄昏时分，一个长长的像日光灯一样的发着白光的不明物体由东北方向而来，感觉离地只有两三百米高，静悄悄没有任何声音，缓缓地向西而去。我和许多学生在校门口现场目睹，很遗憾，那时候，手机并不普及，即使有手机也没有照相功能，等我跑回家，拿上相机，赶到校门口时，不明飞行物已飞得太远了，已拍不出来了。后来，据说安徽、四川、云南也发生过类似的情形，一直无解。

天象很多，不可能一一指给学生看，流星雨、五星连珠学生就没看成，凌晨两三点，学生第二天还上不上课了。

第二章　地图故事

地图人生

熟悉地图

我的地理人生，是从熟悉地图开始的。

记得那是高中，不知什么缘故，我和我的同桌成了地图迷，一本翻得很旧的地图册，成了我们课间的必备物品。我们中一个翻看地图册，先在国家、地区、海区、地形区、城市等地名中，确定一个，让另一方找，找到了就开心一笑，没找到就受罚：脑门让对方弹一下。多少个日子，就这样熟悉着地图，以至于引起班主任的担心，将我们叫到办公室谈心："你们两个理科生，成天整地理，是不是偏离重心了哟。"我们当即保证，我们用的是课余时间，不影响正常的理科学习，班主任才稍稍宽心。

地图熟悉了，有时生活中特别管用。比如某地发生某事，脑海里立刻就能准确定位。曾经有人试过我，一次性一连串报出数十个地名，我基本上能回忆出来，当然不一定按顺序。这是因为，每报出一个地名，就好像在地图上标注一个地名一样，印象肯定深刻得多哟。

绘制地图

大学期间，绘制地图是必须的，如世界气候类型图、世界时区图、世界或中国轮廓图、区域示意图。设计比例尺、按比例绘制轮廓、勾绘地标事物、着色、设计边框等，每一个环节都要求一丝不苟，才能绘制出精美的地图。

作为地理教师的基本功之一，地图要绘得好、绘得快，所以有必要经常在纸上或黑板上画中国轮廓什么的。讲课时，一幅好看的中国地图轮廓在谈话间跃上黑板，老师一定会被加分的。

参加工作后在教学中，就不能占用学生太多的时间了。学生主要的工作就是在底图上着色了。比如，发给学生中国底图：简单的，是在政区图上着色，不同省区用不同颜色；难的是在底图上用分层设色法着色中国地形，不同高度用不同颜色表示，而且颜色配搭要协调，这可难住了不少学生。还好，地图展出时，还是有不少优秀作品产生。

当然也有美术功底扎实的学生，利用周末，从头设计，制作出令人叫绝的地图。

考试地图的制作就只是老师的事了。刚刚参加工作那阵，老教师给我们说"一把剪刀一瓶糨糊"或者"一块钢板一张蜡纸一支刻笔"就可以制卷，就可以制图，现在不利用计算机和网络几乎寸步难行。不管是网上下载的，还是相机翻拍的，甚至是自己手绘的，都通过绘图软件、图片处理软件进行美化处理。这一点，我是深有体会的。

购买地图

利用丰富的地图资源，最好就是买地图了。

对每届学生，我都要求他们买地图册。作为一个中国人，心中一定要有两幅清晰的地图：一幅中国地图、一幅世界地图。没有地图意识，稀里糊涂地过一辈子，真不配做一个地球人。地图册不在于大、厚、全，也不在于贵，几元钱一本，能反映中国各省区和世界各主要地区政区、地形、气候、水文、植被、资源、矿产、人口、城市等信息的地图册就行。我半开玩笑地对学生说，只要你们肯把厕所蹲坑、车站等车等边角时间利用起来，识记地图，你们的地理没有学不好的。

我的教学生涯中，地图的使用频率是最高的。凡提到一个地名，学生不太熟悉时，我就要花个一分钟，让学生在地图上认识这个地理事物。久而久之，学生对地图也爱不释手了。

对于我个人而言，地图是每年都要买的。有人会问：有必要吗？用得着吗？我反问：导航需不需要经常升级？不必说，每隔三五年，地图出版社要出一些专业的地图册，也不必说，每到一个地方总会接触到当地的市区图、旅游景点图、导游图，单说中国的路网每年就有好多的变化。中国这些年发展快，有目共睹，高铁线路增加、高速公路增加、重大工程完工、新的旅游景点出现，通过每年更新的地图不是可以很快了解吗？

若出趟远门，我车上、包里永远有地图。因此有人说我已经爱地图成癖了。我却说我乐意！

地图闯关

培养地图意识是我对学生的基本要求，而要有良好的地图意识，首先要过我的地图关。

地图初级关

本关难度不大，学生基本能过。具体又分两步。

第一，发给学生中国政区和中国地形空白图、世界政区和世界地形空白图（没有文字标注），划定学生记忆的地名，让学生在空白图中熟悉（学生在空白图中填出来也没关系），当学生认为指定地名全部记住，估计能闯关成功时，就到我这里来闯关。我会拿出新的一张空白图，随意说一些地名让学生在图上指出来，或者指着特定位置让学生说出地名，如果学生比较流畅地指出或说出5～10次，则算过关。我专门刻了一个"已过关"的章，学生过关一个，我就在过关进程表上盖一个"已过关"，学生又兴高采烈地去准备下一关了。

第二，发给学生世界分区空白图若干张组成一套，具体有东亚、东南亚、南亚、西亚、中亚、西欧、东欧、非洲、大洋洲、北美洲、南美洲、南极洲等，同样的，图上没有文字标注，也规定记忆地名。重复第一步过程。由于地图更细致，内容更多，难度略有增加。一般2～3周，学生能够完成闯关。

地图中级关

这一关又叫"扑克牌行动"。经过初级关，学生对中国地图和世界地图有整体印象了，我将中国和世界主要的岛屿、半岛、群岛、海区（海、海湾、海峡）、河流、湖泊、山脉等分割下来，画成一幅幅只有轮廓和经纬线的小图，这样的小图约有150张，合印在A3纸上发给学生。学生将这一张张小图，剪下来，贴在扑克牌上，制作成一套地图扑克牌。

学生准备好，要来过关时，我将自己的那一套地图扑克牌拿出来，让学生随便从中抽出五张，比较流畅地报出地名的，闯关成功。又在过关进程表上盖一个"已过关"。多年的经验，这一关，过关者能有十之七八。

地图高级关

有些学生说，这一关，有点变态了。其实不然，仍有十之二三的学生能闯关成功，我称这一关叫"全球定位行动"。

这一关发给学生的是一张印有几十个"十"字和"井"字的 A3 纸。这些"十"字和"井"字的一端标有经纬度。学生就是要依据这些经纬度在大脑中搜索定位，

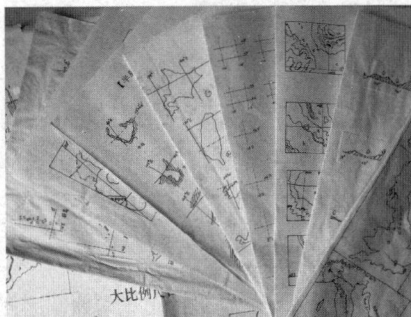
发给学生过关的地图原样

能快速地说出"十"字交叉点或"井"字围成区域的地理事物，才算闯关成功。经过这一关的就是班上的"闯关英雄"了，可以给予表彰了。

这一关还有升级版。给你一个"十"字或"井"字，就要你马上说出所示地点是什么地形、气候、植被类型等，这只有地理高手才能运用自如了。所幸，每一届学生中都有这样的高手。

<h2 style="text-align:center">记图比赛</h2>

地图闯关是针对每个学生的，为了激发学生和班级之间识记地图的积极性，组织记图比赛就是一个非常好的形式。

比赛准备

首先，制作一个用于记图比赛的互动PPT。这个PPT，经过多年的制作完善，已经固定下来。PPT 主界面是上百个红红的排列整齐的笑脸，鼠标每点击一个笑脸，就会弹出一个地图的轮廓。这些地图限定在中国和世界的半岛、岛屿、海区、湖泊、河流、国家、经纬"十"字或"井"字中，有经纬线和轮廓，没有文字提示。鼠标再点击一次，又回到主界面。

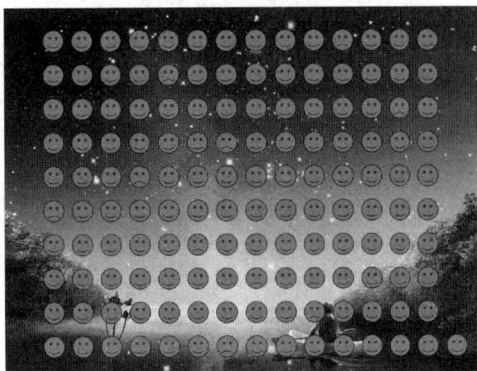
一张笑脸对应一幅地图

其次，在年级要参加比赛的各班进行宣传，让学生做好准备。

再次，比赛前夕，选好裁判、

主持人、记图软件操作员、计时员、计分员等，做好人员分工。调好音响、多媒体、抢答器等。记图软件的操作员与裁判要练好配合，当操作员点开一幅地图，选手报出结果，裁判马上做出正确与否的评判，操作员马上点回主界面，再随机点出另一幅图。如果选手 10 秒钟内，仍没有报出结果，操作员也同样要点回主界面，点开下一幅图。

团体比赛

第一部分随机选手上场。这是各班整体实力的大比拼，分三场 PK，每场各班用时三分钟，各班的参赛选手在现场抽签产生，每次被抽到的十名学生前排就座→按顺序答题→逐个记录答题正确的个数。

第二部分实力选手上场。各班精选出来的六名实力选手上场前排就座→依次答题→记录答题正确的个数。各班用时三分钟。

第三部分精英选手抢答。各班三名精英选手上场，与其他班同时进行抢答，用时三分钟。

将三部分各班的得分加起来，就是各班的总得分。

个人比赛

我称之为"个人明星赛"。采用淘汰制，各班六名明星选手同时上场，一旦有答不上的或答错的，立刻淘汰下场，直到战到最后一名。

将各班剩下的最后一名请上台，进行最后的个人总决赛。同样采用淘汰制。本轮不限时，问题增加难度，侧重对经纬"十"字和经纬"井"字的判读，战到最后的就是总冠军。

有人担心，这种活动会不会分散学生精力？我认为这是多虑了。这种活动只会激发学生的兴趣，对地理学习有长久的积极影响。

地图服装

文化衫，最能体现特定文化元素，自己设计的文化衫更能彰显个性。不知从什么时候开始，我迷上了地图文化衫。地图文化衫有两种制作方式。

第一种方式是手绘。买回一件全棉白底的 T 恤衫，就可以 DIY 了。在 T 恤衫正面，用丙烯颜料笔或马克笔将构思好的地图画上去就行了。不过，千万注意的是：这些笔作画，干得快，擦不掉，既是优点，也是缺点，绘图前要准备充分，最好一气呵成，不要忙中出错，要修改已经不行了。另外，在棉布上运笔比在纸上运笔阻力大，一定要掌握好力度，如果拖动不匀，易造成图案线条粗细不均，影响美感。

　　第二种方式是电脑制图，网上定制。

　　班主任是地理老师的班级，班服一定要体现地理特色，学生要求我制作一套地理班服。

　　我在电脑里找出一幅中国政区图，利用 PS 软件进行处理。先将政区图黑白化，再进行自

精心设计的地图服装班服

然地理环境特色分区，把分区界线用彩色线条表示，接下来，每个区域着上一种颜色，区域之间颜色配搭要协调，然后用绘图笔在每个区域写上比较贴切的说明文字。国界线用红色加粗，不要忘了附上钓鱼岛和南海诸岛的小图。有些场合，我看到中国地图上的海上只有台湾和海南岛，其他没有，这样是很不严谨的，甚至给别有用心的人以口实。做好这些，一幅反映各地自然环境特色的中国地图就成了。

　　至于如何在网上定制，我就不管了。10 天以后，全班同学都穿上了有中国地图的班服。学生兴奋之余，穿着地图服装，摆出中国地图的造型，蹲到学校教学楼前的台阶上，让我给他们照相呢。

　　地图服装，对激发学生学习地理的兴趣有帮助，还帮助学生回忆一些地理现象。但是，有个禁忌，这种服装，在地理考试的时候一不小心穿着进了考场，当作弊论处，就"罪莫大焉"了。

第三章 道具课堂

地理道具

地理道具恰当地运用于地理课堂，会让地理课变得更生动有趣，富有吸引力。下面列举几样小道具。

围棋子

围棋子用于随机抽问，具有公平性。我将围棋子底面贴上小圆纸，然后把全班几十个学生的名字写上去，把围棋装于可以摇动的盒子里就可以用了。上课抽问时，我拿起盒子摇两摇，然后打开盒子，随机取出一枚棋子，念出棋子所写学生的名字。这样既显得好玩，又很新鲜，学生一般都会认真对待老师的提问的。

扑克牌

扑克牌针对小组内或教室横排纵列的抽问，比较有意思。比如，一个小组有六个人，我拿出牌面从 A 到 6 的六张牌，规定好对应小组内的相应位置。为了避免每次都是小组中的地理高手回答，掩盖了有的学生没掌握好的事实真相，轮到某组回答时，就让这组的组长亲自抽牌，决定由谁回答。

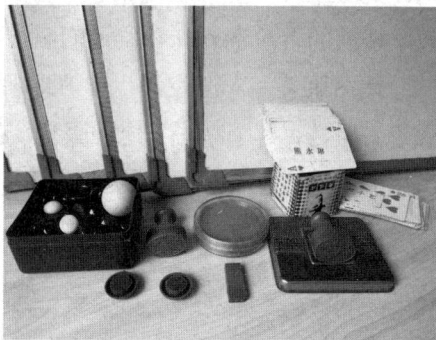
地理道具可谓丰富

扑克牌也可以用于全班随机抽问，不过要麻烦一点。先抽横排，再抽纵列，就像确定横坐标和纵坐标一样，抽出该回答问题的人。有人嫌麻烦，抽个问这么复杂，其实这些都是丰富活跃课堂的形式，并不是每节课用，偶尔为之，学生定会觉得有趣些。

印章

为了地理课的需要，我曾请人刻了"优秀学习小组""已过关""奖"等印章。

每到半期或期末，评上优秀地理学习小组的，小组成员各奖励一本软面抄之类的，盖上"优秀学习小组"的章，对学生的正面鼓励还是挺大的。涉及地图过关或地理知识过关内容，学生通过时，在过关进程登记表上盖上"已过关"，学生如释重负，又兴致勃勃地投入下一关的过关。盖章的方式，显得正式，学生格外重视。

白板

白板用于小组讨论答题非常有效。我配备是 40×50 厘米大小的白板，针对某些适合小组探讨的问题，让地理学习小组进行讨论，并用白板笔在白板上列出观点。先写完的小组先举起白板，等所有小组都写完了，一起举起白板，由老师进行评判，打出不同分值。这样的课堂显得生动不死板，学生不会不喜欢地理课的。

当然，所有这些道具的运用都要建立在有效的地理课堂运作机制上，没有地理课堂管理机制，无端地采用道具，有时会弄巧成拙，偏离主题，适得其反。

地球仪的故事

读中学时上地理课，见到老师潇洒地拿出地球仪放在桌上，感觉好有范啊。但是一直就有个疑问：为什么地球仪是歪的，南北极不正？的确如此，地轴与桌面不垂直，只有 66.5 度。有人开玩笑说，那是因为学校没钱，买的地摊货。真实原因是什么呢？好吧，我就来聊聊我与地球仪的故事。

买地球仪

从教 30 年，我接触的地球仪可多了。大的小的、平面的立体的、实心的充气的、发光的透明的，但这些都需要买吗？不，像那种价格昂贵的多功能百变投影地球仪，看一眼就心满意足了。买地球仪除了家庭用外，基本上是下面两种情况。

教师用地球仪。一般直径 30~50 厘米，有个底座。主要是行政区地球仪和地形地球仪，我本人偏爱地形

地球仪，尤其是那种分层设色的立体地球仪。当然，也有那种只有经纬网的空心地球仪，或者直接说它是空架子地球仪，这种地球仪在讲地球经纬线、经纬网时很管用。

学生用地球仪。学生用地球仪不宜过大，放在课桌上太占地方，一般直径20厘米以下，以政区地球仪居多。有一年，我上课埋怨学生的地图意识太差，更没有方向感，需要经常看看地球仪。没想到，学生被发动起来，全年级每个班自愿买地球仪的学生经地理科代表统计上来，由学生在网上来了一次地球仪的大团购。一次买了200多个地球仪，几乎占到学生人数的一半。一时间，不管哪一科的老师走进年级任何一间教室，进入眼帘的都是地球仪，晃得老师眼晕。过了好长时间，一些学生将其拿回了家，一些学生的地球仪损坏，地球仪之"祸"才算消停。

做地球仪

老师示范。为了教学方便，我用软硬适中的铁丝自制地球仪。铁丝一次次绕过南北极当作经线，一个个大小不等的铁丝圈当作纬线，再把极点和经纬线交叉点固定，还用不同颜色的毛线来缠绕经纬线，划分出0度经线、180度经线、赤道线、东西半球分界线等，一个灯笼形状的地球仪（直接可叫经纬仪）诞生了。轻便、适用的特点让我一用就是好多年，有时其他地理老师，也来借用，它发挥了应有的价值。只可惜，有年放假前后在我没在场的情况下，收破烂的将其收走了。

学生实作。大概30年前在子弟校教初中那会儿，为了加深学生对地球五带的认识，要求全年级学生（200多人）用乒乓球来做地球五带地球仪，五带分别用不同颜色来表示。这一决定，马上让整个矿区炸开了锅，上万人居住的家属区，所有商店的乒乓球全部买光，商家又迅速从其他地方进货，才满足了需求。我对学生做的五带地球仪进行了评比，做得好的表彰并进行作品展出，活动到此结束，但我却把商店害惨了，他们以为销量很大，后期进货量大，以致乒乓球好几年都没销完。

立体地形模型

立体地形模型制作方法很多，受当年实习学校指导老师的启发，有一种制作方法低碳环保。在这里隆重推出。

准备阶段

以制作一盘 80 厘米 ×60 厘米的中国立体地形模型为例。收集废旧报纸一公斤左右，将报纸撕碎放在桶中，泡成纸浆。纸浆泡三天左右，中途翻搅几次，让纸浆变得更黏稠。

自制的世界地形模型

镶一块 80 厘米 ×60 厘米的木板，四周围以 6～8 厘米的木条，做成立体地形模型的底盘。这一步可以请木工师傅完成，除非你是全才，自己 DIY。在底盘里固定一张等大的白布，在白布上描绘中国地形等高线轮廓，待用。

制作阶段

将纸浆捞出，挤掉多余的水分，用适量乳白胶拌匀。从底盘中的青藏高原位置开始，垒上拌好的纸浆，厚薄依等高线的高程决定，逐渐向四周展开，最后到东部沿海平原结束。

为什么要从海拔高的地方开始呢？道理容易想明白，海拔高的地方，垒的纸浆多，干得慢，薄的地方垒的纸浆少，干得快。先厚后薄能保证垒上的纸浆整体很好地糅合在一起，做好之后，放置在阴凉通风处晾干。这道工序最好一气呵成，不然，等干以后，说不准"中国"哪个地方就让你搞个大"裂谷"出来，到时要抹平创伤已不可能了。

着色阶段

晾干以后，中国立体地形模型已具雏形，只是不好看。

用油彩笔，蘸上油彩颜料，开始着色。着色的原理必须用分层设色法，不同高度用不同颜色，而且还得按照从低海拔的绿色、浅黄、黄，逐渐过渡到高海拔的褐色甚至紫色。大陆架可以用白色、淡蓝，过渡到深海的深蓝色。

标注阶段

立体模型可以只要图例，不要注记。线状物可以用粗细不同、颜色不同的毛线，如国界用红毛线，河流用蓝毛线。点状物可以用颜料直接点上去，如城市。具体名称就不标了，直接拿立体模型来进行地图过关都可以的。

扫尾工作，在一侧木条上标明比例尺、制作时间等信息，将立体模型侧面和背面的木质表面漆上油漆，就大功告成了。

有人还有疑问，当初为什么要在底盘上铺一层白布？白颜色是为了使画出的等高线明显，布是防止纸浆晾干过程中与木板发生脱离或产生撕裂。看，我们是不是考虑得很周到？

新奇的地理牌

地理也可以当牌打，且看我的操作。

第一步，地理牌的制作

将若干地理事物名称或轮廓打印出来，剪成小纸片，贴在普通扑克牌正面。（如若批量生产可以与扑克牌生产厂家定制）

地理事物包括中国和世界上的主要地形（地貌）区、河流、湖泊、气候、自然带、典型植被、岛屿、半岛、海区、洋流、国家、城市、工业区（带）、交通线等，大约有300张。其中使用频率较高的气候类型可以多制作几份。

第二步，制定规则

每一位打牌的人称为牌手。总的原则是牌手每一轮所出的牌都必须存在某种地理联系，打牌的过程，是考察牌手地理知识丰富程度的过程。参与打牌活动的人数不限，不过以每组4~6人最好，每人手中发15张左右为宜。

第三步，打牌流程

当轮到某位牌手出牌时，他要观察自己手上的牌，确认某张牌与上家出的牌有地理联系，然后打出去，同时说出这张牌与上家牌的地理联系，当大家表示认可，则算顺利出牌。接下来，就轮到下家出牌了，下家出牌原则与前面相同。当大家表示异议，或裁判表示异议，则本轮出牌无效，牌手所出的牌收回。如果牌手认为手中没有与上家所出牌相关的牌，可以选择"过"，放弃本轮出牌。

按照这个规则逆时针依次出牌下去。当某位牌手出牌后，后面的所有牌手轮一圈都没有能打出与这位牌手所出牌相关的牌时，这轮出牌结束，这位牌手打出新的一张牌，开始下一轮的出牌。

当场上出现某位牌手首先出完手中的牌，则一局打牌结束，手中无牌的获第一名，依次检查其他牌手剩余牌的张数，张数剩得越多，名次越靠后。

实战举例：

若有甲乙丙丁四个牌手，甲打出"亚马孙平原"，乙手中刚好有"热带雨林气候"，于是乙打出来，同时说"亚马孙平原是热带雨林气候"，丙手中有一张"刚果河"，也打出来，并说"刚果河流域也是热带雨林气候"，丁手中只有一张"长江"，如果打出来，说"长江与刚果河都是河"，则不被认可为地理联系，只能叫乱联系，要将"长江"这张牌收回去，但如果改说"长江与刚果河都是外流河"，则就能被认可，顺利出牌……

高级打法：

这种打法，难度大增。地理牌面全部是一幅幅局部区域图，可以是区域轮廓图，也可以是只有经纬线的网格图、十字交叉图，都没有明确的地名提醒。打牌方式、出牌顺序不变。不过，当前面牌手打出一张牌后，后面牌手出某张牌时则要说出这张牌所示区域与前一张牌所示区域的某种地理联系。高级打法之所以难度增加是因为，牌手不但要识别出某张牌所示的地理区域，而且还要对该区域所包含的地理事物、地理信息有一个比较广泛的了解。

在这里，举个我与一个地理高手过招的例子：经过几轮下来，我们手中的牌都不多了，这时，轮到我出牌，我打出一张印有"马达加斯加岛"轮廓的牌，地理高手想了一会儿，打出一张印有"台湾岛"轮廓的牌，同时说"这两个岛东岸都有暖流经过"，我看了看我手中的牌，基本上看不到什么地理联系，突然我看到手中有一张"咸海"的湖泊区域图，我自信地打了出去，同时说"台湾岛西岸和我这个湖泊周边都有丰富的盐业资源"，地理高手直呼"妙！妙！妙！"……

其他事项：

1. 地理基础比较薄弱的活动参与者，可以由地理知识丰富的人充当裁判，地理高手之间的 PK 就用不着请裁判了。

2. 玩地理牌的时间可以选在地理活动课、课外活动时间，也可以选在假期同学聚会。

第四章　地理行动

地理行动

"地理行动"用于阶段性地理知识的复习总结。"地理行动"将普通的地理学习冠以新鲜的名称，以吸引学生的投入。举例说明：

《地理开心辞典》

中学地理会接触到不少地理名称，其中还有容易混淆的概念。我想了个法子，以《地理开心辞典》的方式呈现给学生，让学生易于接受、乐于接受。比如："水热条件、光热条件、热量条件、光照条件、水分条件……"强调词汇中的关键字；对比"青藏高原海拔高、空气稀薄→为什么气温低？青藏高原海拔高、空气稀薄→为什么光照强？"，前半句叙述都一样，怎么后面就走偏了呢？

花样众多的地理行动

《地理开心辞典》还收录一些地理速记诀窍：如西伯利亚三条大河→"毕业了"；中国主要油田→"大中华胜利了"；地壳主要元素构成→"养闺女缺钙拿钾美起"；南半球因信风与暖流形成热带雨林气候的三个地方→"奥巴马"……

《地理淘气三百问》

参照动画片《蓝猫淘气三千问》，我炮制出《地理淘气三百问》，将地理学习中学生容易产生疑惑的问题罗列出来，编成《地理淘气三百问》，让学生理解过关。

比如："新疆为什么瓜果甜？""四川盆地为什么阴天多？""昆明为什么四季如春？""为什么春风不度玉门关？"……那一阵子，学生很有兴趣。

地理拉网行动

"拉网"是不是要一网打尽？说得不错。一个学期结束，一般要将这一期地理知识进行梳理，来一次"地理拉网行动"很有必要，有利于学生形成完整知识结构。

《地理答题攻关秘笈》

针对学生分析问题的不周全、不到位，文字表述的不规范、不严谨，我特别编写一份《高考地理答题攻关秘笈》，不是《葵花宝典》哟。高三复习阶段，学生认真研读，结合套题训练，答题的得分率明显上升。

《最后的晚餐》

很多届高三的高考前夕，我都要印发一份《最后的晚餐》或者叫《The Last Supper》，给学生以最后的忠告。比如选择题的选择技巧、Ⅱ卷文字表述的规范性、考场心理的调节等等，为学生站好最后一班岗。有人说，你是不是过于操心了，我不多想，尽心而已。学生也还是领情的。

我印发给学生的一个个"地理行动"，为了疏解学生的紧张情绪，后面有时还幽默一把，如"望同学认真过关，切勿懈怠。诚如是，则霸业可成，汉室可兴矣！"。为了显得庄重，最后还加一句"版权所有，侵权必究！"。

地理奖励知多少

表彰和奖励是对学生成长过程努力的一种肯定，是鼓励先进、激发上进的重要手段。有人认为，表彰和奖励是单位集体和组织的事，针对学生来说，就是班级、年级、学校和上级教育部门的事，与一个学科教师没太大关系吧。其实不然，且看我的一些举措。

掌声鼓励

有些老师的课堂听不到掌声，应该是一大遗憾。现代医学研究表明，鼓掌会刺激人体分泌快乐激素，使人的心情趋于开朗和放松。课堂时常自然响起掌声，说明老师已经营造好良性健康、积极向上的课堂氛围。课堂上，学生的积极发言、完美的表述、精彩的表演都可以赢得其他同学发自内心的掌声，同学的赞许是对发言者最大的鼓励。因此，掌声无价。

加星表彰

当学生获得好的成绩、取得大的进步或做事不懈努力时，我采用加星的形式来奖励。在教室侧后方的墙面上挂了一个"成长的历程"加星栏。有细则规定，哪些情况分别获得蓝星、红星、金星，优秀、进步、勤奋都可以加星，每个星期加蓝星、每月加红星、每半学期加金星。加星有针对个人的，也有针对学习小组的。加星奖励对小朋友有吸引力，对中学生仍然有。谁不愿意被认可和肯定呢？

图片奖励

图片奖励是带有地理特色的奖励。比如，高三复习后期，学生要做大量的地理综合题。为了体现正式和一视同仁，有时我与学生同时做题，规定时间到，同时拿出参考答案，与学生一道进行判分。若学生有分数（有时候只针对选择题）达到或超过我时，我就会给予图片奖励。不要以为，学生超不过老师，现在的地理题灵活性强，在某些情况下，老师有可能就没有学生考虑周全，分析到位。

图片来源主要有两个：一是自己多年来地理摄影收集精选的图片作品，一是网上公开版权的图片经过加工处理的作品。作品主要是地理风光居多，中国的

奖励特别的图片，学生高兴

世界的皆有，我收集整理好，拿到照相馆洗出来。在手机还没普及的年代，一张精美的图片，会让学生兴奋好多天。现在，我则在图片上进行个性签名或做美工处理。

其他奖励

这么多年，当然也有其他奖励。如，某班考得好、表现好，奖励看一部励志电影、《探索发现》《自然之谜》《百家讲坛》等栏目视频，或与年级地理备课组商量带该班外出实践考察，有笔、本子等文具奖励，甚至也有奖励棒棒糖的时候。不过，重精神鼓励，轻物质奖励，避免出现为得奖而争奖的功利化趋向是我的总体原则。

多媒体之路

20多年前，我闹了个笑话：当一位高中老同学把多媒体电脑给我装好时，我问，这电脑如何实现计算功能呢？把我同学呛得说不出话来。后来，我便认认真真地学习电脑，小心翼翼地研究多媒体功能。

为了实现多媒体功能，家用电脑先后附加了好多的外部设备：音箱、扫描仪、摄像头、针式打印机、彩色喷墨打印机、手写输入板、录入笔、数位板……那几年，苦学电脑技术，经常帮朋友同事选购电脑，为一个问题查阅好多资料，连续好多年订阅计算机报，买《电脑报合订本》，制作多媒体课件到深夜，因此，头发花白了、稀疏了。

将多媒体用于教学一直是我的梦想，然而，直到2006年，学校仍没有一间教室配有计算机多媒体系统。我写了一个申请报告给学校，学校进行了权衡，对于一个边远薄弱学校来说花费实在太贵，没有同意。我向学生讲明多媒体教学的优势，学习内容更加直观，师生的交互性增强，教学内容更丰富，信息量更大等等，同时表达了未能实现的遗憾。

没想到，几天后，学生开始凑钱，将配备多媒体的钱筹齐了。在我班的影响下，其他几个文科班也行动起来，我们请来了师傅，在我所任教的年级，同时也是在学校首先配置了多媒体。那一届学生毕业之际，班上的多媒体何去何从呢？学校了解到情况后，克服困难，将全年级的多媒体设备折价回购以供其他年级之用。

后来学校财务情况有所好转，各年级各班教室都配上多媒体教学系统，电脑教室、多功能室、录播室相继设立，教学条件大为改善。

我用多媒体主要是在以下几种情况下：揭示地球、大气运动、水、地壳物质等运动规律的时候要用，展示地图熟悉地图的时候要用，地理风光图片欣赏的时候要用，班上播放励志视频、举办主题班会的时候用。

多媒体之路，一路走来，几多辛酸，几多欣慰。工夫没有白费，不后悔。

地理考试

考试，是个永恒的话题。虽然多数学生能够诚信考试，但仍然有一些学生出于虚荣、功利，总想拔高分数，这样，矛盾就来了。学生为了分数更高，老师为了成绩真实，师生之间斗智斗勇、煞费苦心。从教30年，在地理考试中，我有时也动了一些心思，现小心透露出来，该不会出乱子吧！

选择题的玄机

由于地理课时较少，地理教师所任课班级往往很多，凡遇考试，阅卷量就很大。以前，没有电脑阅卷，改选择题让人头痛。为了方便我阅卷，我暗自将选择题正确选项不露声色地按一定规律排列，如 ABCDDCBA、AABBCCDD……有时，甚至将歌曲曲谱转换成选择题正确选项的顺序，如《党啊，亲爱的妈妈》中前一句曲谱：<u>1</u> 1 <u>3</u>　<u>2 3 2 1</u> <u>1</u> <u>5 3 3 3</u> <u>3 2 3 2</u> <u>1</u> 1 变成 AACBCBAADCCCCBCBAA，在评讲试卷时，我公布答案来历，学生惊奇，做梦也没想到答案顺序居然是一段曲谱演化而来的。高明吧！

AB卷

这个不高明，很多场合采用过。就是在考试时，考场座位奇数列和偶数列的试卷内容相同，但题号顺序或选择题选项做了改变，或者某考生前后左右考生的试卷内容一样，但卷面有改变。那些靠耍小聪明，凭眼角余光"复制""粘贴"想得高分的学生就上当受骗了。在班级人数多、小型考试不另外增加考场、分流考生的情况下，我有时也采用这种方法。应该说，这样考试的成绩可信度要高些，只是老师出题制卷的前期工作头绪要多一些而已。

极端题型

现在很多学生，做作业想简化，考试也想简化，特别不爱进行综合题的语言阐述，久而久之，他们的语言表达能力、文字书写能力都有下降。为了引起学生的警觉和关注，我提醒学生要注意文字表述能力的培养，可还是有学生满不在乎。针对这种情况，有几次考试，毫无征兆地，地理试卷上全部都是文字表述题，学生傻眼了，那些不注意文字表达的、书写差的学生吃了大亏。

之后，有学生说，如果全部是选择题，我就不怕了。真的吗？后来的某次考试，试卷全部为选择题，50个选择题，2分一个。基本表述方式是"下列关于……

的叙述，正确的有……"，全部是综合性很强的复式选择题。那些声称不怕选择题的"大仙"同样吃尽了苦头。看来不踏踏实实学习是不行了。

开放题型

为了培养学生的开放性思维。地理考试题中，我也会出一些开放性试题。

比如，对某些地理现象的要素分析、某项工程利弊分析让学生敞开了谈，只要言之有理，皆可得分。

还有的时候，某道题卷面上就画了个图，然后让学生根据这个图，像老师一样自己命题，再将参考答案附在下方。当然，命题质量的高低，所附答案正确与否，得分肯定不同了。比如有一次，卷面上只有一个由一个个小黑点构成的"中国虫神庙的分布图"。低层次发问"图中有几个虫神庙？"，这样命题分数最低；一般层次发问"中国虫神庙的分布特点如何？"，这样命题得分居中；高层次则问"分析×××地区虫神庙分布多或少的原因"，这样命题得分当然最高了。

地理高考季

高考前夕，地理教师该做些什么呢？有人说，那还用说，盯紧学生争分夺秒地复习呀，"临阵磨枪，不快也光"嘛。错，我不太赞同这个观点，难道，高三一年都是抱着这样的心态虚度过来的吗？

往往到了最后一段时间，老师已经不讲课了，学生进入查漏补缺，自我调整的阶段。长久坐在教室看书，也有头昏脑涨、思维迟钝的时候，老师做一些调节，对学生保持良好状态是有益的。我这里有一些思路，提供给大家，或可供参考。

休闲考察

进入高三以来，学生很少关注学校周边（或者就是自己家乡）的人和事，这个时候，可以以一个轻松的姿态走出校园。

高考前夕，带学生翻一座小山，缓解紧张情绪

一天，我走进教室，教室里静悄悄的，学生全都在看书，但我也看到，偶尔有学生伸懒腰、揉眼睛、轻轻敲头或双手放在课桌上托着头，似深思又似沉睡，这样的复习效果不好。我做出决定，一敲讲台："同学们看书累了，想调整一下不？""要得。"几个学生附和。"同学们可以换一下环境，你们可以到学校花台旁、树荫下看书，实在看不进书的，我陪你们出去走走。"

结果，有一些学生仍在教室，有一些到校园某个角落看书。其实到这个份上，不用担心学生惹是生非。我给学校安保部门交了个申请，就带着一些学生出了校门。（补充一句，我能带学生出去，也是有十足的底气的，不然三年来良好的师生关系有何用）

走一走山路，切记不能太险；探一探洞穴，留下几张倩影；看一看农家，轻松拉拉家常；观一观名胜，了解当地文化。有人说，当地没名胜，没文化，咋可能？怎么可以作践自己生活过的地方，无论是大城市还是小地方，都有不同等级的文化元素，只是看你去发掘没有。比如，我学校所在地就是个小地方，但也有区级文物"中流砥柱"、三国时期诸葛亮部将马忠率部平叛的屯兵之处，甚至还有当年太平天国石达开军队经过之处……

风光览胜

这里说的风光览胜，是通过教室多媒体来实现的。

作为地理教师，世界各地的自然风光、人文景观图片是必须广泛收集的。高考前夕可以精选一些让学生欣赏。特别是中国和世界的地貌、气象、植被、土壤、水等自然要素构成的景观，学生在欣赏图片感知自然之美的同时，还能从中悟出地学原理、地理现象的成因。不过，图片播放时间不宜过长，一般一次10分钟左右就可以了。我带过的每一届高三，学生印象最深的事情一定有我带给他们的"风光览胜"。

当然，有时也可以进行视频播放，不过，视频播放信息量相对要少些。

地理教研纪事

从教30年，教研与我有缘，先后担任地理教研组、史地教研组、高中文科综合组组长，带领本组成员将教研活动开展得热火朝天。

教研计划先行

每学期开学第一周，召开本组全体成员会议，参考学校要求，研究制订本学期教研活动计划。将教研计划制成小纸片分发给每位成员。计划中主要体现如下内容。

①上课安排。合格课、公开课、示范课分情况请本组成员或外校教师来讲，讲评结合提高教师教学业务水平。

②竞赛安排。比如，教师基本功大赛、三笔一画比赛、新教师入格比赛、教师优质课比赛、说课比赛、教研成果比赛等等，比赛落实到具体成员。

③活动安排。主要是指地理野外实践活动。地质地貌、气象生物、水文土壤等自然地理考察及农村城镇、工业交通、商业贸易等人文地理调查每学期至少有一项。如果有其他学科或其他学校参与，则联合举办，如"史地化生联合考察""綦江中学打通中学地理联合教研活动"。

④考试分析。包括历年高考试题、高三诊断考试等分析，也包含平时考试之分析。

⑤课题研讨。主要针对地理组承担的科研课题进行主题研讨，并确定每一次的主旨发言人。

活动落实到位

实施阶段，按部就班。不过，仍要注意以下事项。

①注意资料数据的留存，文字的、图片的、影像的……

②各项活动的前期安排要井然有序，后期收尾工作要完美无缺。

③有学生参与的，要给学生锻炼的平台，教师退到幕后。

④不要忽视活动成果展示，这是师生体现成功价值的平台。

教研特色亮点

在我主持教研工作期间，有不少让其他教研组羡慕的地方。地理组的活动内容丰富、形式多样，比如"试卷插图制作技术"的培训项目，吸引了不少其他学科教师参加，成为学校教学科研一道亮丽风景，吸引众人眼球；地理组加强对外联系，到上级教育机构学习的机会多，优质学校教研团队和我校举办联合教研的机会也多。由于活动多，申请的活动经费就多，经费充足，活动开展得有声有色，也让其他教研组嫉妒不已。

第五章　地理实践

世纪末的"长征"

地理老师组织的活动多与野外有关，我从教生涯中，就有带学生进行野外拉练的经历。

1999 年冬，一个烟雨蒙蒙的日子，我带领 130 多名团员青年，踏着当年红军的足迹，进行了一次世纪末的"长征"。

为了体味当年红军长征的艰苦滋味，师生们都只配备干粮和开水。早上 8 点，"长征"队伍由十名团员教师组成"红军中央领导集体"，大家分三路纵队从矿区出发，沿蜿蜒泥泞的山路向綦江羊角乡进发。

"长征"初期，"红军"先头队伍，由于"中央"执行"左"倾错误路线，不是南辕北辙，迷失方向，就是踏上荆棘丛生的险恶路段，有的"红军"手指被划破，腿脚被擦伤，"长征"战略上处于极端被动局面。在多数"红军"的强烈要求下，在一块废弃屋棚前的空地上，"中央"主持召开了"遵义会议"。会议批判了"红军"先遣队的"左"倾冒险主义错误，重新确立了正确的"军事"指挥思想，并决定由团支部书记亲手扛上团旗在前方带队，压阵指走在最后，绝不允许冒进。"遵义会议"，在危难时刻为"红军"指明了正确的方向，从此，"红军"长征取得了战略上的主动权。

在山脊那冷风萧萧的"雪山"，在山坳那坑坑洼洼的"草地"，尽管细雨飞湿衣衫，泥浆沾满裤管，水泡打满脚板，双腿步履维艰，路滑人仰马翻，但"红军"战士互相帮助，互相勉励，没有一个掉队。有几位刚上初一的少年团校学员，平日里从来没有经历过如此艰难的"长征"，"长征"初期还活蹦乱跳，一会儿就不见他们的活跃身影了，后来"侦察兵"来报告说，这些"红军"小战士只有默默地跟着队伍走的力气了，但是，他们表示无论如何也不当逃兵。

"红军"队伍从一所学校旁经过，那是一所用土墙夯成的校舍，门窗桌凳陈旧，教室光线昏暗，但是这星期天里，在一间教室里却传来琅琅书声。听村民介绍：那些娃娃在家闲着没事，相约一块到学校来读书。"红军"战士深受感动，个个精神振奋，迈着坚定步伐，继续前行。

平常的开饭时间到了，然泥泞路上无栖息之地，"中央"决定：队伍急行军，到达羊角乡政府才开饭。顿时，"红军"战士们鼓起像当年红军飞夺泸定桥般的勇气，跑步向前。中午一点刚过，各路"红军"在羊角乡政府胜利会师。

短暂停留之后，"红军"又沿另一条崎岖山路返回松藻，直到晚上6点过，"长征"才算胜利结束，整个行程40多公里。

这次"长征"，路途坎坷，时间漫长，又吃食简单，在已有人对吃苦教育嗤之以鼻的今天，这无疑是一次对团员青年吃苦耐劳精神的绝好磨砺，同时，在新世纪到来之前，它又给师生留下永久的纪念。

远去的夏令营

在我从教的30年间，曾有很多让我记忆深刻的事，夏令营绝对算得上。1998、1999、2000年，我和同事带学生开展的夏令营，值得回忆。

那时候，学校同意、家长支持，不像现在谈"安全"色变。一旦夏令营项目申请审定，便上下合力安排内容、设计路线、测算费用、张贴海报，学生经家长同意后就纷纷来报名了。当然，由于人数限制，每届只能有30～40人参加，所以参加人员要进行筛选。"品学兼优"是主要条件，"家长支持"还成了次要条件了，因为那些年，三五天乃至一周的旅行，还真花不了多少钱。

四面山夏令营

1998年7月，第一届夏令营开营。目的地：四面山。四面山位于重庆市西南部，属云贵高原大娄山北翼余脉，系地质学上的倒置山，拥有世界自然遗产"丹霞地貌"的特征，具有世界级品质的景观观赏价值。自然景观独特，生态环境优美，极具游览价值，是休闲度假、科学考察的绝佳去处。

四天时间，营员在绝壁巉岩、藤蔓悬垂的卧龙沟攀援，踏云直上，绿树红石间穿梭；在瓜果满园、脆梨坠地的花果山憩息，品尝佳果，感受农家之乐；在白练悬空、水声如雷的望乡台瀑布下仰望，让水汽扑面，看阳光幻化为彩虹；在陡壁临空、碧水荡漾的龙潭湖泛舟，放松心情，共唱一曲红色儿歌。利用一个晚间，还进行内务叠被比赛……

不过，回来分享照片时，发现花果山的一种植物果实居然是毒品罂粟果。啊，有人在花果山种毒品植物？不敢想。

消夏贵州夏令营

1999年7月，第二届夏令营开营。目的地：贵州安顺。

贵州一直都是避暑之都，旅游资源非常丰富。娄山关，是革命纪念地，当年红军经过时，毛主席写下了"雄关漫道真如铁，而今迈步从头越，从头越，苍山如海，残阳如血"。营员驻足目的很明显，接受爱国主义教育。红枫湖，系长江水系和珠江水系分水岭处的一个人工湖，四周遍布红枫树，金秋时节，枫叶似火，故名"红枫湖"，营员选择这里作为中转站，不仅赏美景、游民族村，还品尝红枫水产，何乐而不为。

安顺龙宫、黄果树、漩塘，景点集中。龙宫、黄果树瀑布名气太大，不说也罢。从地理角度，漩塘值得一提：漩塘是贵州黄果树龙宫乡里的一个水塘，塘面呈圆形，面积达10 000平方米，这里是龙宫的上游。但是，水塘中央却有个漏斗，通漩河之水在漏斗上方形成一个漩涡，至此沉入地下，变为地下暗河。塘水长年按顺时针方向漩流，形成"山不转水转"的绝景。

多彩云南夏令营

2000年7月，第三届夏令营。目的地：云南昆明。

七天的昆明之旅，营员收获颇丰：在昆明世界园艺博览园了解世界各国园艺文化；在民族文化村领略众多少数民族风情；在滇池和海埂基地饱览湖光山色，陶醉于万顷碧波；在动物园欢看热带动物，但在翠湖公园就见不到红嘴鸥了。知道为什么吗？季节不对嘛。

石灰岩经过溶蚀、沉淀、崩塌、陷落、堆积，形成各种特殊的地貌，以及奇异的龙潭、众多的湖泊等景观，统称喀斯特地貌，中国很多地方都有，但是，发育得最好、最美的石林当属云南石林，所以，到了云南，几乎没有不看石林的。

另一个好地方就是苍山脚下的大理，"风、花、雪、月"的盛景，千寻塔的古老与庄严，蝴蝶泉边的五朵金花，大理古城里的变质岩"画"……哪样不让你梦绕魂牵？

可惜了，可惜了。三届夏令营之后，环境变迁，条件变化，再也没能组织第四届、第五届……

地理考察之自然地理篇

由于我工作生活的地点是渝黔交界的綦江南部山区，是云贵高原向四川盆地的过渡地带，自然地理要素具有独特性，因此自然地理考察资源丰富。在此，汇报一下工作３０年，我带领学生或老师进行的自然地理考察。

先做一些前期准备。先要有知识储备，不能到了现场才学教材的相关内容。除此之外，考察选点、时间安排、工具器材准备、记录摄影设备等等也要考虑在先。

地质考察

认识沉积岩，没办法，这里只有三大类岩石中的沉积岩。不过，沉积岩也有砂岩、页岩、石灰岩之别，学生可以从岩性上进行区分。

另外，这里的地质构造较为丰富。如褶皱、断层也可以见到，还可以让学生画一画剖面图。也带学生观察过地质灾害现场。

有学生发现化石，大家围过来

地貌考察

首先是地形地貌类型的判别。野外要识别山峰、鞍部、陡崖、山谷、盆地等地貌形态，要判断喀斯特地貌、流水地貌、构造地貌等类型。

流水地貌，让学生观察凹岸侵蚀、凸岸沉积，针对我们当地常见的喀斯特地貌，既要看地表的石牙、溶沟、漏斗，又要进入溶洞探究溶洞及洞中石笋、石钟乳、石瀑布的形成，还要对不同溶洞位置变迁进行成因分析。

水源调查

调查本地区的水库、河流，了解湿地环境、水质优劣，参观水厂，最后写成调查报告。

土壤调查

高中地理对土壤要求不多。所以土壤调查简单，能识别红壤、黄壤及河谷中的水稻土及山坡上的风化土即可。

当然，高中学生学习压力大，时间有限，不可能每届学生都进行所有内容的考察，一般是在学完"自然环境中的物质运动与能量交换"这一节之后，进行综合性的考察。考察一般以班为单位进行，也可以只带地理兴趣小组参与。考察归来，还有任务，那就是要写调查报告，还要进行评奖和考察成果展示，考察活动资料归档，一项活动才算圆满。

气候气象考察，因为本地远离气象站，这方面内容往往通过视频、图片及结合学生生活中的感受来学习，没有专门的考察。

地理考察之人文地理篇

人文地理考察内容同样丰富，而且由于中国城乡改革开放以来发展都很迅速，时隔三五年，同样的考察对象，也可能有不同的考察结果。

农村调查

最能反映社会基层状况的莫过于进行一次农村调查。村民的经济来源、生活条件、文化生活状况如何，外出务工现状、空巢留守现象、子女教育问题、土地流转情况、生态环境问题、流域综合治理、自然灾害防治、特色农业发展、微型企业的发展、乡村旅游……每一个问题调查深入都可以写成内容翔实的调查报告，还可以作为地理原创题的素材。

农村调查一般分几个组，选几个有代表性的地点或路线，走村串户、分头行动就可以了。有些调查内容适宜放在假期进行，将调查提纲或调查话题布置给学生，让学生假期走家串户调查，获取第一手资料。

比如2018年暑期，在我和杜文婷两位老师的发动下，全年级近200人参与了"农村地区外出务工情况"调查。调查内容包括外出务工者从业类型、收入状况、年龄结构、性别构成、文化层次、婚姻家庭情况、子女安置等情况。由于学生来源地广，调查范围从本地区辐射到重庆其他区县，甚至贵州、四川。秋季开学的时候，我们收到来自不同地区的近4000份调查问卷。后期，再由学生将这些调查问卷一一进行统计整理，归纳分析，最后撰写出总结报告。甚至可以作为研究性学习课题进行研究。

城镇调查

城镇发展现状调查内容更多，可以选择其中一两项进行调查。比如，城镇经济发展、商业领域、交通行业、房地产与城镇化、厂矿企业、旅游开发、环境污染治理、城镇文化景观改造、居民文化生活等等。

城镇调查要复杂得多。采访政府机关和厂矿企业相关部门，要预先联系；调查对象涉及面广，要划片划区划路段；要进行合理分组和人员分工；前期设计调查表、问卷表……

想当年，一个班负责一条街的商业调查，结果还有街道没有覆盖到；一个组负责一个交通路口，进行交通流量调查，全班都用上了，还有路口没人蹲守；一个楼盘一个小区安排一个组，进行房地产现状调查，仍然有小区被忽略。

人文地理考察结束后，比自然地理考察麻烦的是，调查结果要所有调查组的记录汇总分析后才能得出。

最后，有人会问，你组织的这些个考察，是由老师全权安排，还是学生自己安排？其实，这就要看你所带班的班情了。如果刚接到一个新班，学生的组织能力还没完全培养起来，那老师就要多操心了；如果一个班从高一开始注意培养，学生能力比较强，老师完全可以放手。我曾带过的一个班，调查前的准备、实地调查、后期资料汇总、结果分析、成果展示全部由学生自己完成，我看在眼里，乐在心里。因为他们的组织能力、观察能力、沟通能力、分析能力、总结归纳能力、表达能力又上一层楼了。

地理考察之安全篇

组织学生进行地理考察，最让老师忌惮的就是安全问题了。以我30年来带领学生参加各项地理野外活动的经验来看，做好以下工作，安全就不是问题。

时机选择

地理考察最好选择稳定、晴朗的天气进行。这样可以有效避免暴雨、山洪、滑坡、泥石流等险情出现。刚参加工作不久，我有个反面例子，险些酿成大祸：在一个阴晦的日子，我带老师和学生进到一个地下河。几个小时后从地下河出来时，正逢天下大雨，若迟出来一刻钟，地下河入口将被水淹没，所有人都将葬身地下河。

人员选定

一个年级或一个班不是所有的人都可以参加地理野外考察。在校内就经常违反纪律的学生不允许参加，不服从安排或不听从指挥的学生不允许参加。这其实是对这类学生的一种教育惩戒方式，看到其他同学都有资格参加户外活动，而自己被排除在外，他们应该反思、改正，期待以后能够融入集体，参加各种活动。

家校沟通

我有个原则：户外活动，一定要征得家长同意和支持。通过家校沟通，进一步了解学生的身体状况：病史、伤痛、活动禁忌、饮食禁忌、生理期……大型户外活动和时间长的野外考察（如夏令营）还要召开家长会，告知家长整个活动的流程以及注意事项。另外，告知家长，每一位成员买一份旅游意外险，费用不高，一天几元。

人员分工

一个组也好，一个班也罢，必须进行人员分工。班也要分成若干个组，以10人左右为一组比较恰当。什么组长、副组长、记录员、摄影、探路带队、采访员、公共用品携带员……最不能缺的是安全员。

安全员，挑选平时做事认真负责、有爱心、做事谨慎的人员担当，且一直跟随组员，随时做好安全提醒。公共用品中一定要有应急药品。

大型活动和长时间考察，最好还要有随队医务人员。（当然，这肯定由学校协调解决了）

线路选择

野外考察的线路必须是安全线路，因为活动不是荒野求生、户外探险。如果路线长、时间长，涉及交通工具，则一定要联系车况好、有营运资质的车辆和有丰富驾车经验的司机。

这些年，凡是时间只有一两节课，就在校园附近的地理考察，学校门卫总能看到这样的场面：某班的学生集中在校门口，我对他们进行一番"训话"，最后一句提高音量："我们这次出去，第一注意的是什么？"学生异口同声地回答："安全。""好！大家记住了。出发！"

剖面考察遇险记

《化石蒙难记》中提到我一枚银杏化石被毁，一同被毁的还有一块重达40

千克的方解石结核体的一半。原本结核体呈椭球体（形象地说更像一个大冬瓜），从石灰岩围岩中剥离出来，还被纵向劈成两瓣。外表灰暗的结核体，从断面上却能看到晶莹剔透又显深邃的方解石晶体，非常漂亮。28年前，我的学生辛苦地搬回一半放回学校，却被工人误打成石粉抹到墙上去了。这么多年过去了，每每想起它就一阵心痛，不过，我还幻想着，那另一半是不是还躺在原地呢？

2018年9月的一个周末，我邀冯若欣、刘涛两个年青地理教师一块去进行一次地质考察，他们欣然同意。我再请上摄影师衡文生，向着渝黔交界的重庆市綦江区安稳镇观音桥村出发了。

我依稀记得，那结核体是在一个重要地质剖面的附近山上。而地质剖面处在公路边，中国国家地质总局成都地质矿产研究所曾立过一个碑。当车子沿着盘山公路上山时，我仔细在路边搜寻，终于又见到了那个似曾相识的碑。车子就近停在一户农家，我取出地质锤，开始了我们的考察。

先察看碑文，核心一句"志留系——整合——奥陶系"。这是什么意思呢？看来要交代几句：距今4亿多年前，四川盆

"志留系整合奥陶系"石碑

地边缘的渝黔交界地带处于浅海环境，奥陶系的生物屑泥质灰岩地层之上，连续沉积了志留系黑色炭质泥（页）岩。因这种沉积层在四川盆地边缘既特殊又典型，曾长时间被地质学界命名为"观音桥组"。

石碑后方两三米深的地方就看得见志留系与奥陶系地层的整合界面，左（北）侧是志留系地层，右侧（南）侧是奥陶系地层，因岩性不同，外力侵蚀使界面附近形成了一条从山上延伸下来的小溪沟。我问溪沟旁一户人家，如何下到沟里，女主人不答话，顺手一指方向，我们便从她家后院穿过下到溪沟里。因没下雨溪沟是干的，我们沿着溪沟向山上攀爬并不困难，但沟中灌木杂草多，行动还是有不少阻碍。

当年，那个结核体是在左侧志留系山体上找到的，我猜想，岁月沧桑，那另一半结核体会不会滚落到溪沟里，所以我试图找到结核体的另一半。然而，现实很残酷，溪沟很多地方已经被高处滚落的碎石、杂物填塞起来，只靠肉眼观察和用地质锤简单敲打，要有惊喜发现不易。

我们沿着山沟爬了100多米后，估计这样下去不会有什么发现，我于是决

定向左侧志留系山体进发，期望有所发现。不曾想到，这就是我们危险历程的开始。溪沟南侧相对平缓，村民还种有庄稼，溪沟北侧就明显陡峻多了。当年，我第一次来时见过曾垒起的坡地早被弃耕，后来栽种的药用木瓜树也没人管了，虽然黄澄澄的木瓜挂在枝头上，但最终归宿都是腐烂掉落化归泥土。

我在前面开路，先遇到一片思茅草草甸，"离离原上草，一岁一枯荣"，多少年的积淀，哪踩得透，所以每抬腿向前跨一步，都很吃力。接着，遇到一个干沟，费了好大劲下到沟里，却爬不出去，只能沿着干沟继续向上爬。顺着干沟坡，又陡又滑，还荆棘丛生，我只有将一根根带刺的藤条妥善"安置"好，才能前进一点，几位同人紧随其后，但那带刺的藤条仍不断伸展开来钩住我们，试图"挽留"我们。

我们的衡摄影师走在最后，看到行进实在艰难，就折返回去寻找其他路径，结果一去就半个多小时没有任何回音。当我们好不容易爬上一个土坎，再呼喊："衡老师——衡老师——"山坡一片寂静。同行的小江老师，只得沿路返回接应。在我们快失去耐心，准备报警时，才听到衡摄影师的声音……

我继续开道，满是刺的木瓜树与其他草本、藤本、灌木混杂交错，根本就无路可行。因为准备不充足，我只能用地质锤在前面划拉。到处都是带刺的植物，一不小心随手一抓一碰，就是一阵刺痛。明显前方10米远就是比较平坦开阔的地方，可荆棘挡路，就是过不去，得绕道而行；明明不远处就有村民的耕地，走到近前，却是陡坎，又得另谋出路。就这样，不到200米的距离，一行人走了差不多两个小时。

伤过了，疼过了，反而无所谓了，每个人身上都多处挂彩。当我们下到村民的庄稼地里时，以为可以松口气了，没想到小江老师突然尖叫一声，又让我们紧张起来，我以为是遭毒蛇袭击了，后来才知道是被丝茅草倒刺深深划了个口子。

我们筋疲力尽地回到公路边，和村民攀谈才得知：因为"观音桥组"的名气太大，每年都有大约十拨人来此考察，有时是大学教授带队来，有时又是地质专家来，甚至还有外国专家前来。难怪前面提到的那位女主人，没有好奇地问我们点什么，她早就习以为常了。

这次考察，寻找结核体的终极任务没完成。但我也帮小冯、小刘两位年青老师找到了一枚贝壳化石、一枚鹦鹉螺化石，算是小有收获。当然，最有意义的是经历难忘，过程往往比结果更重要！

地理研究性学习

今天，我们来说一说一个比较专业又让人困惑的名词：研究性学习。

不知什么时候，出现了一个"研究性学习"的新名词。实际上，这个名词2000年就已经出现在《全日制普通高级中学课程计划》里了，只是少有人问津而已。研究性学习是指在教师指导下，从学习生活和社会生活中选择和确定研究专题，主动获取知识、应用知识、解决问题的活动。它是综合实践活动的一部分。

在"研究性学习"前面冠一个"地理"其实是不妥当的。因为，研究性学习涉及的知识是综合的，很可能需要调用多个学科知识进行综合研究。它不是一般的活动（如地理的考察活动），而是以科学研究为主的课题研究活动。但是，有一个让学校尴尬的地方：师范大学没有研究性学习专业，而研究性学习又是高中一门重要课程，课程只能安排给具有其他专业任职资格的教师，比如安排给地理教师，于是就成了"地理研究性学习"。

学校每年进行研究性学习项目申报或评价活动，通知下发到各教研组，要求各组申报研究性学习微型课题成果展示项目，这就是一个为难的事。课题项目要么局限在某个学科内，要么就是不同学科大综合。

关于"地理研究性学习"。要这样称呼也可以，毕竟地理是一门融合多学科知识的综合学科，地理研究性学习多半属于综合性实践活动，但严格地讲，"研究性学习"真的不能冠以"地理"两个字。

前面的文章中提到关于地理考察实践方面的事。它是很直接的，针对某个问题进行实践探讨，调查采访，得出结论，写出总结就可以了。而研究性学习要专业得多，必须有严格选题、制订研究计划、调查收集资料、撰写研究报告、汇报研究成果等一系列过程。当然，可以将地理实践活动升华成研究性学习课题的研究，环节按研究性学习过程来实施。

学校成立研究性学习教研组（不知

学生到水厂考察水质

有多少学校有这样的教研组），很好地解决了一些让人困惑的事。由多学科教师共同组建的研究性学习教研组，可以在指导学生选题、联合教研、综合分析等方面发挥很好的作用。毋庸置疑，综合性强的地理学科是大有用武之地的。

至于高中研究性学习在什么样的实践模式下运作，留给探索者们研究吧。

地理综合性

在所有学科中，地理的综合性很强是有名的。地理学习和教学中，时时注意地理学科与其他学科之间的联系，交叉渗透和综合运用各学科知识是件非常有趣的事。这里不妨举一些例子。

地理与古诗词

古代文人常写景抒怀或借景表意，殊不知，很多景物描写可以从地理角度进行解析。例：

"羌笛何须怨杨柳，春风不度玉门关"——说明夏季风的影响范围；

"人间四月芳菲尽，山寺桃花始盛开"——体现山地垂直地域分异规律；

"黄梅时节家家雨，青草池塘处处蛙。"——描写梅雨季节的天气；

"早穿皮袄午穿纱"——体现大陆性气候昼夜温差大；

"九曲黄河万里沙，浪淘风簸自天涯"——描写九曲黄河蜿蜒气势；

"孤帆远影碧空尽，唯见长江天际流"——描述长江下游江阔水深景象；

"大江东去"——体现我国西高东低地势。

地理与历史事件

地理现象与历史事件联系太多了，这里只举两例。

高中地理中传统工业发展的典型例子——德国鲁尔区。区位条件中有一点"本区，煤炭资源丰富，又距铁矿区不远"，这里学生就不理解了，鲁尔区煤炭丰富，但铁矿来自何处呢？结合历史上的那一场"普法战争"来讲就好说了。原来普鲁士取得普法战争胜利后，割让了法国的阿尔萨斯和洛林，而洛林就是法国的铁矿产地，这就为鲁尔区早期的发展奠定了基础。

高中地理中提到密度流，以地中海与大西洋之间存在的密度流最为典型。这里最好结合二战，盟军潜艇为了不让德军设在直布罗陀海峡的水下监听装置收到信息，潜艇靠近直布罗陀海峡时，关闭引擎，若是从大西洋进地中海则随上层水流进入，若是从地中海到大西洋则随下层海流而出，这是利用密度流的一个经典战例。

地理与时事政治

地理课堂中的鲜活素材很多来自时事政治。国际国内重大时事，比如重要天象、重要政策、重大工程、重大活动乃至热点地区的冲突、政治版图的变迁，都可以作为命题的素材，也可以作为锻炼学生观察分析问题能力的载体。

中国这些年对国际最有影响的"一带一路"倡议在一步步推进，涉及的国家之多，范围之广，影响之深刻，我们完全可以从地缘政治、地理环境（又分自然和人文）来分析，它的内容太丰富了，有取之不尽的素材，值得我们去研读和提取。

地理与计算证明

有一次地理考试，学生向一位监考老师要草稿纸，监考老师吃惊：地理也有计算题吗？看来这位老师还不太了解，地理真就有计算题。

正午太阳高度的计算、昼夜长短的计算、经纬度的推算、地方时区时日期的计算、各类等值线的判读与计算、人口密度的计算、城市化等计算，虽不复杂，但不明地理原理，同样可能无从下手。

有的学生不明白：在北半球北极星的高度就是当地的纬度，我给他们讲起了几何证明题。

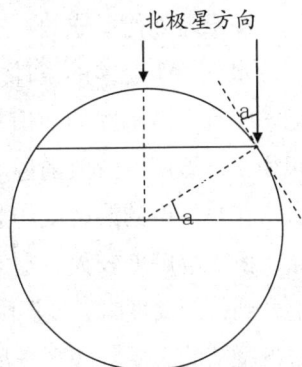

利用北极星高度测算当地纬度

地理与力学分析

高中地理"地球在宇宙中"和"自然环境中的物质运动与能量交换"单元中，很多内容与物理结缘了。天体运动、内外力作用、大气现象、水运动，离开物理分析寸步难行，地球公转远日点慢近日点快、空气下热上冷容易对流、海陆热力差异导致空气运动必须用物理知识来解释，最经典的是受力分析与风向判定。

我们知道，形成风的直接原因是水平气压梯度力，如果没有其他外力的影响，风向与气压梯度力的方向是一致的。但是实际上风还要受到地转偏向力和地面摩擦力的影响，所以风向的确定需要运用力的

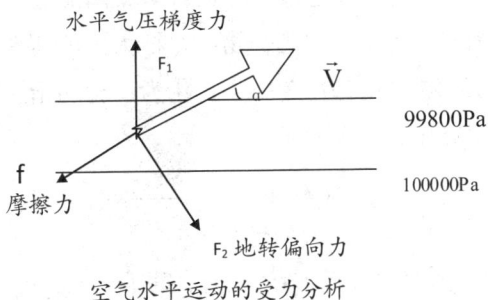

空气水平运动的受力分析

合成与分解来分析。

地理与化学现象

我国南方土壤为啥偏红？这是化学要解决的问题。

森林土壤的分布有这样一个规律：从湿热气候到极地气候，土壤也从砖红壤、红黄壤、棕壤到灰化土、冰沼土，这里学生要产生疑问：土壤的颜色变化有什么规律可言呢，怎么记住这种分布特征呢？其实，从化学角度分析，就迎刃而解了：我们知道铁经过氧化，可以形成 3^+ 的 Fe_2O_3 和 2^+ 的 FeO，Fe_2O_3 显红色，而 FeO 颜色则要暗淡得多，湿热气候最利于铁的氧化，土壤中的铁多以氧化程度高的 Fe_2O_3 的形式存在，颜色当然是红色；反之，阴冷的环境，土壤中的铁则多以氧化程度较低的 FeO 的形态存在。知道这个道理，土壤的这种分布规律就不难理解了。

降水是如何形成的？这要用到溶解度的知识。

水汽产生凝结的条件之一：水汽上升，遇冷达到饱和，产生凝结。这要用化学中有关溶解度的知识来解释，溶质在溶剂中溶解度的大小，与温度大小密切相关，溶解度一般随温度的升高而增加，随温度的降低而减少。在空气中，水汽在空气中的溶解度的大小可以按此原则来说明，水汽在低空时，气温比较高，由于溶解度较大，空气中水汽不能达到饱和，水汽不能产生凝结，当水汽上升到一定高度时，气温降低，由于溶解度的减小，水汽达到饱和甚至过饱和，水汽凝结的必要条件之一具备了。

我在分析喀斯特地貌的形成与演化时，常常信手拈来这个化学反应方程：

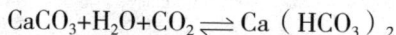

$$CaCO_3 + H_2O + CO_2 \rightleftharpoons Ca(HCO_3)_2$$

地理与光合作用

地球上的每个生态系统都是由非生物环境、生产者、消费者和分解者组成，而其中的生产者即绿色植物在生态系统中及在地理环境中都起到很重要的作用：制造有机质，转化太阳能。

绿色植物通过叶绿素吸取太阳能进行光合作用，把无机物 CO_2 和 H_2O 转化为有机物（碳水化合物），把太阳能转变为化学能储存在有机体内，同时释放 O_2，碳水化合物进一步转化为淀粉和脂肪，供生命活动所需。光合作用的生化反应如下：

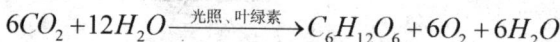

$$6CO_2 + 12H_2O \xrightarrow{\text{光照、叶绿素}} C_6H_{12}O_6 + 6O_2 + 6H_2O$$

绿色植物进行光合作用的条件在地理分布上是千差万别的，不同的季节，光合作用的强弱亦不相同，因此形成植物生长的地域分布特征和季节性特征。以此，就容易理解农业生产的地域性、季节性、周期性了。

地理的综合性太强，这里不再一一列举了。总之，要成为一个地理人，知识面一定要丰富才行哟。

第六章　石头情结

渝黔交界的化石

有时候,我拿着一块石头,说是化石。马上就有人围过来:你咋知道是化石?哪里找得到化石?

叶脉化石与菊石化石欣赏

第一个问题,我调侃式回答:因为我是专业人士。第二个问题,就与我工作的地方有关了。我工作的地方在重庆市綦江区渝黔交界的山区。这里出露最早的是早古生代(五亿多年前)寒武系地层,最新的为中生代侏罗系(一亿多年前)地层。时间跨度大,埋藏的古生物化石肯定多,但如果深埋地下,也找不到。运气好,由于綦江上游松坎河等的强烈下切,形成了相当完整的地质剖面。不仅两岸的岩壁有化石,流水搬运沉积后的河漫滩,也有化石。

1989年,我来到那里后,开始收集本地区的化石(主要是带学生到野外进行地质地貌考察时采集到的),进行适当的整理分类,并装入标本箱。一方面,便于学生参观,增加他们的感性认识,激发学生热爱科学知识、探索自然奥秘的热情;同时也为推测松藻古地理环境、了解矿区的沧桑变迁提供一些科学依据。另一方面,可以避免珍贵化石散失。

三叶虫化石

因其躯体结构已经分化,三叶虫可以横分为头、胸、尾三部,又可纵分为中轴和左右肋叶三部分,所以叫三叶虫。三叶虫是比较高级的节肢动物,种类繁多,形体大小不一,一般长数厘米,大部分游弋浅海底,以其他动物或其尸体为食料。我们收集到的这个三叶虫化石,个体相当完整,初步鉴定为莱式虫。

三叶虫在寒武纪为最盛，古生代末完全绝灭。

角石类化石

角石是头足类化石，头上生有许多触手，和现在的乌贼属于同一类，可以在海中漂游，但是早古生代的头足类具有一个锥形外壳，壳内分成若干"房室"，外形像牛角，故又称角石。我和学生们发现不少个体大，出露明显的直角石化石，有的长达 70 厘米。其中，有一块个体非常完整的直角石捐献到四川师范大学地理系了。中生代头足类化石以菊石最多，我们也收集到一些完整个体。

贝壳类化石

贝壳类化石专业说法是腕足类化石，它是具有两片硬壳的浅海底栖动物，两壳一大一小，但每一壳是左右对称的。我们发现的腕足类化石最丰富，收集到的个体也最多，最完整。有的岩壁上，一眼就可以发现大量的扬子贝化石。由于这类化石数量太多，有些学生还带了一些留作纪念。

笔石类化石

笔石是已经灭绝了的小型群体海生动物，开始出现于寒武纪末，特别繁盛于奥陶纪和志留纪，演化很快，形体多种多样，是很好的标准化石。这种化石多保存在黑色页岩里，由于出露很像笔迹，所以叫笔石。在一户农家后山的一块巨石上，我们发现不少笔石和其他化石聚集在一起，很壮观。

珊瑚类化石

珊瑚是生活于温暖、清澈浅海中的一类腔肠动物，单体或群体，可分泌石灰质形成隔壁和外壳等硬体，种类很多。当今的热带海洋也很多。我们发现的珊瑚化石，经查是四亿多年前的四射珊瑚（又叫贵州珊瑚），有呈放射状向四周生长形成的特殊结构。因这类化石在这里太丰富，我曾带兄弟学校地理考察组来此敲了一些完整、漂亮的珊瑚化石带走，这不算搞破坏吧。

蕨类植物化石

先普及一点地史知识：大约四亿年前，地史上有一场加里东运动，地壳抬升，使重庆、黔北广大地区成为上扬子古陆，一直到 2.8 亿年前，这些地方才又重新下沉。已经变成陆地了，这一时期哪还有沉积作用，当然也就没有这一时期的化石了。但是，2.8 亿—2.3 亿年前，渝黔交界地区经历了一段交替沉积的时期，为成煤创造了良好条件。

有人说，这与化石有什么关系？关系大了。晚古生代许多较高级的蕨类植物（如大羽羊齿）形成茂密森林，因地壳下降运动或流水冲积常常被泥沙所埋藏，而新的森林又在埋藏层上继续成长，这样周而复始，经过漫长的变化过程，一层层泥炭就形成了现在的煤层。煤炭就是化石燃料，矿工在井下采煤时，有时能发现煤层上有羽状复叶形态，只是还来不及带到地面，就随煤炭松散碎掉了。

裸子植物化石

中生代裸子植物以苏铁、银杏、松柏等类为代表植物。以银杏而论，目前仅存一种，主要分布于我国，有"活化石"之称，不过，银杏类植物在中生代却有很多种。1994年的一天，我在野外发现三叠纪地层中，有类似古银杏的化石出露，其叶脉清楚可见。我曾花钱让人背回一块露有这类化石的大石块，不幸假期被建筑工人当建筑材料毁掉了。

叶脉化石

某种高等植物的树枝、树叶通过径流进入地下河或溶洞，后来地下河或溶洞中，树叶停留到正在发育的石笋上，树叶腐烂，而叶脉却留在了石笋上成了化石。学校就收集到一块印有高等植物叶脉的石笋，由于这种机会太少，所以弥足珍贵。

未名化石

多来来进行化石收集，发现一些不知名化石。有一枚类似纺锤虫的化石，具纺锤形外壳，内具许多房室，但是纺锤虫只有几毫米大小，而我发现的却有 2～3 厘米大小，那我就不敢贸然下结论了。大家知道，动物的硬壳或骨骼不易腐烂，相对容易形成化石，肉体部分和软体动物要形成化石的概率太低了，但是，我就采到像是软体动物的化石，好珍贵哟。

下面对我和弟子们收集的化石的年代分布来一个直观图：

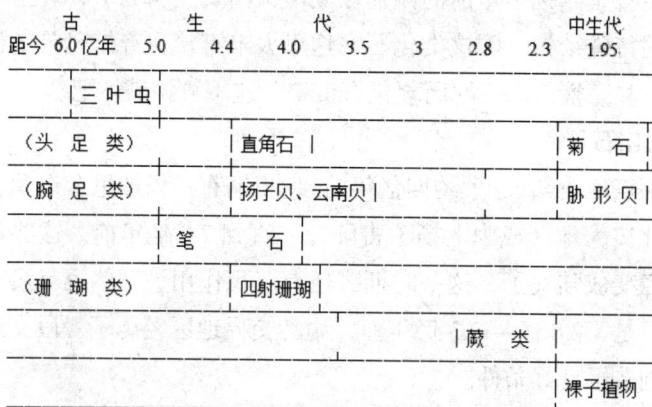

	古		生		代				中生代	
距今 6.0亿年	5.0	4.4	4.0	3.5	3	2.8	2.3	1.95		
	三叶虫									
（头 足 类）		直角石						菊 石		
（腕 足 类）		扬子贝、云南贝						胁形贝		
	笔 石									
（珊 瑚 类）		四射珊瑚								
						蕨 类				
							裸子植物			

主要化石的年代分布示意图

化石收集之路

　　但凡有朋友来，总有提出要看我的化石"宝贝"的。我则视情况，向朋友展示部分或全部化石。我的化石收集之路从工作第一天开始，30年，陆续收集从古生代、中生代到新生代的百余枚化石：从古生代的三叶虫、直角石、珠角石、笔石、珊瑚到中生代的菊石、贝壳、银杏化石，再到新生代的高等植物叶脉化石……具体收集途径有四种。

自己敲的

　　川黔（重庆直辖后叫渝黔）交界是古生代中生代地层大量出露的地方，河谷地带又是天然的地质剖面，发现不同时代的化石的可能性大。多少个周末，我一个人（有时叫上一两个同伴）带上干粮、挎上水壶，行走在崇山峻岭、河床峡谷之中，找寻那些出露地表的化石。河床的鹅卵石堆中、两岸的陡崖壁上、山民的院坝场边、山村的碎石旁，都曾发现即将消失或被破坏的化石，我像找到失散多年的亲人一样，备感珍惜地将它们收集起来。采集化石，最忌使用暴力，有时，为了一颗完整化石，必须小心翼翼地从化石外围轻轻修整，一枚完整化石剥离下来时，已花去几个周末的时间了。

学生找的

　　我所任教的学生，多数能幸运地被我带到野外进行地理考察，其中就有寻找化石的项目。学生毕竟人多势众，在河漫滩乱石中找到化石的概率大得多。每一次外出，学生都有收获，他们除留一些作为纪念外，也交一部分到学校，或者直接送给我。

朋友送的

　　有时有这样的情形：一位朋友找到我，拿出一枚化石，让我鉴定。每到这个时候，我就成为一个科普宣传员，不遗余力地进行地质知识的普及。末了，朋友说，我拿这个化石也没啥用，你拿去给学生讲吧。

仔细看，中间是什么化石？

这样，我又收集到一枚化石了。

花钱买的

我喜欢旅游，尤其是带有探险性质的。有时，在偏僻山村，看到村民使用的某种石制器物上居然有化石或化石图案，或者看到小朋友玩的某样石质玩具居然也是化石，就会同这些村民或小孩家长商议，买下这些带化石的石制器物或玩具。另外，还有直接花钱请山民帮忙把附着化石的大型石块搬回学校的情况。

有一年，我到重庆某重点中学。一位老师提出了一个大胆的想法，现在想来，可能涉嫌违法。他说，让我专门负责敲化石、送化石，提供买家需要的各种化石，他负责卖化石，然后，我们五五分成。《文物保护法》《古生物化石保护条例》中有相关规定，具有重要科学研究价值的化石是不允许买卖的。一级、二级化石是国有资源，商业化运作要吃官司的。我没有答应这个计划。况且，我收集化石，主要是地理教学和科普宣传之用，待到我退休之时，是要捐给学校或相关科研单位的。

化石蒙难记

20世纪90年代初，在我收集化石的经历中，也有伤痛和遗憾，岁月流逝，仍抹不去记忆。

在矿区后面的半山腰上，我偶然发现一块大石块上有化石出露痕迹，黄褐色的条带上好像有平行的叶脉分布……兴奋之余，马上回家查阅相关书籍，基本可以确定，那是一种已经灭绝的银杏的化石。植物化石少见，银杏化石更少见。世界上绝大多数银杏都灭绝了，仅有一属一种尚未灭绝，只在中国有分布，被称为"活化石"。

宝贝出现，该当如何处理呢？放置露天不管，于心不忍，单独敲，肯定要毁掉化石，想搬回学校，陡峭的山路上扛一两百斤的大石头，呵呵，反正我的体力是不行的了。痛下狠心，花去30个"大洋"（要知道那时我的一个月工资才100多元呀），请了当地两个健壮山民，费了半天工夫才从山上抬回了学校。这么大一块石头，不可能放在办公室，也没有化石陈列室。我用塑料布小心翼翼地围起来，临时放在教学楼后面山壁的一棵树下。没想到，这竟是个不可饶恕的错误。

那年暑天，师生都放假了，我也回故乡探亲了。等暑期快结束时，回到学校一看，我傻眼了。高中教学楼粉刷一新，那棵树下早没有了银杏化石的大石头。我马上向暑期守学校的员工打听，员工说，暑期学校粉刷教学楼墙壁，见树下有一个石灰石的大石头，就和其他石头一块打成石粉，

化石归入标本箱，一枚不少

抹到墙上去了。我瘫坐在地上，欲哭无泪……

另一件事，则是不幸中的万幸。

有一年秋季开学，老师们打开门，办公室一片狼藉，书籍、作业本、教具、文具散了一地，看来是小偷光顾过办公室了。老师们好一点的钢笔、贴黑板用的小磁铁、好一点的茶杯都不见了。最让我担心的是：办公室角落装有化石的柜子也被撬开了，我那些宝贝化石哟，满地都是。我一枚、一枚、又一枚拾起它们，将它们重新装入标本箱，让我庆幸的是，那些化石全部就位，一枚不少，就连那价值不菲的三叶虫化石也在。如今，每当我将三叶虫化石展示给学生时，何尝不"感谢"那科技含量不高的小偷啊。

"假"石头记

作为一名地理人，因为与地质地貌打交道的关系，对各类矿物奇石备感亲切，条件允许，还收藏了一些。年代久远的化石、质感细腻的矿物、形态各异的奇石总让人爱不释手，久久把玩。但是，这些年也遭遇各色"假"石头的羁绊，长了不少见识。现整理出来，与朋友分享。

紫水晶

很多年前，在云南丽江古城，看到一店里的紫色水晶簇，非常漂亮，花了数百元买了下来，还常

人工合成水晶也好看

在朋友面前炫耀一番。后来，我在另一个城市居然看到同样造型的水晶簇。我猛然醒悟，坏了，遇到假货了。

查阅各种资料，心里稍安。为啥？我买的是合成水晶，虽不是天然水晶，但比那些用塑料、玻璃炮制的假货，还是要好一点了。合成水晶，也是一门工艺。合成彩色水晶必须添加一些着色剂或掺杂离子，才能形成色心、呈现美丽的颜色，或经辐射处理、热处理改成另一种颜色。我姑且将紫色水晶簇当工艺品，应该没人说闲话吧。

猪肉石

有一年，在北京的古玩市场，买了一块肉形石。很早就知道，台北故宫的东坡肉石是镇馆之宝，所以，我对肉形石也格外喜爱。忽然有一天，我在淘宝店输入"肉石"，只见网上肉石卖得可欢了。这下，我又慌了，难道我买的又是假的？

"猪肉石"学名彩霞石，是地质运动过程中沉积岩或变质岩与其他矿物质接触色化而成，不但长有"肉皮"，而且"瘦肉"和"肥肉"呈多层次，形象十分逼真，颜色酷似猪肉，所以又称为"猪肉石"。后来才知道，肉石也分为天然肉石和工艺肉石两种。天然肉石要保有其天然形色，现也少见，所以更多的是工艺肉石，即以肉石为基底，人为参与切割、打磨、成型的肉石。我那款猪肉石，属于工艺肉石无疑了。

图纹石

有次在重庆杨家坪散步，见到路边站着个抱小孩的中年妇女，农村人打扮，身后放了个背篓，身前地上放了一块灰不溜秋的石头，奇的是，石头上居然有一个逼真的龙形图案，而且不像是画上去或涂上去的。妇女说，她在老家河滩的石堆里发现的，感觉可以拿来换些钱，于是就背到城里来了。一半出于对奇石的喜欢，一半出于对农妇的同情。我花了50元，买下了那块龙形图纹石。无巧不成书，过了几天，我在重庆另一个地方，居然又看到那个中年妇女，打扮依旧，仍然摆出一块图纹石在卖。完了，又上当了。

经过这一次，我对赏石文化进行了系统的学习。在金钱利益的驱使下，奇石造假现象屡见不鲜。切割打磨、抛光增色、人工合成是工艺上的处理，绘图烧烤、染料浸色、化学褪色、激光着色、浮雕雕刻是技术上的进步，偷梁换柱、鱼目混珠、以次充好则是非法的勾当了。

所以，在此，我想提醒世人：喜欢奇石，欣赏可以，可别当真。

第七章　地理小组

学习小组的故事（一）

甲问：一个班有没有学习小组？

乙答：哪个班没有！

甲又问：学习小组做些啥？

乙再答：小组最大的作用就是清洁，其他作用就少了。

…………

这种学习小组，真不值得大书特书，但是，深入挖掘学习小组，还真有让我们喜闻乐见的故事。多年以来，我从地理学科学习小组的建设开始，慢慢延伸到全班统一的学习小组的组建运作，有一些心得愿与大家分享。

学习小组好处

一个好的学习小组至少有如下意义。

"动车组"

一个班光靠老师和几个班干部是管理不好的，好的学习小组就像列车中的"动车组"一样，每个小组都有动力，滚滚向前。

和谐小分子

一个学校的校风从一个个年级、一个个班级体现，一个班级的班风又从一个个小组中体现，由一个个和谐小组构成的班集体，是团结的班集体、有战斗力的班集体。

人生历练场

中学生如何学会为人，如何在与人交往中增进友谊，如何在合作学习中共同进步，学习小组是最佳的历练

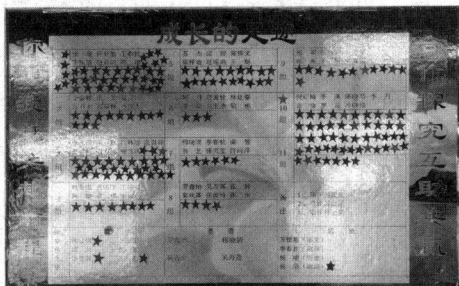
学习小组评比展板

场所。学生合作意识、团队精神的培养，从小组开始。

减负增效捷径

成熟的学习小组能为教师减负增效，也为学生自主学习、合作探究释放更多自由的空间。老师在课堂上演的"独角戏"也该退出历史舞台了。

学习小组的运作

学习小组组建之初，要召开学前会议，明确学习小组长的职责，还要结合各学科特点，让各学习小组知道课堂运作模式，明确学习小组在课堂教学中的作用。

学习小组课堂运作模式：①小组问题讨论；②小组观点阐述；③小组成员学习状况记载；④小组课堂纪律监督。

学习小组课后功能：①作业辅导；②作业检查；③研究性学习。

学习小组评价：每两周总结一次，写在小组记载本上。不定期评选优秀学习小组，以多种形式给予表彰和奖励。

学习小组的故事（二）

学习小组的组建

学习小组的组建是非常考验老师智慧的。一般而言，学习小组的建设要有4个历程：新建小组、协调小组、成熟小组、提升小组。

新建小组

在初高中起始年级的第一学期，班主任对新班级学生的学习基础、行为习惯、性格差异等情况都不了解，所以，班主任只能根据新生名单的信息和报名时学生的表现大致分组。组长可由学生毛遂自荐产生，也可由老师指定。这一阶段，是学习生活的适应期。现实中，有的老师或班主任在对班级分组时，可能永远都停留在这一层次，这定会对教师的教学造成很大的影响。

协调小组

经过一学期，老师或班主任已掌握了学生的基本情况，同学之间也彼此熟悉，这个时候，就可以根据学科基础的好中差层次、学生性格搭配及男女生比例以及科任教师的意见，组建学习小组。学习小组一般由四人到六人组成，特殊情况可以改变人数定额。各个学习小组综合实力应该大体相当。

具体分组的原则：

（1）先由老师确定正副组长。学习小组组长确定一般有以下原则：①学习基础比较好；②有协调组织能力；③有服务于人的热情。

（2）将学科基础好中差、男女生比例等综合因素考虑进去，编成一个个学习小组。

（3）不能编到一个组的情况：①平时彼此要得太熟悉的学生；②小学（初中）在一个学校甚至一个班的学生；③其他特殊原因不能在一个组的（老师、家长、学生意见）。这样做的目的是让学生有更多的时间和空间接触其他同学，扩大交往面，避免拉小团体。

成熟小组

一般两学期后，班上同学之间已经非常熟悉，这个时候就可以组建成熟学习小组了。

具体办法如下：

（1）先由老师确定组长。将正副组长的人选确定后，把他们全部召集起来，召开小组组建筹备会，在讲明学习小组组建的意义和方式后，现场两两自由组合，形成一个学习小组的核心。当所有组长人选完成组合后，老师一般尊重他们的选择，当然也可以进行微调，基本保证一个组中正副组长，一个学习比较好，一个组织能力比较强。

（2）召开组员招聘会。

①在全班讲明成熟小组分组的意义和原则后，将已经组建的所有正副组长组合名单列于黑板上。

②非组长成员开始写申请书和投递申请书。申请书的内容包括：表达自愿加入某组的意愿、服从组长的正当安排和管理、小组成员相互帮助绝不制造小组矛盾、积极参与小组建设、为争当和谐小组出力等。

③有的小组组长可能收到大于小组核定人数的申请，小组正副组长可以商量，进行取舍录取，组员招满为止。该小组将最终名单上交，一个小组的组建宣告完成。没有被录取的同学，组长迅速将申请书退还给本人，并说声对不起。这个同学可以马上向另一组投申请。

④一般情况下，一个个学习小组会相继满员，小组组建成功。当然，也有可能有这样的情况：某一两个组不满员，而又有一两个同学处于游离状态，哪个组都不愿录取他们。这个时候，就是老师对这个别同学做思想工作最见效的时候。将他们找出来，单独谈话，同他们分析为什么不被小组录取的根源，找

出自己存在的毛病，告知他们改正缺点的重要性和紧迫性。然后，再找那些还没招满的学习小组，给他们做工作，让他们给某同学一个机会，正常情况下，问题会圆满解决，成熟小组组建工作完成。当然，也可能，有个别特别突出的学生，班上的同学基本上都不喜欢他，这类学生一般属于问题学生，这个时候班主任可以直接管理，不分到哪个组，与家长沟通、与该学生谈话，迫使其改变目前现状，盼望被同学、被小组接纳的那一天的到来。

提升小组

提升小组往往是初高中最后一学期考虑组建的。（当然也可以不组建提升小组）

比如，初三的职高分流、毕业类学生的分流、高三的专科类本科类分流，学生根据基础的不同、目标的不一致，同一类学习目标的学生可以进行自由组合，以期学习上相互帮助，提升更快。

不过，这类分组，不管是哪一个层次的，都要进行合理分工，才能相得益彰，班主任和科任老师都能有效监控。

学习小组可以由班主任与科任老师协调共同组建经营，有的时候，甚至可以某学科单独编组，轮到该学科老师上课时，学生就按该科的要求进行座位的临时变换。

学习小组的故事（三）

学习小组规章制度

各学习小组召开小组会议，根据本组实际情况，制定规章制度。小组章程一般有如下内容：小组名称、小组座右铭、小组奋斗目标、小组组员分工、小组奖惩制度、小组会议制度、小组帮扶制度等。小组规章制定好后，每位小组成员郑重签字，表示严格遵守。当然，小组规章肯定不能与校纪班规有冲突。

小组奖惩制度由小组成员共同制定和遵守。有的小组有开除处分，这是比较严厉的，待组员改正错误了，欢迎重新回归

本组。

学习小组的一般分工

组长：①全面负责本组事务，组织本组成员定期召开小组会议，针对小组出现的情况研究分析，对症下药；②召集、组织本组成员进行课堂讨论；③号召、带领本组成员在班级学习小组的各项竞赛活动中，争优创先。

副组长：①协调组长处理小组事务；②小组会议时充当记录人。

纪律监督员：负责本组课堂组织纪律，对本组课堂违纪成员予以提醒和劝诫。

矛盾调解员：相当于安全员，负责本组成员之间或本组成员与其他同学之间的矛盾化解，如遇自己无法解决的矛盾，有义务及时上报老师和学校。

小组学科负责人：每一个小组成员担当一至两个学科的负责人。比如，各科作业的预先检查，语文英语的背诵、默写，学科负责人对本组成员的学科讲解辅导等等。

（曾经有的学习小组还有人专门负责财务，这一项倒不提倡，但如果本组成员都积极支持，也可不作要求。）

学习小组评价机制

初中生、高中生都有比较强烈的表现欲望，也希望在班级各项活动中得到认可，当然也包括在学习活动中得到认可。不断地表扬鼓励，可以激发学生的学习激情；尤其在小组合作探究中得到的成功和快乐，会让他们向学乐学。对优秀学习小组及时予以鼓励，对后进学习小组及时予以鞭策，经常性的鼓励与鞭策，可以保持学习小组积极向上的活力。

学习小组的评价分为周评、月评、半期评、期末评等。教室里要有一个学习小组评比展板。

周评：每周每学科评一个优秀学习小组，得蓝星；每周评一个综合优秀学习小组，得红星。月评：每月评两到三个优秀学习小组，得红星。半期和期末评：评综合优秀学习小组两到三个，得金星。学科优秀学习小组只考虑单科的学习状况，综合优秀学习小组除了要综合各学科的学习情况外，还要参考小组的组织纪律、综合表现。

学习小组的评价数据来源有以下途径：科代表的课堂记载（包括小组发言次数、发言质量、小组加分情况）。班干部的课堂记载（包括各小组平时

学习小组评比章

上课时的活动记载）、任课教师的记载、每一次考试的小组成绩增量等。科代表课堂记载的内容有：包括小组合作学习的情况、小组加减分情况。

成熟学习小组的效果

学习小组建设发展成熟后，有如下明显的效果：①各类考试，成绩落后生明显减少；②团队合作精神加强；③合作中增进学生之间的友谊；④学生的处事能力、组织能力、语言表达能力、分析能力都有不同程度的增强；⑤每个星期，学习小组整组调位，不存在学生要求老师调位的问题了。

学习小组的故事（四）

班主任在学习小组建设中的作用

班主任把班级管理细化到学习小组，由学习小组来参与班级管理，要给学习小组一定的管理自由。班主任在学习小组建设过程中至少要做四件事：①学习小组的组建；②学习小组的运行机制的建立；③优秀学习小组的评价；④学习小组的整体管控和方向引导。

科任老师如何利用学习小组运行平台减负增效

1. 知晓所任班级的学习小组组建运作情况，针对本学科特点，思考利用学习小组平台的有效路径。

2. 针对本学科特点，召开科代表和学习小组联席会议，制定课堂课后学习小组的具体活动办法。

3. 建立好课堂和课后的登记制度。课堂和课后登记可以由学习小组和科代表共同来登记和统计。

4. 完善学科检查制度。科代表可以检查，但量大，检查很粗略，比如作业只能检查做没做，不能检查对没对。而小组检查就更细了。为了避免小组检查出现包庇现象，可以采取以下办法：1组某学科负责人检查2组，2组检查3组，依次类推，最后一组检查1组。各组负责人将检查结果报科代表登记，上交科任老师。

5. 试卷评讲前的小组讨论，作用很大，但要给足时间。

6. 学科活动以学习小组为单位开展，有竞争意识，学生积极性高，效果好。

总之，科任老师利用好了学习小组平台，教学会事半功倍。

学习小组制度的补充——学科辅导员制度

针对有些学科的特点，需要课后辅导、检查过关，而且是经常进行，这个时候就有必要建立学科辅导员制度。

学科辅导员有别于科代表，科代表一般负责某学科的检查、帮科任老师进行上课准备，以及课堂登记，而学科辅导员，一定是该学科比较优秀的学生，一般由 3 ~ 4 人组成。他们可以进行分工，承包 2 ~ 3 个学习小组的学习。

学科辅导员，首先要将老师布置的该学科的有关内容做完，然后负责把 2 ~ 3 个学习小组的该科负责人讲懂，让该小组负责人再对自己的小组负责。

当然，也要对学科辅导员进行考核和鼓励，以期可持续发展。这样，学科辅导员就成了科任老师最有力的帮手了。

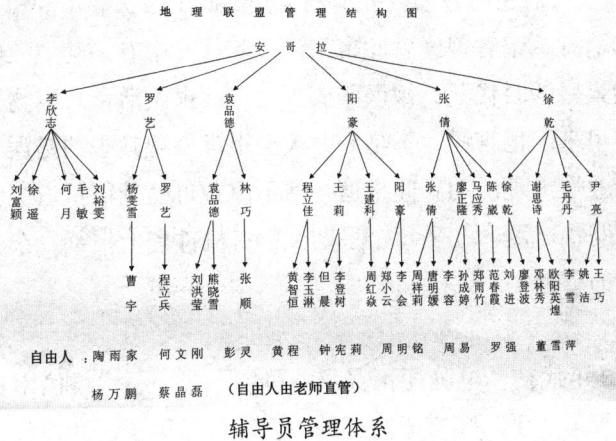

辅导员管理体系

第八章　地理创作

地理写作之路

25年前，重庆松藻矿务局自办报刊《松藻矿工报》登了一篇介绍松藻发现三叶虫化石的消息，记者曾经就此事采访过我，文中有一句"三叶虫生活在海生无脊椎动物繁盛的时代"，被误印成了"三叶虫生活在海生物脊椎动物繁盛的时代"登了出来。也难怪，不是专业人士很难发现其中的错误。当时，我就在想，这些专业性地理活动新闻报道，何不由我自己撰稿报道呢？说干就干，从此我开始了写稿之路。几乎每个星期，都有稿件登上报纸、杂志，那是一件多么赏心悦目的事啊。

手写稿件

20世纪90年代初，电脑还不普及，写稿一律手写，投稿用专门的投稿用纸（类似作文纸）。手写哪有不写错的，一篇成品稿子，旁边肯定有几张经过多次修改仍不满意的稿子。有错别字的作废，有涂改的作废，甚至标点符号位置不对的也作废。

稿件是不能一稿多投的，所以一份稿件投向一个报社后，要等两个星期甚至更长时间，确认没上报后，再到邮局投第二家报社。如果是专业性强，而时效性不强的稿子还有望发表；如果是专业性不强，而时效性强的稿子，基本就不指望了。

打印稿件

1996年，在单位我最先配上家用电脑486。当时，牛气了一阵。写稿不再用手写了，采用电脑打字了。自学编辑排版，稿子处理好了，先是拿到学校去打印，后来，干脆自己购置了针式打印机。

打印的稿子，字体工整，排版规范，但中稿率并没有明显增加，毕竟时代在进步，其他记者肯定也能想到的。另外，打印的稿子，报社、杂志社还更担心有人一稿多投。

图片投稿

2000 年前，图片投稿很有讲究。图片要清晰，构图得当，主题鲜明，少有干扰信息，最好是黑白（彩色是后来的事），因为报纸还没有广泛彩印。记得，我有几次去洗照片，明明是彩色胶卷底片，却为难照相馆洗成黑白照片。

专门的图片稿件附言必须简明扼要，当然，作为文字稿附图出现的则例外。

网上投稿

进入新千年，网络投稿成为时尚。我也赶这个时髦，申请邮箱，收集全国各大报社、杂志社的投稿邮箱。网上投稿有两种情况：网上投，报刊登；网上投，网上登。2010 年以后，网上投，报刊发表的情况少了，新闻稿件基本上是各地特约记者的天下，一般人只充当报料人。网上投的，杂志登的也基本上是专业性文章。

把文章汇编成册，有值得回忆的东西

20 多年来，我的投稿内容比较丰富，从地理教学、地理野外实践、教育教学话题，到社会热点都可以成为我的稿源，而投稿对象则从早期的报社，到后来的杂志社、网上专业性论坛，酸甜苦辣都曾经有过。后来，我把一些作品装订成册，取名叫《安哥文集》，翻一翻，品一品，有时还有新的感悟。到现在，我可以自豪地说，我也是投稿达人。

地理原创 ABC

说起来，作为一个教师，出点练习题、考试题再正常不过了。但是，在信息相当发达的今天，杂志、报纸、资料、网络上，试题应有尽有，教师们自命原创题的机会越来越少了。但是，我时常还是要进行原创题设计。

原创动力

有人问，现存题这么多，为何还要原创？原因很简单：商业化炮制出来的题，并不只针对特定学情的学生，所以好些题并不适合我的学生。

当然，我进行原创题设计，还有其他情况：报社、杂志社约稿，两校试题异地交流，为其他年级出题等等。你总不能来几个复制、粘贴就搞定吧，且不说有侵权嫌疑，也太敷衍了，以后谁还会找你。

素材来源

鲜活的试题素材必须来源于生活。对政府部门、企事业单位的采访，实地调查研究，网络数据收集成为试题素材的重要组成部分，这些素材是第一手资料，绝对放心，不涉及版权。

电视节目中，我喜欢的几个栏目也都可能成为试题素材来源地。像《天气预报》中的卫星云图、极端天气图，有关中国或全球重大决策、重大事件、重要活动、重大灾害的新闻话题，《地理中国》《远方的家》等栏目中的地理问题探究、生产生活写照等等，能够生成好多地理问题。比如：菲律宾的火山旅游、伊朗人偏爱 SUV 汽车、阿联酋沙漠中种蔬菜、智利人海边张网捕水……

试题加工

素材有了，如何成为一套正规的试题，还有几道加工环节。

落实考点。某个素材到底考查学生哪些方面的知识和能力，如何落实到学科考点上，必须设计清晰。

文字构思。现在的试题有素养要求，阅读能力要求高，所以要精心构思文字表述，做到文字精练，言简意赅，又信息丰富。

图表制作。地理试题的一大特色就是图表多。如何制作图表？可以用绘图工具在电脑上绘制，也可以将电视、网络和其他纸质资料的图片截取下来，在电脑上进行 PS。图表表达要准确，没有多余、干扰信息，最好是黑白图表（现在的彩色试题还不多）。

命制原创题，劳神费力花时间。有的人一节课就整出一套题，而我却要几天，但是，那种成就感是有的人体会不到的。

梦中的高考题

日有所思，夜有所梦。读高中时，听化学老师说，苯环结构就是一个叫凯库勒的化学家受梦境的启示发现的。类似经历我也有过，我高中一天某道数学题，百思不得其解，晚上做梦，居然把它解决了。记得当时马上起床，把过程草草记录下来，第二天去问老师，果然是正确的。

但是，做梦居然梦到高考题，也太神奇了。好，我就给大家摆摆。

十多年前的 5 月，高三复习已经进入到最后阶段。学生进行综合训练，大量的模拟套题弄得学生疲于应付，老师一样不得轻松，不仅要做题，还要分析题、讲评题。以至于，成天脑海里就是高考、高考题……

一天深夜的睡梦中，我变回了学生身份，正在参加高考的文综考试。试题历历在目，清晰可辨。其中对一道综合题，印象特别深：材料图是宁夏平原位置的示意图，针对该地区灌溉农业、环境治理、贺兰山地理界线等问题设问。我一看，这道题正合我意，于是欣然提笔作答。可是，笔无论如何不出墨水，写不出字……着急之中，梦醒了。

惊魂初定，翻身起床，把梦境中的综合题记了下来。次日天明，我还饶有兴趣地将梦境中的题整理一下，出给学生做，毕竟也是综合题，让学生见识见识没有坏处。

6 月，学生如期高考，一切正常。我有个习惯：收集每年全国各地的高考真题。结果，当我看到当年文综题时，对某个材料图有似曾相识的感觉，忽然想起：那不就是我梦中做的高考题吗！只可惜，重庆考生没做那套卷。

有时我在想，这算是投机取巧吗？如果是，那学生们干脆都回家躺床上梦高考题算了。不可能嘛！

地理讲学之路

不夸张地讲，一个教师的讲学之路，也是这个教师的成长之路。可能有人会说，一个教师搞好自己的教学就可以了。但是，如果有新教师、合格教师、成熟教师、骨干教师、专家型教师等几个标签，你选哪个呢？答案不言而喻。那与讲学有什么关系呢？

试问，作一个学术性、专业性的正规发言，难道是脱口而出、即兴发言吗？恐怕收集资料素材、归纳整理、撰写发言稿、制作展示影像资料等环节是少不了的吧。这些环节流程一次次经历、一次次历练，教师成长进步就是必然的了。

当然，也不要把讲学弄得很高端、神秘。讲学可以是学校内教研组内的一个中心发言，可以是学校内的一次主旨演讲、专题讲座，当然也可以是区县级、市级甚至更高级别的学术报告。

作为从教30年，一直在边远乡镇学校工作的我，讲学之路，可谓坎坷，但却一路伴我成长、伴我快乐。20余次的市县级讲学次数不多（确实少了点，平台不够高啊），但对我来说已经不少了。我作的区县级专题讲座大多数是有关地理高考的话题。高考地理考点分析、当年高考地理试卷评析、新高考模式下的地理高三复习、高中教师继续教育培训是最常见的话题，当然也有地理野外活动、地理兴趣教学、高考前诊断测试分析等方面的报告发言。

不客气地讲，现在的一些所谓讲座、报告，讲者有劲，而听者无趣，甚至希望报告早点结束。不过，在我的印象中，我的讲学效果不是这样的，有的还带有戏剧性。

以我的第一次市级讲学为例：那是20世纪90年代，重庆市举办"乡土地理研究"成果报告会。我是与会者，也带有"乡土地理"方面的研究成果——"浅谈渝黔交界地带古生物化石的集群现状"，还带了我在渝黔交界地区收集到的多种化石，但是我并没有上台发言的资格（专家、学者有的是，哪轮得到我一个二十几岁的愣头青哟！）。台下的我在想：如果我的乡土研究成果尤其是那些化石，不能让参会人员一睹真容，岂不遗憾。在会议快要结束时，我不知是哪来的胆，直接向会议组委会提出上台进行即兴演讲的请求，组委会经过短暂磋商，居然同意了我的请求。

我带上心爱的化石，迈上主席台，开始了我的即兴演讲。从綦江南部山区渝黔交界的地质地貌概况，讲到古生物化石的有规律出露，再讲到我带领学生进行地理考察的点点滴滴。不时，还取出化石绘声绘色进行描述。虽然按议程，会议该结束了，但与会者皆兴致盎然，愿意继续听我讲述发生在渝黔交界的乡土地理故事……末了，我回到主席台下，与会者蜂拥而至，竞相传看我带来的化石，我当然也兴致勃勃地为他们介绍那些"宝贝"。许久，人们才逐渐散去……

乡土文化故事

每个人都有自己的家乡，甚至第二故乡、第三故乡。每每谈到自己的家乡时，人们总会喜形于色。但是，有一天，我问你，你系统地了解自己的家乡吗？自然风貌、经济发展、历史文化、民间习俗……都了解吗？这就需要一些地方志、乡土地理、地方历史文化丛书一类的书籍了。

我在两个地方工作过，共30年，有感于当地没有全面介绍其乡土文化的书刊，我积极投入到当地乡土文化的研究，编著了《松藻地理》《乌金打通》。编著过程中，酸甜苦辣、喜怒哀乐都体验过。现在，我将过程写出来供大家分享。

作品构思

就像修楼房先要有设计图一样，一本书得先构思，再确定几部分、几章节、形成目录、读者群定位，这些工作必须做在前面，缺一不可。

素材收集

素材收集是最基础的，"巧妇难为无米之炊"嘛。按先易后难的原则，我先进入政府和企业的档案室（馆）、文化（站）馆、工会、规划科（室）、开发办、地测科、计生办、城管环保宣传等部门进行采访和查阅，获取现存的资料数据，对先期资料数据进行一次汇总，接着就开始了更辛苦的实地考察了。走村串户调查访问。当地的山山水水、沟沟坎坎无不留下我的足迹。历史遗存、文化古迹、民间"珍宝"要拍照，要记载；文献图片、民间工艺、口传技艺要记录，要整理。

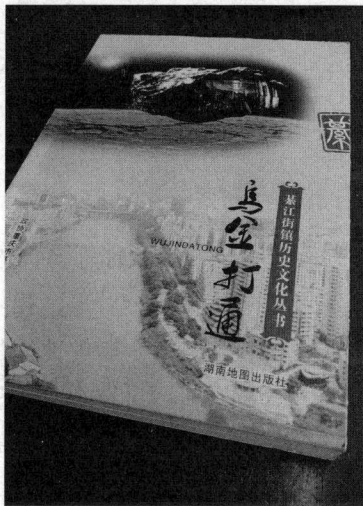

当然，素材收集要征得当地企业和政府的支持，不然工作难以开展，同时，还要广泛宣传，获得热心友好人士的帮助。

文字撰写

有了素材，开始撰写文字。执笔最好在一个相对安静、完整的时段来进行，这样可使全书文笔保持一致的风格。校对工作不可马虎，校对一遍、两遍，甚至三遍都不算多，最好请多人校对，有些时候自己不一定能发现自己的错误。一本书，如果文字上有明显错误，那是硬伤啊。谁伤得起？

图片处理

乡土文化书籍肯定要附很多图片。初始图片像素一定要大、翻拍图片清晰度一定要高。图片不宜做过多复杂处理，不然有失原貌，但明显的干扰信息可以清除。除此之外，有些特定地图、示意图、路线图只能自己绘制，谁也帮不了你。

图文都处理好后，还有一项工作，就是将图片编号标注插入到文字的相应位置。

后期工作

就是出版工作。要联系出版社，协调出版事宜，如果是由当地企业和政府主持就省事不少了。

历史地理

教学中，我发现地理事物的发生发展总有随时间演化的过程，比如沙漠化、工业化、城市化……后来，我才知道地理学加上时间影响的因素，就成了地理学新的分支学科——历史地理学。历史地理学是研究历史发展中地理环境及其演变规律的学科。早在20世纪30年代，中国地理界、历史界的顾颉刚、谭其骧等老一辈学人就开始了历史地理学的研究，可谓打开了一扇通往历史地理的大门。我略知皮毛，已是受益匪浅。现班门弄斧一下，如何？

天文事件与历史年代

以前我常狐疑，古代历史书上，那些准确的公元纪年是怎么推算出来的？后来才知道，主要根据帝王年号、天干地支等去进行倒推。但是还有一些历史事件没有确切时间记载，却有相伴的天文现象出现，这也为时间推算提供依据。比如，武王伐纣是哪年？出土的各类文物文献中有记载"五纬聚房"（金木水火土五颗行星出东方）、"岁在鹑火"（木星在"鹑火"这个特定区域）……这些罕见的天象周期的重叠部分，就很可能是武王伐纣的时间（公元前1046年）。

另外，还有一个"懿王元年天再旦于郑"也揭开千古之谜。刚天亮时，发生日全食，结果地上的人感觉再次天亮。就凭这，经过推演，周懿王元年为公元前899年。

青藏高原与华夏文明

经常有个问题，让人百思不得其解。为什么四大文明古国，只有华夏文明没有中断？你们网上找一找"度娘"，答案很多。但一定有地理原因：中国东临大海，在大航海时代来临之前，有些海盗袭扰，但这对中原王朝没有大的影响；西面呢？以青藏高原领头的众多高原山地将东西方文明阻隔了，也避免了来自西面的外敌入侵。同时，由于青藏高原的抬升，中国西北比同纬度的北美大陆更干旱，以至于一条古丝绸之路都时断时续。等到19世纪，西方列强从海上来时，华夏文明早已根深蒂固，文明不可能中断了。

长城与自然区界线

中国地形区之间以山脉为界居多，但有一个非常特殊的界线——长城。黄土高原与内蒙古高原的界线居然以一个人造的建筑为界。各位想过吗？这恐怕也要从历史中找答案。

战国以前，黄河中游地区人口还不多，黄土高原除了渭河平原、汾河谷地，其他地区还是畜牧区，森林和草原分布相当广泛。战国时期，七雄强盛，纷纷向四边开疆拓土，设置郡县，七雄中靠北的燕国、赵国、秦国还修筑长城，以防北方游牧民族的袭扰。战国国君最关心的就是土地的增加和人口的增长。原本，黄土高原也属宜牧之地，显然进行作物栽培，发展农耕，能养活更多的人。恰恰黄土高原松软肥沃的土质、适当的降水能够满足农耕需求。久而久之，黄土高原成了农耕文化区，而内蒙古高原却仍然是草原文化区，只适合游牧。这样，两个文化区交界地带的人工建筑就正好成了两大自然区的界线了。

黄河改道与海岸线变迁

黄河是中华民族的"母亲"河，但是它的含沙量世界第一，每年输沙量 16 亿吨，黄河口平均每年造陆 38 平方公里，海岸线不断向渤海深处延伸。

黄河的决溢改道也是世界独一无二的。从有记载以来，决溢有 1500 余次，大的改道也有二三十次。为什么华北平原大的湖泊少，为什么大运河北段经常淤塞？这些都可以用黄河泥沙及其决溢改道来解释。这里不得不提黄河一次改道带来的划时代影响。

那是 1128 年（北宋灭亡次年），宋朝东京留守杜充为阻止金兵南下，竟扒开河堤，人为决河。这一下，不得了啦！此后的 700 多年（直到 1855 年），黄河不再从渤海入海，而向东南夺淮入海，归宿地变成黄海了。两个有意思的影响，在此说明。黄河"鸠占鹊巢"夺去淮河下游河道，河床淤高，淮河入海反而不畅，上中游水位被迫抬高。洪泽湖地区原先只是若干小湖泊而已，后来却成为中国五大湖之一。

小说《西游记》大家很熟悉，当年吴承恩先生在（今江苏连云港）海边看到一座东海傲来国的海上仙山（今云台山），美妙地描述了花果山、水帘洞等景。可惜，由于黄河的夺淮入海，大量泥沙在这一带淤积，海岸线向外拓展，终于在 1711 年，云台山和陆地相连，从此失去海上仙岛的身份。

小麦、水稻影响中国历史

熟悉历史的人，应该发现：北方战乱多，南方战乱少，历史上的农民起义多发生在北方；北宋以前的王朝更迭时间快，不到 100 年，北宋以后更迭慢，平均 200 年；经济中心在北方时，人口少，发展慢，经济中心在南方时人口多，发展快，北宋以前的统一王朝，人口很难超过 6000 万，北宋以后，人口很快突破一亿，到清末已达四亿……这有什么问题吗？

问题就与小麦和水稻有关。中国北方降水偏少，历史上以旱地作物小麦为主，南方水热条件好，以水田作物水稻为主。

唐安史之乱以前，全国的经济中心在北方，人口以旱地作物（主要是小麦）为主要粮食。像小麦这样的作物，北方只能一年一季，产量低，还容易受到气候波动、土地盐碱化、沙化等影响，造成产量不稳定，以至于长期以来人口增长缓慢。当经济中心转移到南方以后，稻米成了主食，且南方土地一年两到三熟，产量高且稳定，通过漕运一批批的粮食输送到北方，这对一个王朝的根基起到巨大的稳定作用。

有句成语：成也萧何，败也萧何。先看西欧，温带海洋性气候为主，阴天多，光照弱，多汁牧草长得好，但粮食作物产量低。随着人口的不断增长，人地矛盾加剧，西欧人把目光瞄向了海外，新航路开辟了，对外殖民了。源源不断的原料运往西欧，工业、商业发展起来了。到 18 世纪 60 年代，工业革命终于蓬勃兴起。反观我们的中原王朝，虽然有水稻让其度过了一次次危机，但也让历代统治者更加重农抑商、闭关自守。慢慢地，中原王朝落伍了。明清两代有数次资本主义萌芽，但都一次次被传统的农业文明扼杀，失去了早早进入工业化的机会。悲乎！

第九章　弟子趣闻

地理弟子故事

一个老师，为人师表，对学生肯定有多方面影响。我从教 30 年，学生中就有不少我的地理"粉丝"。

这些地理弟子好有趣，有带回"宝贝"让我给鉴定的，有向我提供地理科考线索的，有回来看我以矿物化石标本为见面礼的，还有在工作后仍向我咨询地理知识的……这里再举几个特殊例子。

结核石的故事

有一年，我带领初一学生在邻近贵州的一个山坡考察，发现一个足有 40 千克重的方解石结核体。结核体呈椭球形，不知什么力的作用，结核体从四周包围的石灰岩中剥离出来，并且被纵向劈成两半，从断面上看，晶莹剔透又显深邃的晶体让人爱不释手。只可惜太重，离学校又在 10 公里以上，我们依依不舍地放下离开了。没想到，过了不到两个星期，一个叫胡晓洪的学生利用一个周末居然千辛万苦地帮我搬回来了。感激涕零！

长途电话打赌

1998 年 9 月，新学期开学不久。一天，我正在上课，突然，传达室来人叫我去接长途电话。那个时候，通信不便，一个单位往往只有一台座机可以拨长途，而且电话费贵，得 3 元钱一分钟。我想，一定是家乡或者什么人打来的重要电话。等我接到电话才知道是 93 级一个叫向静的学生打来电话，电话中谈到，她正和一个同事打赌，说 1998 年特大洪水是因为厄尔尼诺或者太阳黑子活动极大年造成的，而同事不相信，所以特意打电话求证。我的天呀，长途电话求证，太让我感动了。

学子转系风波

以前，有一位叫敖婷婷的学生，被四川一个师范学院的中文系录取，但她不乐意，因为她最大的兴趣是地理。高中三年，她由一个连经纬线都搞不清楚的小女生，成了一位地理高手，我有"功劳"啊。大学入学后，留给她的是无尽的折磨，每一次，她从地理系的大楼前经过时，都禁不住深情地回望地理楼，甚至天真地想，假如自己也能在地理系大楼里读书那是多么幸福啊。

通过电话，她把转系的想法告诉了我。我鼓励她，如果实在想学地理，那就转系，同时告诉她，转系很艰难，要执着追求、坚持不懈。经过一学期的努力，她终于感动"上苍"，既说服了地理系接纳新成员，又说服了中文系放人，办理相关手续，如她所愿转系成功……

学地理不计后果

由于我所在的学校处在边远乡镇，全面发展的学生不多，而且偏科学生比例大。在我的影响下，就有一批学地理不计后果的学生。

有一个蒋同学，初一、初二只学地理，初三没地理，那就什么也不学了，初三班主任提起他就着急，我只好帮着班主任去找他讲全面发展的道理。

十几年前（2004 年）的同学小石，地理高手一个，但其他学科却不怎么理想。他一心想读地质学院，由于没上本科线而无望，翻遍了志愿填报书的每一个角落，终于在一个不起眼的地方看到"河北地质专科学校"要招专科生，欣然填上这所学校，他如愿走上了与地理相关的道路。

从 2013 到 2019 年，语数外稍弱，而综合科强的考生在重庆高考录取方式上吃亏（所幸，2020 年将有所调整）。只要考生没上本科线，专科录取就只看语数外三科成绩。我身边就有一些这样的人，地理成绩好，但明显高考录取指望不上地理成绩。于是，我就劝这些同学，为大局着想，放手地理和历史政治，先抓语数外。但这些同学，地理确实上瘾了，宁肯考不上学校，也不放过高三学习地理的最后机会。这里面就有"地图小王子"小李、地理科代表小徐……场面悲壮啊！

林场惊魂

刚参加工作的我，与学生可谓打成一片，我在学生面前，既是老师，又是朋友，甚至是玩伴。正因为如此，我对学生提出的要求，基本都能得到满足，结果，就发生了一个让人后怕的故事。

　　暮春的一个夜晚，正好周末，我在宿舍看书，林川（后考入中国科大）、付霆（我教师生涯中第一个举手发言的学生）、马骏、张小露、左红伟、付强、黄强、陈友华、李浩、刘兵等几个学生来了。林川神秘地对我说："王老师，今天晚上，想不想来点刺激的？"我不假思索："只要不是做坏事，其他都行。""那好，我们这就出发，来一次夜游深山林场。"我们为了体现原始状态，防护工具、照明工具全部不带，就这样出发了。

　　松藻矿区的后山是一个森林茂密的林场，白天也人迹罕至，据说20世纪50年代还有华南虎的踪迹。一行人手持木棍和手电，借助夜晚矿区的灯光，沿着小路说说笑笑进山了。我们从旁人惊诧目光的扫视下走过，大有上山当绿林好汉之感。离矿区越来越远，没有了灯光，只能隐约听到山下矿区机器的轰鸣。

　　尽管夜幕笼罩，山林茂密，山路崎岖，时断时续，因为人多，我们并不害怕。一路上，学生还玩点鬼把戏。在一个高处，付霆将木棒横在路前，高吼："此路是我开，此树是我栽，要想从此过，留下买路财！"只可惜，没蒙面，声音太熟悉，大家不理会，径直走了过去……在一片黑黝黝的灌木丛中，忽然发出"沙、沙、沙"的响动，随之灌木也摇动起来，隐隐约约见到几个黑影，难道是大型野兽，付强几个学生开始后退。我查过资料，这一带已经没有大型动物，肯定有人搞怪，我大喊一声："Hello,How do you do,who are you?"几个黑影现身哈哈大笑，现出原形，又是一场恶作剧……

　　作为老师，要有担当，有路的时候，我领路，没路的时候，我开路。当黑暗中走到一个山坳里时，我们迷失了方向，也听不到远方机器的轰鸣。这时，我们才有点害怕，做出返程决定。返程，说起来容易，原路返回就是，原路在哪里呢？徘徊一阵，我招呼大家静默一分钟，聆听大自然的声音。顿时，大家静了下来，春天咋就没唤醒那些小昆虫呢，没一点气息（后来才知道，下雨前，昆虫不鸣），山谷中静得可怕，静得让人窒息。

　　不知什么时候，天公作祟，下起了雨。雨滴落下，虽有树叶、枝条的掩护，仍有许多雨滴和我们亲吻。本该有诗意，然沥沥春雨，愁煞觅路人，不知春雨意，更遣欲如何？喀斯特森林中，沟壑纵横、怪石嶙峋、荆棘丛生，白天行路本就艰难，夜间探路难度系数倍增。黑暗中，我们时而被凸起的岩石撞个正着，时而又被隐蔽的石缝、漏斗卡住一只脚，因地面湿滑而摔跤则成为常态；感觉脚下有异物相绊，取起来握在手中，才发现是什么白骨，慌忙撒手，至于是人骨还是动物骨，早没心思探究了；累了坐下来小憩，身上又有什么动静，用手一探，方知是爬虫也来凑热闹；前方突然敞开来，正欲迈步，一阵凉风袭来，定定神才发现到了悬崖边……

　　好不容易折腾到一个山谷。令人惊喜的是，透过沟谷灌木丛的枝叶缝，顺着山谷往下看，能见到有点亮光——矿区的亮光。心在梦就在，目标在希望就在，我们信心倍增，朝着亮光方位探路前行，途经乱石岗一片坟地，但已经无所畏惧了。终于回到矿区，矿区之夜如往常一样平静，没有因为探险"英雄"归来，而沸腾起来，我们多少有些失落，各自回家，身上的轻微擦伤还不敢向家人汇报。

　　多年后，回想探险之事，有话要说：探险有风险，必要的保障措施要有，万不得已时，可以启用备用装置，比如食物饮水、照明防护、医药急救、联络求救等方面，都需要适当准备。还有，带学生出去冒险，一定要征得家长的同意，要对路线进行前期的踏勘，安全要保证啊。生命是第一位的，命都没有了，探险还有意义吗？

夜郎"国"圆梦

　　汉朝的时候，我国西南有一个王国。汉朝使者到来时，国王用鄙夷的口气问："你们汉朝有我们王国大吗？……"这个王国的中心就是地处綦江源头地区的贵州桐梓县夜郎镇。

　　两千年过去了，古老的夜郎是否还"夜郎自大"，"母亲河"綦江的源头是否依然山青青水碧碧……为了揭开它神秘的面纱，5月1日，我带领团员青年30多人，走进了这片神奇的土地。

　　上午8时，考察从蒙渡开始，綦江干流松坎河在这里分成两条差不多大小的支流，听当地老乡讲，其中往西的那条就是綦江的上源——夜郎溪，队员们沿着夜郎电站的导流渠溯源而上。峡谷中的夜郎河谷溪流淙淙，蜿蜒而来，又盘曲而去，在群山怀抱里显得那么渺小，又那么亮丽。细瞧溪流，水清见底，一尘未染，清凉诱人，水流舒缓之处，则可见鱼儿游嬉追逐。在一处有少许梯田的地方，队员们还有幸见到了古老的水转筒车，历史书上说这种筒车是中国唐朝时发明的，队员亲眼所见，久久凝望，为其壮观啧啧赞叹。夜郎溪青山辉映，宛如一幅美妙的山水画，队员们陶醉其间。这次考察的使命之一是了解綦江上游地区水质状况，采集上源水样，送防疫部门检验。队员们兴奋之余，不忘取出采样瓶，采集这长江一级支流的水样。

队伍继续前行，"夜郎'国'你在哪里"，队员们望眼欲穿，心中勾勒着夜郎的轮廓。三个多小时后，夜郎镇终于展现在队员们的面前，队员们欢呼雀跃，纷纷站到一起合影，留下这难忘瞬间。夜郎镇分老街和新街，老街木板房不幸在几年前被焚烧殆尽，加之如今的旧镇改造，已很难领略到那种古朴的原始风貌，幸而在老街尾端见到了唐朝诗人李白的衣冠冢，但因年久失修，墓地已残破不堪，如今已少有人问津了。改革春风吹来，新街渐渐被现代文明浸染，不见了往日的光景。不过，老一代夜郎人饶有兴致地为考察队员们讲述一个又一个古老故事。

据当地人介绍，在夜郎地区的最高峰华尖山顶有门民国初年的大土炮。这个信息使我们这队已感疲乏的人马立刻振作起来。下午两点钟，团员们在夜郎镇补充点食物和水，找到一位老乡做向导，开始了更为艰难的登山历程。

华尖山，因一排从高到低的尖尖山峰相迭而得名。远远望去，它高高在上，在崇山峻岭中格外突出，主峰在霭霭雾气中时隐时现，景色蔚为壮观。为了早识庐山真面目，队员们兴致勃勃，沿山谷中的羊肠小道急行，有时向导都被抛在后面。山势越来越高，山路越来越窄，最后干脆无路可走了。队员们只好披荆斩棘，逢山开路，穿行在灌木林中，不少队员手脚挂彩。林间各处，已依稀可见一些开凿过的条石，据说这是当年军阀修筑工事用的。主峰明明就在不远处，翻越一座山头再望主峰，离主峰的距离好像并没缩短，大山似乎在有意考验探险队员。

主峰近在咫尺，队员们遭遇到最险的路段。为了不耽误时间，队员们兵分三路向主峰攀登。此时，队员们唯有靠手攥紧草根藤本才能一步一步往上挪。

探险队员相互鼓励，彼此帮助，终于全都在主峰胜利会师，但这最后约100米行程却花去队员们近一小时。

华尖山主峰意外地很平整，有篮球场大小，四周用条石砌成，因人迹罕至，杂草灌木已高过头顶。向导引队员们到一座炮台跟前，讲起了祖辈传下来的故事。民国初年，军阀割据，战事绵延。夜郎也出了一位"草莽皇帝"王正如。他盘踞在华尖山，辖方圆几十里地盘十余年。华尖山上的工事，包括这座炮台

作者当年关于夜郎"国"的相关报道

就是当年他下令修筑的，并且不惜花去大量人力，硬从山下将几千斤重的大炮筒拖上了山。如今，这个大炮筒早已远离了硝烟战火，静静地躺在炮座一侧。端详着这个大炮筒，队员们的思绪不禁被带到那不堪回首的军阀混战年代。

上山难下山更难。由于下过山雨，路滑得可怕，稍有不慎，便会出现不测。队员们互相搀扶，一步一个脚印，终于安全下山。当队员们回到夜郎镇时，夜幕已经降临。

趁着茫茫夜色，青年们乘上颠簸的汽车，离开了曾魂牵梦绕的夜郎"国"。

第四篇　地理人间

第一章　生产地理

农村调研

　　记得有一天，我散步来到一个山坡，坡上一个老农正在地里劳作。我看到他辛苦的样子，忍不住叫他歇一下，我和他坐在地边攀谈起来。从眼前他从事的低效农业谈到我设想的高效农业，从粗放生产谈到集约化道路，从小农经营谈到商品农业，再到生态农业、观光农业，说得老农心花怒放，如醍醐灌顶茅塞顿开，大有撸起袖子大干一场的架势……不知不觉，我和老农摆谈的地边已聚集了五六个村民，聆听着他们平时没有听过的、没想过的更没做过的农村事。我一看时间不早了，就起身告辞，老农显然有恋恋不舍之情，而且说了一句话我至今记得：要是你是我们镇长就好了。

　　我在乡镇从教 30 年，与农村始终有不解之缘。有时漫步在沟沟坎坎，有时又徜徉在山水之间，有时又与学生一道深入农村，进行人文地理调查，见证了中国乡村的变化和发展，也带给大家一些困惑和思索。

经济与生活

　　改革开放 40 年，农村变化翻天覆地。乡村景色漂亮了、房舍建筑漂亮了、村民打扮漂亮了，村村通、户户通，乡村道路四通八达，随着村民收入的增加，生活水平大幅提高，贫困人口明显减少。我当班主任这么些年，发现每年申请贫困资助的学生人数在减少，有时担心学校分到我班上的资助名额少，不好确定名额，结果担心是多余的，很多学生主动表示不需要贫困资助。这当然是可喜的变化！现在中央又吹响"扶贫攻坚战"的号角，精准扶贫、科技扶贫，在世界上都引人注目。好！

土地与农业

农村实行土地流转政策后，产生不少种植养殖大户，特色农业园、生态农业园、观光农业园应运而生，着实红火，农业机械化也在稳步推进。

但是，调查中也发现一些隐忧：可能是缺乏科学管理或供销渠道不畅、市场调研不足等原因，一些农业园、种植养殖基地在红火两三年后，被冷落了，等我们再去调查时，已一片凋零，让人生怜。还有一种现象，就是土地的闲置，不少地方都有弃耕撂荒现象。是青壮年进城务工，农村缺乏劳动力吗，还是经营耕地效益低，不如务工经商来钱快？大家应深思。

环境与生态

现在，越来越多的村民，环保意识在加强，都知道绿水青山就是金山银山。乡村植被越来越茂密，水质越来越好，生态在恢复，乡村在变美丽，看着叫人欣喜。

但是，我们走到乡间，偶尔也会见到有人在林间晃悠，形迹可疑，他们在寻找放置诱鸟器的最佳地点。还有，那些山林、湖沼一张张等待候鸟的大网，又说明什么呢？

教育与文化

农村青壮年外出务工经商，剩下留守儿童和空巢老人，带来教育和养老问题。父母是子女教育的第一责任人，隔代教育总感力度不够，祖辈多少都会出现溺爱现象和对孙子辈犯错的包庇和纵容。当然，老人们也面临老无所依的情况，老人最希望的是子女的陪伴，而子女却不在身边。

经济发展了，乡村文化活动丰富起来，很多山村有体育活动场，村民也像城里人一样跳起了坝坝舞，村里还不时举行传统文化活动。但是，有的地方，村里的攀比现象比较严重，讲排场、撑门面，赌博成风、彩礼越收越高。不得不说，这与我们社会主义核心价值观是背道而驰的。

看来，泱泱大国，农村、农民、农业的话题是永远道不完的，我们一定要做好美丽中国、美丽乡村的建设者和见证者。（真心话，这可不是喊口号哟！）

矿井体验

我刚参加工作那阵，是在重庆一个大型煤矿（松藻煤矿）的子弟校，对矿井充满好奇。先到矿上查阅井下地质资料、研究煤田分布图，但始终觉得了解肤浅，仍然想亲自来一次井下的体验。机会终于来了，经请示，十多名青年教师获准到井下参观。在井口工作间，换上工作服、戴上安全帽和口罩、检查矿灯，一切准备就绪，向井下出发。

猴儿车

我一直羡慕北方煤田，中厚层煤层、储量大、埋藏浅，有的甚至可以露天开采，南方煤田开采条件就复杂得多，从地面到工作面很远。这个时候，就要乘坐矿井下特有的交通工具——猴儿车。

猴儿车，其实是一种矿山架空乘人索道，有传动装置迂回循环传送矿工。在运动的钢丝绳上每间隔一定距离焊实一根空心的金属杆，金属杆下再焊接一个形似自行车座垫的三角形金属板，那就是乘人座垫。人屈腿乘坐其上，离地一米左右，运行速度约每分钟 60 米，怀抱金属杆，犹如猴子猫在树枝上荡悠。或许，这就是"猴儿车"称谓的来历吧。

车是匀速行进的，所以，你只要带点小跑，逮住金属杆，臀部一撂就上去了。但很多人第一次乘坐，很怕，非得矿工师傅鼓励指导才行。猴儿车在昏暗的下行巷道行进，仿佛在带我们穿越地心。

胖子的尴尬

猴儿车带我们到达海平面附近，下车沿着水平巷道横向再走两三公里才到工作面。我们参观的是薄煤层开采工作面，那种厚煤层用的大型综采机械在这里无用武之地。煤层不到一米厚，有 30 度左右的倾斜，通过定点微型爆破，煤炭变得疏松了，矿工师傅顺坡度将煤炭归引至装煤斗车，装煤斗车沿着轨道将煤一车车输到地面。

我们经过时，工作面临时停止工作，煤灰少一些了，好让我们一路慢行一路参观。忽然，不远处传来"救命、救命"的急促声音，循声回望，原来是我

们的一位老师发出的。人虽然年轻，却是个胖子，因身体横切面积大，在通过工作面一个窄缝时，被卡住了，上下左右动弹不得，稍一动就痛，又走在队伍后面，这才喊"救命"。矿工师傅赶来，一边安慰一边察看分析，最后借助巧力使我们这位老师脱困。

别说在这里工作，这样走一遭都出险情，我们真正体会到矿工的辛苦和伟大。

黑鼻孔

我们在井下参观完毕，仍然乘坐猴儿车回到地面，归还物品后，必须做的一件事就是洗澡。虽然矿工师傅告诫过我们，出井洗澡一定要注意清洗身体死角，但我们仍然有不少老师出洋相了。按照正常的洗澡流程，当换好衣服出来时，老师们开始相互打量。一位老师笑另一位老师耳廓没洗干净有黑的，这位老师不服气说"那你掏一掏你的鼻孔试试"，下意识地大家都掏起鼻孔来，结果鼻孔全都是黑的。大伙儿哈哈大笑起来……

第二章 生活地理

邮票上的地理

　　说来惭愧，本文是邮票话题，我对邮票却没有专门的研究，也不像邮票爱好者们有多少成套成册的邮品收藏。起初我只把邮票当作寄递邮件贴用的邮资凭证，后来发现邮票设计独具匠心，图案美观细腻，很有装饰之功能。于是，我开始收集邮票。不过，我并不用集邮册，而是将收集的一张张邮票贴在我的日记本、资料摘抄本、歌曲手抄本上，一页贴一张，装点美化效果再好不过。没想到多年后，还附带一个效果：我那些日记本、手抄本不断升值了。

　　走上地理之路之后，我发现有些邮票可以读出很多地理信息，于是我就对特定邮票进行特别关注，甚至将其拍照、制作成 PPT，放给学生欣赏。

邮票上的地貌

　　邮票中反映祖国名山大川的很多，好多是可以进行地貌上的解读的。如内力作用形成"五大连池""腾冲"的火山地貌，以险峻闻名的"华山"大断崖、"长江三峡"、"武陵源"、"壶口瀑布"的流水地貌，"象鼻山""石林"的喀斯特地貌，"珠峰""贡嘎山""三江源"的冰川地貌，"风蚀柱""沙漠""楼兰"等风成地貌，"天涯海角""海滩""海蚀柱"等海岸地貌。

邮票上的河湖

　　邮票上的河流湖泊，除了带给人美感，还可以从地理角度分析其成因，如"三江源"的曲流，火山口湖"长白山天池"，火山熔岩堰塞形成的"镜泊湖"，"九寨沟""黄龙"的钙化池，人工湖泊"千岛湖"，引潮力作用形成的"钱塘江大潮"。

邮票上的植被

　　有意思的是，邮票上的植被也可以从地理上说事：从"西双版纳"的热带森林到"长白山针阔混交林"，从"典型草原"到"沙漠植被"，从"草甸草原"到"高山苔原"以及贡嘎山植被带等能很好地体现自然带的纬度地带性、干湿度地带性、垂直地带性。

在这里，我强力推介一枚邮票。那就是 1957 年出版的黄河综合治理工程的纪念邮票。在黄河流域综合治理上，上游、中游、下游治理方略是有差异的。票面上，有完整的黄河水系图，上游和中游各有一个高压输电桩的符号，寓示着黄河上游一、二阶梯交界河段和中游三门峡河段重点进行水电开发；黄土高原地区有一个山头上有树的符号，寓示着黄河中游地区重点做好植树造林、水土保持工作；黄河下游的一个行船泛舟的符号，寓示着下游进行河道清淤和整治，一定程度上开发黄河下游及京杭运河北段航运价值。这张邮票，以一幅地图的形式在呈现黄河水系状况的同时也让中华人民共和国成立初期艰难创业的宏伟构想跃然纸上，是一张很有纪念价值的邮票。世人若不知晓，岂不埋没了。相信设计者不会介意我以地理方式介绍出来吧。

特别说明：60 年前的一张邮票有如此魅力，我对设计者（团队）表示深深的敬意，我将其从地理角度加以阐释并分享出来，希望得到设计者（团队）的理解和支持。

此外，中华人民共和国成立后发行的邮票中，还有矿物化石标本"雄黄""辉锑矿""辰砂""黑钨矿"与"三叶虫"等，"京杭运河""三峡"等水利工程，"吉林雾凇"以及全国各地的众多民居。

与邮票打交道多年，往往有这样的情形发生：朋友正在欣赏邮票，我凑上前看，结果却从地理专业角度评说邮票上的风景，让本不喜欢地理的朋友也被我悄悄带进地理天地了。无心插柳啊！

生活中的气象

现实生活中因为不懂气象知识，做事吃了苦头的人应该不少吧。今天，我就跟大家聊聊这个话题。

农事指南

对于农业生产，天气、气候条件肯定是重要条件。长期从事农事活动的人知道什么时候播种、管理、收获，但是具体到需要选择天气安排农事的时候，就可能因为无知而做无用功。我看到过，对庄稼施肥、打药之后马上一场大雨，村民的辛苦前功尽弃；也见到过，连续好多天阴雨天，刚收回家的稻谷无法晾晒干，大多霉烂生秧；还遇到过，把田里的水排干后，就连续干旱……

一些农业气象谚语还是很管用的，比如"朝起红霞晚落雨，晚起红霞晒死鱼""乌云接落日，不落今日落明日""天上钩钩云，地下雨淋淋""直雷雨小，横雷雨大"……有时，我和朋友到周边农村休闲，当我把一些气象谚语告知村民时，看得出他们流露的感激之情。

重大活动遇雨，确实不方便

活动参考

当今社会，各类大型活动比较多，其中很多要在户外进行，但不知是组织者疏忽还是意识不到位，很少考虑气象因素。运动会下雨，会期一延再延；广场公益活动因恶劣天气而取消。

我亲临过一次大型露天演出活动，雨一直下个不停，台上的舞者尽管表演认真，但由于雨水淋湿服装和彩带，早没有飘逸的美感，台下来宾和观众撑着一把把雨伞，从后面看完全是伞的"海洋"了。

旅行必备

旅游策划时，气候因素必须考虑。高原上防晒，高山上防寒，高海拔防缺氧，干旱区防缺水，草原上防大风，雨林区防湿热……旅行中，气象条件应随时关注。比如，外出散步先看天色，野炊时灶台搭建考虑风向，探地下河一定要在晴天，露营帐篷不能搭在雷击区。

这里有个教训：有一年夏天，几个驴友在一座大山临近山顶的山脊上搭帐篷。帐篷搭好了，但觉得有点异样，细看地面，断裂的打桩柱子、满地砖石粉末，好像这里曾经有一个亭子，后被拆除。黄昏来临，过路人的一句话，惊醒梦中人："你们搭帐篷的位置正是雷击多发区，亭子建了好多次都被雷击毁，你们还敢在这里搭帐篷！"我们大惊失色，马上转移阵地。

健康气象

很多人家里墙上挂了个温度计，以为就是气温，还说天气预报的气温不准。其实，你家里测出来的只是室内温度而已。一般说来，室内温度比外界夏天偏低，冬天偏高。野外做事，为了健康，除了关注气温的高低外，还要考虑气温的日变化、光照的强弱、风力的大小等因素。

室内最该提的是空调的使用了。好多人使用习惯很不健康：夏天温度设置很低、冬天温度设得很高，长时间密不透气吹空调，要么就是大开门吹空调、成天待在空调屋内不出门……长时间待在空调环境下的人，因空气不流通，环境得不到改善，会出现鼻塞、头昏、打喷嚏、耳鸣、乏力、记忆力减退等症状，这就是所谓的"空调病"。另外，温度设置与外界的温差不能过大（最好在 5 ~ 10℃之间），否则，不仅耗电厉害，而且因为温度骤变，人们进出容易患感冒等病症。综合起来，给个建议：空调房间合理的温度是夏天应在 28 ~ 29℃，冬天应在 18 ~ 20℃。

旅游策划之路

曾经，总有一些朋友对我说："安哥，这个假期如何安排，策划一个线路嘛，我们再来一次自驾（助）游嘛！""安哥，这个假期的旅游不要忘了我哟！"……不知不觉中，我就借助扎实的地理专业功底开始了旅游的组织和策划。不过，旅游策划是一个系统工程，远不是说走就走那么随意轻松。

第一步　旅游意愿确定

由于工作性质、文化层次的原因，不同人群的旅游意愿是不一样的。有的偏重休闲娱乐游，有的喜爱户外探险，有的偏爱自然风光，有的又钟情文化古迹，所以应首先确定旅游意愿。

第二步　旅游时间安排

旅游时间分为自身时间和景点时间。自身时间是指游客本人受节假日、周末或闲暇时段所限而允许的旅游时间范围。景点时间则指不同景点的开放时间、最佳观赏时间。比如，我设计的"小西南游"刚好把参加西昌的"国际火把节"的时间考虑其中，无形之中，旅游增加许多亮色。要看东川红土地，红土地最红的时候去，当然最好哟。当然，所有出行的时间都应该是自身身体状况良好的时间，带病出行很危险哟。

第三步　旅游线路设计

线路设计是衡量一次旅游质量的核心部分。旅游线路设计有几个原则：避免重复路线、景点配置多样、自然人文协调、行程安排恰当。从出发到返回，最好走环线，避免索然无味的重复路线；景点尽量丰富多样，雷同景点不选或尽量少选，才能让人有无限风光在前方的精神驱动；自然风光和人文景观要协调配置，相得益彰，这样才不显单调乏味；行程安排则要根据人群年龄体质等情况，保证睡眠充足，精力旺盛。若是自驾游，除第一天和最后一天，中途行程不要超过500公里，以200～300公里为最佳，这样旅游团队能有大半个白天的时间游览景点。此外，针对节假日热门景点人满为患的情况，在线路选择时，我的建议是旅游旺季另辟蹊径，热门景点错峰出行。比如，有一年国庆北京行，我避开了人山人海的场面，带女儿游览了卢沟桥宛平城、世纪坛央视塔，还免费参观了众多的博物馆、展览馆，以及北大、清华等众学子向往之地，收获同样很多嘛。

旅游必备物品

旅游团队所带的物品分为私人物品和公共物品。私人物品是每位游客自己常用的物品，包括洗漱用品、化妆品、换洗衣物、手机相机、充电设备等等；公共物品是旅游团队共同使用的物品，包括药品类（防护类的防晒、防毒、防虫、防晕车晕船、防高原反应药品，外伤急救类的止血、止痛、止痒、简单包扎方面等药品和纱布胶布绷带药水，以及感冒腹泻类药品）、备用食品饮品（方便面、八宝粥、矿泉水、解渴解暑之瓜果、解乏提神的饮料等）、其他物品（帐篷、地图册、航拍器、对讲机、各种可能用上的证件、记录本、记录笔、望远镜、照明设备、捆绑绳、小镜子、垃圾袋、废报纸、针线包、橡皮筋、餐巾纸、雨具、别针、防风打火机、小剪刀、娱乐工具等）。物品罗列这么多，看得人脑壳都大了，不是说每次必须全部带齐，可以根据行程长短和旅游地点，对一些物品进行取舍。若是自驾游，每辆车上还要有本次旅游的详细策划书、行程表和相关的路线示意图。

旅游成员分工

旅游团队一般以几个家庭或若干朋友同事组成为最佳，人数四人以上、20人以下为宜。当然那种情侣结伴出游只有两人，因另有所图，不在此列。团队成员的分工很重要，这样可以保证旅游效率高，浪费在等待中的时间少，关键时刻还少一些纷争。总指挥综合大家意见发号施令，什么时候出发什么时候停留，线路策划者根据情况的变化对旅游线路和景点做出策划调整。此外，财务管理、消费记账、购置景点门票、联系订制餐饮、联系住宿（可网上预订）、照相摄像、道路导航、安全提醒和纠纷处理都要有人负责。对于自驾游团队，则还有负责开车的（一般要求一辆车上应该有两个司机）、负责场地协调。够复杂吧？不复杂不行。职责不清，分工不明，只有组织者最累，而且费力不讨好，平添很多矛盾，导致旅行不愉快。

旅游安全保障

谁都希望旅途平安。那安全从哪些方面来保障呢？

（一）增强安全意识，做好防范措施。在出游过程中，饮食、住宿、交通、购物、游览过程、休闲娱乐等方方面面都有要注意的事项，尽量避免交通事故、疾病、火灾、迷路被困、治安事件、食物中毒、游览设施事故、动物袭击等突发事件的发生。同时，还要保证通信畅通以及其他求救途径畅通。

（二）购买旅行意外保险。每个成员购买一份，从旅游出发之日开始到行程结束。确保成员发生意外伤害后有医疗、陪护等方面的赔付保险金。

（三）签署旅游安全协议。安全协议书在提醒本人及家人，注意出行安全的同时，还有一项免责内容：本次活动是自发的、自愿的、非营利游览活动，如果出现意外，活动中任何非事故当事人不承担任何法律责任（能证明对事故有直接责任的例外），但有互相援助的义务。自驾游车辆行驶中发生事故，如果不是司机的故意行为，由保险公司负责。

（四）了解和防范旅游陷阱。行程中饮食、住宿、交通、购物、游览过程、休闲娱乐各个环节都可能有陷阱，"天上不会掉馅饼"的。不过，只要你不占小便宜、不要小聪明，应了解和尊重各地风俗，尽量走正规途径，注意留下证据，陷阱将会少很多。（详情另有文章细说）

（五）其他安全事项：遵守法律法规、爱护生态环境、为人低调和善、车队编号行进。

旅游策划是个苦差事，但是苦中有乐，在出行之前自己就"未卜先知"不好吗？

导航之路

有一个现象，北方人方向感强于南方人，南方人给别人指路说前后左右，从来不说东南西北。北方人给人指路说东南西北，因北方普遍地势开阔，参照物不明显，辨东南西北的本领强；南方山多，参照物多，所以没必要说东南西北。但是，作为地理人，迷失方向可不行，想一些法子，也要搞清楚东南西北。晴天，白天可以根据太阳方位辨方向，夜晚也可以根据星系月相辨方向，那阴雨天咋办？

指南针

20年前，我听到一首歌《指南针》，简直就是在说我。歌词前两句就是：在那世界的路上，我撒下许多脚印。无论我走到哪里，都带着指南针……

刚工作的时候，高级专业定位定向设备买不起，外出旅游带个罗盘又不像话，买个小小的指南针还是可以的。那时，我主要面对初中学生，拿出指南针，给他们讲讲指南针的神奇，测测山脉的走向、河流的流向，已经足以迷住他们了。

野外 GPS

多年以后，朋友送一个野外GPS导航仪给我，这可是个好宝贝。讲课的时候，我曾拿到教室里，给教室四个角落进行精确的经纬度和高程定位。拿到操场上，围着操场转一圈，可以测出围成的面积。当然，最好的功能是在荒芜之地或大山之中，预先定好目的地后，行进过程中不至于迷路。除此之外，还可以看到全程的方向变化、路线图、行走速度等信息。

2011年，我和一帮朋友请了西宁市一位所谓的老司机开车，穿行在青海西部柴达木盆地的沙漠戈壁中。戈壁公路一直向前延伸着，老司机自信得很，我们开始没太在意，出于职业习惯，我后来拿出野外GPS导航仪，见导航上显示方向是一路向西，而根据前站的判断，我们应该向南了。于是我提出异议，老司机也不置可否。停下车来，看看天上的太阳，进一步肯定方向错了。戈壁公路上，车很少，我们又行一段，到一个加油站，终于确认走错了两百多公里，再过一会儿就穿过柴达木盆地到新疆了……

如今，野外导航又有进步。采用北斗、GPS双星定位，导航仪是彩色的，地标更清楚，学会操作，想迷路都难哟。

车载导航

现在，私家车多了。很多车都有车载导航，但我就看到有不少人，明明有车载导航，偏要用手机导航，在车子前台绑一个固定装置，看上去不伦不类。问之则曰：车载导航经常不准。我又问，车载导航升级没有？结果可想而知，自从车子买回来后，好几年了，导航就没升过级，中国的交通发展这么快，那当然有不准的时候哟。

我的建议：走常规路段，用车载导航，走新城新区新路用手机导航。同时，车载导航至少每年升级一次，费用也不高，自己不会，可以请朋友或4S店帮忙嘛。

如果遇到看上去很新的道路，最好的方法是问询当地人，因为这个时候你用手机导航也不一定准啊。当然，我们都盼望今后能有实时更新的车载导航，那就方便了。据说，已经有车用上了"车联网"技术，车子本身就有网络，那实时导航就不是问题了。

第三章　环保故事

环保人生

或许是我小时候掏过鸟窝、追过野兔、折过树苗、放过山火、毒过小鱼的缘故吧，长大了有一种内疚感。伴随环境观的形成，我成为一名环保主义者。下面，讲一讲我的环保故事。

生物与我

如果动物、植物们评选"友好人士"，我绝对榜上有名。即将干涸的小水坑里有许多蝌蚪，我将它们放归充足水源地；住宅楼盘施工要殃及小树，我抢在施工之前为小树找到安身之所；见到手执蜂鸣器的捕鸟人，及时提醒其违法行为，促其警醒；见到景观树发生病变，马上查找原因，立即向有关部门反映处理；驴行在森林、草原中，除了留下一张张照片，不会留下任何垃圾；生活中，各类所谓"野味"我是不吃的，广告说得好，"没有买卖就没有杀戮"嘛。

我有一个好多人无法接受的喜好：阳台花盆里长了杂草或者蜗牛我是不允许人除掉的。我的观点是，花和草都是植物，都有生命，既然它们有幸落户我家，它们就是平等的。我没有理由只要花，不要草。况且，从生态学角度来讲，花盆里有多种生物，生态群落更稳定，更有利于形成良性生态系统。

小蝌蚪在变成青蛙（蟾蜍）之前，大大的头，一条尾巴在水中摆来摆去好有趣。不懂事的孩子总想将小蝌蚪捉起来玩，遗憾的是这正是大人该给孩子讲珍爱呵护小生命的时候，而大人却帮助孩子一块儿捉蝌蚪。最终结果，凡是被捉回家的蝌蚪，过不了几天，都因离开了原来的栖息地，死路一条。

家庭环保

其实，环境保护与人们生活息息相关，家庭生活中也处处有环保。只是注意水电气使用环节上的节约是不够的，还要在废物的回收利用、垃圾的规范处理、尽量不用一次性物品上提高认识。住家楼道公共卫生的维护、水电气泄漏现象的及时反映既是公德，也是环保义务。

爱人有个很好的习惯，我一直赞赏和支持：洗衣机清洗结束即将放水时，马上停止洗衣机运作，将水收集起来用于冲厕所。

环保教育

作为教师，时时不忘环保教育。除了在教学中贯彻珍爱生命、爱护动植物、维护生态平衡等教育内容外，还在班上设环保员，负责教室的开关灯，特别是白天光线明亮时，提醒学生关灯；注重环保习惯的养成，教室里清洁维护实行"最近原则"，哪个死角离某个学生最近，就该某个学生负责，做到教室地面没有垃圾；公共集会，保持场地清洁，不留丁点纸屑。

地理教学中，强化有关于环境保护的内容。我曾组织很多届学生对学校周边地区进行环境调查，并将调查报告上报有关部门，既进行了环保教育，又为当地环保事业尽了绵薄之力。

我的环保小故事

作为一个环保人士、"低碳专家"，我有很多环保小故事。如今，列举几例，供大家分享。

生态呼吁

不知是气候异常，还是环境变迁，曾经家乡道旁或者小区的绿化树面临一些绞杀植物的危害，其中有"臭"名昭著的植物吸血鬼菟丝子，还有生命力极强的藤三七（学名叫落葵薯）。小叶榕、冬青、桂花树、蔷薇花等植株受害最深。

菟丝子，是一年生寄生草本，缺乏根与叶的构造，淡黄色丝状而光滑的茎攀缘在其他植物上。有人觉得奇怪，没有根与叶怎么活？原来它靠吸器附着寄主生存。假如你不小心随手将扯断的菟丝子藤扔在某一棵树的枝头，它会主动缠绕这棵树，伸出吸器吸取这棵树（寄主）的营养和水分而生存。当寄主整株布满菟丝子

绞杀植物附身了

时，就是寄主严重营养不良，走向死亡之时。

鉴于这种生态灾害，可能演变成生态灾难，我立马拍照撰文，进行呼吁，希望引起社会的关注和有关部门的重视，同时也提醒我们，随手行为也可能引发严重后果哟。

投书媒体

一个周末，我和同事到单位附近的林区观光，不想却发现林区被焚毁一大片，燃尽的灰烬、烧焦的树桩还有烧死的小动物，满目疮痍，惨不忍睹。我端起相机，拍照记录，及时将图片附文字向《綦江报》《中国环境报》投书做了反映。

不几日，綦江县（现綦江区）林业局来人找到我，进行情况了解，并在我的带领下翻山越岭，步行十多公里到现场进行了实地调查。《中国环境报》也来信询问详细情况，叫我写成报告提交。很快，此事得到妥善处理。有人认为我是自找麻烦，确实我也为此前前后后累了几场，但我尽了公民责任，累并快乐着。

正义力量

一天上午，有个山民用口袋提了条大花蛇到小区叫卖，还绘声绘色描述捉蛇情形：蛇在粮仓下刚吞下一只大老鼠，行动变迟缓，才被山民轻松捉住。居民少有理他，有的还向他瞪白眼。我戏言："为你家做了好事的蛇，你都忍心把它卖了？"山民自觉没趣，红着脸提着花蛇走向别处了。

真巧，一会儿我又碰到这位山民，还蹲在路边，愣愣地守着蛇口袋。我再一次对他说："老兄，国家都不允许卖蛇，你卖条蛇就发财了吗？还是做件好事，把它放了吧……"山民再也不好意思："放就放。"山民开始环顾四周，我指了一下小区外不远的山林："就放那山林吧。"我目送山民向山林走去。

制止污染

一个下午，同朋友一道转山路散步。山路不宽，不过还可通小车，突然看到前方不远处有黑黑的浓烟升起。我和朋友急步往前赶，发现在山路拐弯的一个开阔处，一个人在焚烧报废的塑料管，旁边停着一辆面包车。那人从面包车里抱出一圈圈塑料管，不断地往火堆里添。黑烟飘散，四周气味刺鼻。

我发话了："哎，伙计，你这不是污染环境吗？"那人也不答话，继续操作。我拿出手机开始照相，那人开始心虚，压低声音回话："哥，不要向镇上反映哟。"我正色道："不是反不反映的问题，是你应不应该的问题。镇上有垃圾回收场，你不把东西拉到那里，而在这里烧，污染环境！"那人立即回答：

"是，我错了。只希望……"我打断声音："你马上把火熄灭，报废的管子拉到回收场，就不追究了。"朋友在一旁为我帮腔，说我是专业人士，要小心哟，那人最终认屎："好，好! 我这就拉起走。"

一封信做的好事

在重庆参加工作以后，回老家四川眉山的次数少了。每一次回老家，都有惊喜，家乡发展太快了，但是一些现象也让人担忧：家乡的山林虽愈长愈高，却愈来愈稀，也不见儿时遮天蔽日的光景。盗伐林木甚至毁林开荒的事件也时有发生，其情其景让人潸然泪下。

20多年前，我出于对老家生态环境的爱护，也为了表达我对故乡的一份情感，写了一封给县政府的长信。信中说：山区林木的保护乏力，滥伐盗伐现象严重，一些乡镇领导和群众又忽视森林的维护和更新，宜林地挪作他用，林区生态已非常单薄脆弱。信中还分析了造成这种现状的种种原因和在治理上的几点想法建议。信寄了出去，也没想什么结果，算了却我一桩心事，尽到一份游子之心。

没料到，十多天后，我竟收到县政府的回信。原来，县长胡年勇看到信后，对此事特别关注，亲自批示："这封来信很值得一读。多年来，林地被占用，森林破坏，水土流失，土质变坏，生态恶化，灾害不断，本地人熟视无睹，外地人一针见血。我们这代人都有责任加强造林绿化工作，保护生态环境，为后代留下一片生存空间。希望各乡镇和县政府有关部门结合实际情况，认真研究，找准工作中的问题，强化危机意识，进一步明确责任，采取措施，抓好造林护林工作，为保护生态环境而不懈努力。"之后，又将我那封信全文打印100份，连同批示文件一道下发县政府各机关和全县各乡镇。我收到的是其中一份回执。

我自豪，因为一封信做了件大好事；我欣慰，因为故乡有重视植树造林的领导。每次回老家，看到那绿水青山，就有一种亲切感。

第四章　旅游杂谈

旅游陷阱知多少

旅游本是件开心的事，但遇到旅游陷阱，就郁闷了。当见到朋友义愤填膺地描述旅途被"坑"经历时，我心里也难受。下面，我来总结一下，以警游人。

交通陷阱

外出旅游，乘坐车辆可能有以下几种：旅行社的车、景区观光车、市内公交车、出租车、自驾车辆，容易出现交通陷阱的是出租车和自驾车辆。另外，自己要乘坐黑车，挨宰活该，这里不考虑。出租车无非出现不打表、乱收费、绕行多跑等情况，自驾车辆出现的状况就要小心了。

"李鬼"拦路收费、碰瓷、停车陷阱最有可能发生。举个例，一次自驾游草原，见到公路边有条带车辙印的小道通向一个小山包。原想开车上去饱览草原美景，不想车一上去刚停稳就被当地"牧民"围上，以破坏天然草场之名，交钱才能走人。

住宿陷阱

旅行社以星级酒店停电、会议包场等借口，降低入住标准，让旅客利益受损。自驾游车主则可能被路边举住宿牌的人带到偏远、环境差的农家旅馆，到时要退出已经不容易了。网上报道过，有房客财物莫名丢失的诡异房间，这里面会不会是房间经过特殊的结构处理呢？

景点陷阱

"山寨"景点恐怕不少吧，什么"山寨"天安门、"山寨"兵马俑、"山寨"沙坡头……窝火啊，上当受骗啦。有些知名景区外面，推出的"夜游××""××观海"等项目，好多是严重缩水的。景区烧高香许宏愿是要捐大价钱的，看相算命预测人生也是要花钱消灾的，与"孙悟空""喜羊羊"或者所谓美女合影更是要花钱的，景区免费带路是不免费的。

景区的娱乐项目，更要小心了。"抢亲"游戏是有代价的，骑马项目是上马容易下马难，入乡随俗可能是温柔陷阱，"艳遇"、美酒咖啡、巨额账单可能是一条龙流程的，"特殊服务"更可能是温柔一刀哟。

购物陷阱

旅游购物是谁都免不了的，但这潭水深啊。

跟团游的强制购物让很多游客苦不堪言，关键是洗脑式购物的物品，多数价不抵值。跟团游期间，被导游带入的什么民族药行、茶叶行、丝绸行、珠宝行、玉器行、海产品行、土特产行、钟表行……还不如当地人进出的农贸市场或者所在城市的超市和专卖店。最经典的场面是：在购货时，讲解员问你来自哪里后，不经意间，会惊讶地说，我们老板和你们是同乡。随后，老板出场，关切地询问家乡的某地某事某人，然后拉起家常，显得格外亲切。最后，老板豪气大发，以成本价即标价几十分之一的价格，限量向老乡出售"珍贵"展品。

至于送"礼品"、抽"大奖"等游戏，在旅途中仍有出现，千万小心，天上不会掉馅饼哟。有的景区或沿途摊点，有兜售什么"纪念"品的，只要你一碰，对不起，你不买不行了，因为已经"坏"了。

餐饮陷阱

外出旅行，不可能全程吃干粮，体味各地的饮食文化也是旅游内容之一，但是也要小心提防哟。为了防宰客，"天价海鲜"问准了吃，特色菜品看清了吃，古怪菜品小心着吃，野味山珍最好别吃，人多的餐馆从众着吃，人少的餐馆谨慎着吃。

旅途中，太多的陷阱会不会让我们望而却步呢？不，做好防范措施，旅游还是会带给我们愉悦和享受的。我这里归纳了几句话：

不要贪恋低价团，买份保险心坦然，早做功课心有数，遵守交规保平安；恰当购物忌便宜，尊重风俗善规避，诱惑面前不心动，吃亏上当留证据。

何日君再来
——为景区呼唤二次观光客

随着生活条件的不断改善，利用周末或节假日外出休闲观光人群愈来愈多。但是，我问过不少旅游归来的朋友："你以后还去游不？""再也不去了。"

为什么许多游客不愿故地重游呢？我也走了不少景区，发现一些端倪：

景点配置不恰当，千篇一律没特色

现在很多地方，盯上旅游这个大蛋糕，大搞旅游开发，可以理解。但是，景点多但配置不当，没有深刻挖掘当地文化内涵，明显缺乏底蕴。比如，我曾见过很多所谓"花海"，除了花草，没有其他了。花开时节，人满为患，但花谢之后就萧条冷落，无人光顾。

服务设施有瑕疵，服务意识待提高

开发不久的旅游项目，设施不完善；过度开发的旅游项目，商业味又太重。有的地方政府搞旅游开发，缺乏专业设计，景点设施配置不和谐。我到过一个景区，远远看到前方有个两米高的"路牌"，走近了看，居然是一个提示牌，牌上写着："请不要在路边随地小便，前方100米有厕所！"还有个景区，"景区勿乱扔垃圾"写成了"景区务乱扔垃圾"。

从业人员素质也有待提高。有次我们在一个洞穴中，看到一个奇特造型石钟乳，讲解员得意地给我们讲神奇的传说故事。末了，我问她，这石钟乳是怎么形成的呢？（这不算为难她吧）可惜，她答不上来，让我们有些扫兴。

价格昂贵观光车，特别收费好景点

好多风景区，游客接待中心设在几公里外（真是为了保护景区生态吗？），所有游客车辆必须停在停车场，然后乘观光车进入景区。这几公里的中途收费就贵了哟，西部某省区甚至出现通勤车费高于景区门票的情况。

本来是购票进入景区，结果出现景中景、票中票。风光特别好的地方，被人占据了，要在最佳位置观赏或拍照，还要交费。

此外，景区的卫生状况、治安问题、宰客现象也时刻影响着游客的心情，也决定他们是否会成为回头客。

登玉龙雪山杂感

8月，与朋友们相约，到云南一游。在丽江为登玉龙雪山，一行人明显分成三派，立场各异，互不相让。如今回味起来，倒挺有意思。

登山前，车停甘海子，大家脚踏在海拔3100米的高原坝子上。"激进"派："千里迢迢来云南，不上雪山非好汉。"他们定要乘大索道，到海拔最高的地方，去领略玉龙雪山那绝妙的风姿和奇异的景观，去看一看这座至今尚未被人类征服的处女峰。"顽固"派："哎呀，现在这个高度已经比峨眉山高了，我的腿似乎缺氧在'打闪闪'了。"他们望而却步，只想在附近浏览一下高原风光就满足了。中间派："既来之，则安之。"他们不登雪山，心有不甘，但大索道要带人到海拔4500米以上的地方，似乎太高了，为了却心愿，于是决定走小索道到海拔3500米的云杉坪。我自然是"激进"派中的一员。

登山后下山，各路人马齐聚丽江古城。原以为"激进"派该趾高气扬，另两派该后悔莫及，然而各派如是说。

玉龙雪山的冰川

"激进"派说，虽然不能到达5596米的最高峰，但看到了披云戴雪的玉龙十三峰似一排玉柱立地擎天，又如一条矫健的玉龙，从碧空蜿蜒而来，腾跃于锦绣大地之上。此外，气势磅礴的现代冰川是那样雄奇壮美，变幻莫测的云彩呼之则来，挥之即去，高山风化石夹缝中的草甸植物则昭示着生命力的顽强。"顽固"派说，甘海子，空间开阔，环境宁静，水草丰盛，视野之内野花遍地。高原坝上的牧民，悠然于雪山脚下，放牧着成群的牛羊，这是多么美的画卷。

中间派说，玉龙雪山是"植物王国"，云杉坪没去，怎么能领略到高原森林的千种风姿，怎么能欣赏到珍稀动植物的万般情趣。这里，雪山背衬，云杉环绕，百鸟轻鸣，草甸舒缓。"白水""黑水"两条激流，穿林而过，轰然有声。这里还有纳西族神话传说中"玉龙第三国"的男女青年殉情处，让人感涕爱情的忠贞。我平素总想以自己的感受去影响别人，今就登玉龙雪山一事，看各派都无悔意，忽让我宽容起来。虽然"风光在险峰"，但任何人都可以言"这边风景独好"，知足常乐，只要人生是其乐融融的，又何必去求全责备呢。

游孔明洞有感

一天，几位朋友来访，我带他们游吹角孔明洞。

孔明洞，坐落在綦江南部山区打通吹角场的双狮山崖下。孔明洞，定与三国诸葛孔明有关。蜀后主建兴三年（公元225年），诸葛亮奉命南征。七擒七纵，让孟获归心后，回军途中，得报黔北的牂牁郡太守叛乱，于是急派麾下猛将马忠前来平叛。后叛乱平息，诸葛亮派马忠留任牂牁太守。马忠遵诸葛亮的"抚和"政策，广施恩惠于当地百姓，维持地方秩序，同时派兵驻扎吹角，操练士兵，以防不测。今吹角场，至今还流传不少当年蜀国丞相诸葛亮平南抚疆的故事。

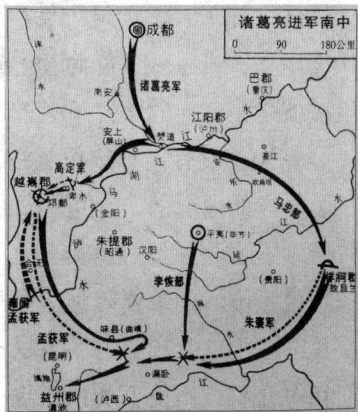

诸葛亮南征示意图

还没进吹角场老街，两尊纪念碑就跃然眼前，碑上书"诸葛用兵妙如神，马忠率士威若虎"，足可以把你带入那战事连连、英雄辈出的三国时代。碑体由于岁月的侵蚀，有些破败了，让人不由得发出"岁月无情，浪花淘尽英雄"的感慨。

来到吹角老街，最让人心动的是那有数百年历史的老式木板房，已经严重倾斜，却倾而不倒，我们企图推动木板，但居然仍很牢固，所以仍有人居住。穿过吹角场老街，来到双狮山崖前，三国情结似乎更浓。洞前，古城墙依稀可见，山崖上，飞云栈道盘曲而上。城墙一角，尚有一方八阵图迷宫遗址，迷宫里的隔挡建筑早已无存，但间隙中长出的野草刚好又围成一个迷宫，初来乍到的大人或小朋友，也都喜欢亲自一走。放眼望去，山前坡度舒缓的山间坝子，比较开阔，是练军之地，今虽为层层梯田，但仍可联想到当年山前万千将士操演的情形。

说到这里，你一定以为孔明洞之游定是全情投入的"三国"游了。不然，情况发生了变化。

进得洞来，马上是另一番景象。左侧洞中有各位神仙列祖的塑像，玉皇大帝端坐正中，南海观音、送子观音、弥勒佛、二郎神、太上老君、药王、华佗、鲁班等神或人分列左右，塑像前各有香案，以备祈祷。洞的右侧，则是三国诸葛亮及其南征史实、马忠其人的相关文献展示，两种气氛太不协调。

再往前走，又进入一个洞中大厅。是当年马忠点将或将官议事之处。但是，大厅靠里侧的五位中华人民共和国革命领袖塑像，却因其最后落成，色泽光鲜，格外耀眼。塑像质量不高，这不是有损领袖形象吗。

前一阵子，不少地方大搞旅游开发。项目上马快，急功近利，什么湖洞、什么山谷，投点钱，随意搞点项目就干起来了，科学的论证严重缺乏。孔明洞旅游就是在这样的条件下兴起的。

首先，没有正确定位旅游项目。应该说吹角场，作为一个古镇，在有众多三国遗风的情况下，定位三国游是可以的。纪念碑、古战场、古栈道、古瞭望台、古城墙、古演兵场、八卦图、迷宫及相关文献文物完全可以配置成綦江乃至重庆地区三国游的重要阵地。可是，孔明洞中宗教神学文化、革命先辈的"红色"文化与三国文化夹杂在一起，到底算什么。那宗教文化、"红色"文化没有任何相关介绍，不伦不类地拼在一起，真叫人别扭。

其次，游客市场距离定位模糊。具体来说，就是这个旅游景点的开发到底面向哪类游客。如果主要面向全市或全国的远方游客，则一定要将三国游的恢宏大气与綦江的丁山湖泊游、江津的四面山生态游、贵州的三叉河峡谷等景点配合起来，构成景点集群，提升旅游价值。否则，孤立的景点，生存价值不大。在具体项目上，可以建个小型操演场，刀枪棍棒可以供大人儿童耍弄，还可以开发三国服饰、三国饮食。如果主要面向綦江境内甚至打通镇的近距离游客，则应在餐饮服务、休闲娱乐上多下功夫，要尽量大众化，平民化。

再次，旅游管理让人啼笑皆非。具有重要价值的孔明洞，由于以上的原因，游人稀少。正是春天旅游的好季节，居然洞门紧闭，关门歇业。我们是经过多方打听，才知道钥匙所在，向保管者索取钥匙，自己开门进行免费游玩，临走时，自己关门，把钥匙交还钥匙保管者。

孔明洞旅游结束了，我心里像打翻五味瓶。关于地方旅游资源的开发，我有太多太多的想法。当我们与吹角老街居民聊天时，这些纯朴的居民也和我们有着同感，这种状况能不能尽快改观呢？

第五章　徒步驴行

驴行四面山

"飞往"飞鸽

2009 年 7 月 10 日,打通中学驴行队伍又一次出发了。这次设计路线是:打通—大罗—大坡—飞鸽林场—洪海—四面山—四川自怀—三岔河—温水—打通,我们一行九人,小车先送我们到大罗,各自背上背包,开始了漫长的徒步旅行。

大罗到大坡,是一段渝黔交界地带的西行土路,乱石横陈,路面凹凸,私家车在这种路上开,车主一定会心疼得要命。夏日路旁的山林满是浓浓的绿色,有鸟雀的欢唱,有昆虫的低鸣,山间缓坡则有层层梯田,水稻正疯长,小溪里水清清,水草在摇曳,宁静山村的美让我们禁不住停下脚步,只有用相机将美景记录下来,才不觉得遗憾。

行走在路上,虽然烈日炎炎,汗流满面,但不时有惊喜出现。一会儿,路旁看到天然的泉眼,清冽的泉水解渴又解馋;一会儿,路上见到散落的杨梅,抬头一看,才知道已走到一棵大杨梅树下,用随身的拐杖轻轻一打,成熟的杨梅果就掉下来,捡起来送入嘴里,"望梅止渴"的故事就不会发生了。

经过一个不能算作场镇的太平场不久,我们下到了一个山谷的谷底——贵州习水的大坡乡,走在平整宽阔的二级公路上,对贵州完善的公路交通网,真有点因羡慕而生嫉妒了。

迟到的午餐后,看到时间尚早,决定继续西行。这次是上坡路,沿通往飞鸽林场的公路走了一程后,开始分小路爬一段陡坡。考验意志的时候到了,有几个队员仰头望到山顶路的尽头时,信心仿佛马上就要湮灭,但是别无选择,唯有硬着头皮上。长年驾车、缺乏锻炼的兵哥最惨了,虚汗直冒,战战兢兢沿草丛中的石阶小路,一步一步向上摸,每行十多步,便倒下来喘气,而且自始至终不敢往山顶看，只怕看了会让自己绝望。这个时候，年轻人体现出优势，小曾上到山顶后，折返下来从兵哥身上将沉重的背包接过去，兵哥都把小曾当作救命恩人了。

上到山顶，就到了飞鸽林场入口处，同时我们又回到了原来的公路上。进飞鸽林场要缴20元进场费，不过我们认为，我们千辛万苦从此经过，缴进场费的依据何在呢？正在盘算之际，路边一位小朋友提醒我们，你们可以从山门旁边绕过去，这样就不缴费了。趁一个大车进山门的当口，我们一行人迅速从山门左侧闪进了密林中，在三个小朋友的带领和帮助下，我们绕道又悄悄回到了离收费站数百米的林场公路上。为了表示感谢，我们给了那位小朋友10元钱。与其把钱给收费站的"几爷子"，不如给山区的小朋友。

飞鸽林场，是个人工营造的杉树林场，位于贵州习水县，距离习水65公里，和四面山山水相连，据说是因产飞鸽石而得名，只是我们不曾得见。多年的生长，杉林早已高大挺拔，郁郁葱葱，林下光线昏暗，遮天蔽日，厚厚的枯枝落叶，积淀了一层又一层，动物们把这里当乐园，栖息繁衍，生物循环在这里悄悄地上演。

林间空气清新，负氧离子丰富，微风拂面，凉爽怡人。先前备感沉重的背包，此时也不觉得重了。天色近黄昏时，我们来到著名的水上公路地段。

水上公路世间少见。这里的红色砂岩河谷，岩体从谷底出露，坚实而不滑，溪水在岩面上缓缓流淌，汽车可在河谷中行驶，行人也可在河谷里徜徉。所以，游人每每到这里，都要在水上公路上留下倩影。

该寻找宿营地了。有人提议把水上公路一处平坝作为宿营地，这个方案马上被否决，一处在建楼房的空屋也因灰尘碎石多、用水用火不方便而不宜作为宿营地，我选定的一处农家院坝最终成了大家一致好评的最佳宿营地。

农家女主人热情地招呼着我们，指派她的孙女把院坝打扫得干干净净。夜已降临，先搭帐篷，一大家子小朋友围过来看稀奇。我、"屎盆""波皮""魔王"是老队员了，不到五分钟就搭好帐篷，兵哥的装备多带了一套，还不配套，撑起来的帐篷怪怪的，但也只有将就了。

女主人用开水为我们冲方便面，晚餐解决了。由于一天"飞"走了两天的路，大家太累了，一夜无话。

滞留飞鸽

还没天明，猛然被一阵雨声惊醒。片刻，雨大起来。帐篷防水系数差的伙计惨了，被迫挪动位置，免成"湿"人，不过我自安然不动，同时庆幸没有在水上公路上搭建帐篷。

天亮了，雨还没有停下来的意思，看来是老天有意要我们多呼吸点林区的新鲜空气。水上公路开始涨水了，不过由于森林茂密，水并不太浑，农家小院旁的一面岩壁不知什么时候挂上了一条白练式的小瀑布，引得军军用相机咔嚓个没完。

无事可做，"波皮""阿汪"、小曾冒雨到水上公路上捞鱼，鱼没捞着，螃蟹倒捉了不少。有趣的是，农家几个小朋友老是在我们身边转悠，似乎要从我们这些见过"世面"的人身上沾点灵气，我只说了句："快去，把你们的《暑假生活》拿来我检查。"小朋友立刻躲得没影，直到我们离开时，才出来同我们说"拜拜"。

中午时分，雨住天晴。吃罢主人家为我们准备的午饭，帐篷已晾干了，收拾行囊，整装出发。水上公路水位偏高，只有小心翼翼从边上过，才不至于滑倒。自助游的方式很多，驴友徒步游、自行车队游、摩托车队游、汽车自驾游等，我们就遇到一队自驾游汽车队，汽车统一编号，从第1辆到第10辆，这种车队还是有点威风哟。

行程中，最让我们惊喜的是见到"活化石"——一棵千年古银杏树。树干粗大，已往河沟一侧倾斜，两个人也无法合抱，枝叶繁茂，叶间挂出颗颗白果。这是我第一次看到银杏果，所以特别兴奋，站在银杏树旁，以各种姿势照相，表达对银杏的喜爱之情。

从一个木材加工场经过的时候，顺手捡了个木条，试了试，作拐杖挺好使的，于是我便有了这次旅行的第一根拐杖。

一个多小时后，我们来到渝黔交界的洪海之滨。界碑是一定要留下印象的，好多人都在此等候留影，军军趁乱偷拍了一些美女图片，爱美之心人皆有，可以理解，只要不对外传播也不算侵权吧。这些年，这里早已发展成颇具地方特色的商业文化村，琳琅满目的特色商品让人目不暇接，其中来自深山的中药材、野蘑菇、茶饮料和野味为其最大的卖点。当然这里还有跑马、碰车等游乐项目。有山有水有树有花，灵气聚集，这里是消夏的最佳去处。我们就碰到不少在这里长住避暑的都市人。

千年银杏树结果了

经过商议，这个晚上不住帐篷，在一家叫"跨省山庄"的旅馆住下了。旅馆设施不够齐全，没有电扇或空调。我们放下行囊，准备休息。

天色尚早，主人家允许我们免费划上他家的游船到洪海畅游。我们当然乐不可支，迅速登船。可是乐极生悲，"波皮"在从一条船跨到另一条船的时候，不幸头皮被船篷划了条长长的口子，血从头顶渗出，手按住伤口也止不住，只好由军军陪他下船治伤。兵哥父子去钓鱼了，剩下几个人划上游船出港了。

洪海，实则是个人工湖，经过近40年的休养生息，早形成良好生态系统。"佳景一向绝风尘，四面风光入画屏"——这是诗人对洪海风景的深情描绘。摇桨把舵，徐徐前行。两岸树木葱茏，或直或斜，直的似比天高，斜的旁逸水中，因无人工痕迹，深得自然之趣味。湖上碧波粼粼，时有飞鸟从船头上方掠过，蓝天白云倒映水中，空气显得特别清新透明，我们充分感受着人与自然和谐相处的惬意。不觉中，天色暗下来了，我们已划出码头很远，该返程了。几个人轮流上阵，体验划船技术，终于把船划回了出发地。

回到住地，"波皮"的伤口血早已止住，说来不相信，流那么多血，治伤只花了一元五角钱。大家心安下来。

改变行程

第三天，又是一个艳阳天，天空少有云彩。大家涂上防晒霜，从跨省山庄出发。我们沿洪海东侧便道绕行跨越洪海，当然，也可以乘船的，只不过我们本来就是走路的，船就免了吧。

洪海周边都是四面山景区，山高林密，鸟雀欢噪，知了高鸣。尤其是那知了，鸣叫不止，抑扬顿挫，此起彼伏，让人震撼。小路被林木掩映着伸向前方，行人稀少时，显得有点阴森，所以一个人单独行路，还有点怕。我们在路上就遇到一个孤身女子，跟随我们的队伍行了好长一段。

差不多一个小时的路程，我们到达了洪海的北岸。正准备西行，意外发生了。四面山景区的保安拦住了我们，要我们出示门票。这下难住了我们，进入四面山景区时，并没有人让我们买门票，等我们走到景区腹地时，却索要门票，显然是管理失误。面对尴尬局面，景区人员提出三种方案：要么补足门票继续我们的原计划，要么原路返回，要么用景区观光车把我们送往四面山景区正门口，不过每人要收40元费用。我们说，我们驴友出来本来就是走路的，坐观光车就免了，我们自己走出景区可以吧，得到的答复是不行，因为在走的过程中，我们又可以欣赏到四面山的风景，给他们造成了损失。但我们也有道理，理论上，中国的土地，中国公民都可以行走，有关通行权的问题法律上还有待规范。另外，景区管理的失误不应该只由我们一方来承担。双方就这样僵持着。

小曾人年青，不服气，甚至提出，干脆我们硬闯，按原计划，强行通过景区。我则拿出地图，几个人进行了研究，最后做出改变路线的第四个方案：沿公路出景区，我们向老四面山进发。景区人员包括两个保安拿我们没辙，又去执行其他拦路任务了。

通往老四面山的路修得很好，穿过一个隧道就出了景区，我们看到别样的风景。公路西侧的绿色森林大背景中，突显出两座红色的层层砂岩断面山，这是典型的丹霞地貌，在阳光的照耀下显得格外醒目，会联想的"波皮"认为这像是女人的双乳剖面结构。

正走着，远处出现一排排即将完工的商品楼房。走近了，才知道老四面山到了，这是一些建筑商专为那些消夏避暑的都市人修的商品房，正打听，就有人问我们是否要买商品房。老四面山人不多，风光早被四面山景区抢走。我们询问缘由，老四面山人给我们讲起了他们的尴尬。

"四面山，四面山，四面都是山！东面是达官岩，南面是八瓜尖，西面是笔架山，北面是恒达山"，四面山因此得名。但这是针对老四面山镇而言的，也就是说，老四面山才是真正的四面山，是四面山的核心，与现在的四面山风景区没有任何联系。我们不禁要问，那为什么现在四面山又要分出一个新老来呢？当地有这样一个比方，比较通俗易懂，"有一家人有两个女儿，小女儿长得俏，大女儿名字好听，人家喜欢小女儿，做父母的就把大女儿的名字给了小女儿"。四面山人很豁达也很聪明，为了站不改名坐不改姓，也为了不混淆概念，给自己世代生活的地方名字前加了一个字，这就成了"老四面山"，不过，老四面山镇则降格为四面山村了。

老四面山人给我们留下了热情好客的印象。9个人一顿午饭才80多元钱，这几天无论在什么地方吃，也不会低于200元的。稍作休息又出发，目标是向东的贵州寨坝。

出得镇来，所见的老四面山的风景一样迷人。一大片的竹子早已成林，今后完全可成竹海，潜在的旅游价值已经显现。在这里休息时，"波皮"将我的拐杖打断不能再用了，我在竹林中刚好看到一棵倒地竹子，这才做成我的第二根拐杖。听当地人讲，附近有个"仙女脱靴"的景点，形态逼真，纯天然造就，遗憾的是没人指引，又忙于赶路，不得见。老四面山景美人也奇，我们在路旁，遇到一位赤膊在烈日曝晒下睡觉的男子，鼾声均匀，波澜不惊；又遇到一位90

岁的老妪，精神饱满，身体硬朗，一个人背个大背篓去割猪草喂猪。

有一个担心是多余的，几天的行程中，我们最怕缺水，但是，每到一处，岩洞或岩缝中渗出的龙洞水、天然矿泉水总让我们享用不尽。用空矿泉水瓶盛满一瓶，直接喝就已经觉得甘润可口，如果再放点葡萄糖、盐分，则更利于旅行健康。

下午6时左右，我们下到一个叫高桥河的小水电站。小水电站坐落在渝黔两省交界的高桥河上，水电站机组一侧在重庆江津的银岩村，对面就是贵州习水的银仙河村。水电站实在太小了，我们游泳的时候在电站出口也没感到多大的水量，另外，河水太浅，就连旱鸭子"阿汪"也都不怕。电站旁有个小瀑布，这次我们没能到望乡台瀑布，姑且把它当作小望乡台瀑布，在瀑布下，我做了个童子拜观音的POSE，形象可爱之极。

我们带的干粮还很多，今晚的任务就是大量解决。兵哥是个热心人，收集了不少的螃蟹，借用电站的灶，弄了一席麻辣螃蟹猪肉罐头汤下方便面。我们感叹，这是最好的晚餐了。

夜幕下，远山朦胧，繁星满天，银河横贯天宇，我们数着星星进入梦乡。

地下河历险记

地上河看惯了，地下河是什么样的？相信大家一定和我一样有兴趣，这不，前不久，我就领了一帮人去探了个究竟。

地下河，有的叫阴河。在云贵高原喀斯特地区，石灰岩长期被流水溶蚀，形成很多这样的地下河。我选择了川黔铁路石门坎车站西侧崇山峻岭中一处地下河作为征服目标。

那一天，天色阴晦。我们一行10人在林中穿行时，常被阵阵袭来的云雾弄得队伍首尾失联，衣服也有些润湿了。向当地老乡多方打听，终于找到了地下河的入口。

一个向下的洞口不太显眼，四周有些茅草生长。说是地下河，其实这个时候是干的，如果山沟有小溪流，小溪流会在这里钻入洞中，形成地下河。据老乡猜测，这个地下河，向下贯通数百米后，会再次流出，则形成石门坎火车站旁的壮观瀑布。我心想，如果能把这个地下河走通，该多好啊。

洞口是垂直向下的，没法直接下去。这次我们虽然做了充分准备，带了矿灯、手电、蜡烛等，但还得向老乡借梯子、绳子。

探险正式开始。顺着梯子费劲地下到洞中，仿佛进入一个空旷的天井，说话声能在洞壁产生回音，真没想到里面别有洞天。洞壁看得出有石钟乳、石笋，只是被流水冲刷，形态不中看。一处洞壁爬满了什么粘巴虫，还分泌点黏液，看上去实在太恶心，稍不注意，手上还粘上几条，让人心里堵得慌。逗留几分钟后，才想起要找地下河的去处，终于在低洼处找到一处只能容一个大人俯身前进的小通道。小通道微微倾斜向前延伸，地下河有水的时候，水便从这里向前流淌。

根据地下岩溶地貌特点，不可能通道一直这么窄小。我吩咐大家依次进入通道。头上的矿灯照着前方，也照着两侧。我发现，通道长期水冲，已比较光滑，下方铺了一层沉积下来的沙子、细石，有时还可以见到死去的昆虫，估计是从洞口冲下来的。通道是湿润的，所幸没有一滴水，大家匍匐向前，相互照应，互通感受，有说有笑。不知过了多久，通道越来越开阔了，到后来可以直立行走。

忽然，前面出现一道坎，足有三四米高，这下绳子派上用场了。固定好绳子，大伙儿依次顺着绳子下到坎下，又进入下一个窄小的小通道。我们心情愉悦，而且估算着不久就可以从地下河的另一端出来，想象中，从地下河出来就望见陡崖下方的火车站，那是多么豪迈。

这个窄小通道好不容易过完，又出现一个大厅，空间比普通人家的客厅稍大，厅还分上下两层并且是错开的，之间又有一道高坎。这下我们没有绳子了，再用矿灯照到下面的通道，比我们刚刚经过的还要小，估计是爬不过去了。

大伙停下来，正讨论下一步如何办，我说了句让大伙揪心的话，"今天天气不好，恐怕要下雨，要涨水吧"，威胁的确存在，这下大家意识到问题的严重性，个个心情焦急，感到恐惧。地下河是走不穿了，趁还没涨水，赶紧原路返回吧。

返程中，幸好那个坎上的绳索没有收，从坎上垂到坎下。但这时，大伙慌张，几个人费好大劲，就是爬不上去，尤其是队伍中的女士，更显慌乱，急得哭了。时间就是生命，几个身体强壮的队友先上去后，让坎下的人用绳子把自己捆牢，由坎上的人把他们硬拉上去。

当回到洞口大厅时，梯子上已经有点水流了。不能有片刻耽搁，我指挥着大伙儿迅速经过梯子爬出洞口。外面真的下雨了，山沟里开始涨水。当最后一位伙计上来时，水已经比较大了，老乡的梯子差一点没抽上来。

站在洞外，脚还有些不听使唤。十分钟不到，就眼见着洞口全被水淹没了。

总算逃过一劫。

这是我最失败的一次探险，忽视安全，差点酿成大祸患。

尧龙—花坝好风光

尧龙雄姿

早闻黔北有座名山——尧龙山。相传，上古时，尧受命疏导黑水，曾在这里住过。天帝论功行赏，遂将此山命名为尧龙山以示嘉奖。又据说明朝成化年间，有峨眉浮图由川入黔，见尧龙山山势嵯峨，且暮紫气浮空，遂登临其境，并主持兴建了庙宇。从此这里香火旺盛，有"小峨眉"之称。既然尧龙山有这么大的名头，今夏的一天，我和几位朋友，组成了一个徒步登山队，背上背包，向尧龙山进发。

徒步游从渝黔交界的两河口开始，经过一个多小时的急行，我们来到天坪乡水辽村。远望重峦叠嶂中的尧龙山，忽隐忽现，感觉离我们还很遥远。在山谷中穿行，景色随位置不断变换。但见群峰迭起，千姿百态，峰青如黛，苍翠欲滴。尧龙山也属喀斯特地貌区，石笋溶沟、怪石嶙峋，形态各异，有的如猴子观海，有的如老人垂钓，有的如那放大了几倍的"阿诗玛"，形态各异但同样引人入胜。

由于平时缺乏锻炼，又负重登山，累渴交加，我们中的一些人开始有懈怠之意了，倒在路旁不想起来。但当一阵凉风袭来，大家精神又为之一振，在共同信念的支撑下，继续前行。当翻过清泉汩汩的凉水井，穿越莓苔遍地的大草坪，就到了所谓的"南天门"。顺着大山主脉望去，近处的峰峦，云遮雾绕，起伏逶迤，山风乍起，松涛阵阵。抬头仰望，瑞峰绝顶突兀眼前，威武之状令人生畏。

瑞峰绝壁之下，就是瑞峰古寺，缕缕阳光照射，便会熠熠生辉。古寺前方，是新修的白色观景楼，又让这里多了几分现代气息。

来到瑞峰寺，大石洞内佛像众多，栩栩如生，或仪态威严，或慈祥大方，但是，洞外岩壁上那字迹斑驳的"瑞峰寺"

尧龙山日出

及其下方的"普陀岩"几个字，提醒我们这里曾饱经战火，历尽沧桑。如今，当地政府和民间，都特别珍爱尧龙山这个名山古刹，正合力将它打造成黔北旅游胜地。

尧龙山最高峰瑞峰顶在瑞峰寺绝壁上方几十米，海拔1795米。因为攀岩过于危险，寺庙住持不让游人登顶，但我们是一群探险者，当然不肯善罢甘休。我们悄悄地沿绝壁一处裂缝攀岩而上，两旁的藤蔓植物不断地想"挽留"我们，以至于每个人手臂和脚腿都有不同程度的划伤。攀上绝壁才发现，瑞峰顶其实就在东西走向的尧龙山脊最高处，山脊至山顶满是细竹灌丛，几乎无路可行，前进特别困难。好不容易到达瑞峰顶，我们欢呼雀跃，庆贺登顶成功。环顾四野，一览众山小。夕阳西照，映红脸颊。山下的公路、村落依稀可见，但小得可怜。用相机将这片刻变成永远之后，我们依依不舍地往回转。

回到寺院，正是日落时分。丝丝云彩，缠绕在西方天空，呈现落日彩霞，蔚为壮观。这时，进行剪影式照相，别有韵味。手"捧"落日或者"揽"日入怀，有个抽烟的家伙，居然以日"点"烟。

尧龙山山高路险，交通不便，但消费一点不贵。7个人晚餐不到50元，吃得每个人都满意。

趁着夕阳还有余晖，我们开始搭建帐篷。先在野外一处山梁上搭起了四顶帐篷，但是，风越来越大，大有将帐篷掀翻之势，远处开始响起的轰轰雷声更让我们心里不踏实。我们担心晚间出意外，帐篷被移到寺庙院内。夜幕降临，兴奋一天，也累了一天，同伴早早入睡，但也有精力旺盛者，与寺庙人员聊关于尧龙山的故事。

凌晨四五点钟，被一阵说话声吵醒。原来是那些夜路登山者到了，有的还是老老少少，一大家子人一起来的。我惊叹他们夜路登山的壮举，也为他们的精神所感动。已然没了睡意，爬出帐篷，信步走出寺院。山风阵阵袭来，凉得打战。东方已呈鱼肚白，远处群峰隐约可见，山下村落影影绰绰，难得在这高处享受这朦胧美景。一会儿，雾气升腾，从东向西扑面而来，犹如万马奔腾，气势磅礴。云雾越集越浓，最后漫至山巅，眼前成灰白世界，连日出何时，都不知晓。山风呼啸，霎时间又云开雾散，目尽千里，峰峦沟壑，已在霞光万道之中。

尽管眼前景色壮美，让游人流连，然而行程不待，我们只能收拾行囊，惜别尧龙山，开往我们的下一站。尧龙山离我们越来越远，我们时不时地回望、回望。

行军路上

从尧龙山西行几个小时，就是花坝。听人讲，花坝有宽阔的高山草原，风景一定很美，我们一行人下一站的目的地就是这梦中的花坝。

从大草坪向左分路就是到花坝的羊肠小道，两旁的灌丛越来越茂盛，路也就越来越窄，到后来只有不断用木棍开路才能前行，而清晨草丛中、树叶上滴落的露水早已湿透了下半身衣物。我们大致沿着山脊行进，有的路段经过以后才感到后怕。就有这么一段路，大家都在低头看路，突然一个同伴惊叫起来，"哇，好险，这路两边都是悬崖。"这时，我才左顾右盼，果然路两侧都是几十上百米的陡崖，而路只有不到一米宽，只是因为灌丛树木过于茂密，才让我们没有注意到这样的险象。尽管我们也算勇敢，但假设路旁没有树木，我们也决然不敢走这段路的。

平时，路上少有人经过，除了一些香客，我们再找不到可以问路的人了。说起问路，这也是个麻烦事。好不容易遇到一个人，问到花坝还有多长时间，答曰：两个小时。当又赶了近一个小时后，碰到另一个人再问到花坝所花时间，答曰：三个小时。起初，我们对这些匆匆而过而时间概念模糊的人不理解，但是，两小时前碰到的一位前往尧龙山还愿的老婆婆，当她还愿之后沿路返回又追上我们，我们才彻底服气，虽然我们感觉走得不慢，但同老婆婆比我们差得太多。

快到中午了，好不容易就像见到亲人一样见到一户人家，尽管房屋已经很朽很朽，树皮盖的房子上都长出不少青苔、小草甚至小树。我们急切地走近人家，想讨碗水喝，遗憾得很，除了狗叫声回应我们，始终不见有人出来。

不知又走了多久，忽然望见炊烟升起，终于到了有人烟的地方。山里人淳朴善良，热情好客。我们说明来意，女主人为我们准备了一顿午饭。7月的山里，好多瓜果还没成熟，半块老腊肉加上大碗的土豆丝已经让我们很知足。女主人告诉我们，山里值钱的东西多，就是交通不便，好东西也只有烂掉，所以年轻人一般都外出打工了。我们带着惆怅别过女主人，继续征程。

后来的一段路有些蹊跷，路变宽了，而且有经常走过的痕迹，路上满是小颗粒状的粪便。当我们走到一个草坡时，才见端倪，上百只山羊声势浩大，正低头吃草，这场面似乎只有草原上才见得到，因此

树皮房够低碳的了

我们都兴奋不已。我们粗略算了一下，这么多羊，一年纯收入至少五万元，看来，山里人也有生财之道。

山里天气变幻实在太快，刚才还是艳阳高照，一会儿便云雨扑来，但是我们不敢耽搁，还得加快步伐。所幸我们的背包还有保护装置，不然我们都得成落汤鸡了。我们在山坳里转得有点发晕，人困马乏，只能拖着沉重脚步一步一步向前挪。当我们筋疲力尽地翻过一道山口后，令人惊喜的场面出现了，远望前方，宽阔绵延的高山草甸草原——花坝就豁然出现在我们面前。

花坝秀色

花坝，位于贵州桐梓夜郎镇，与重庆綦江石壕镇相邻，是云贵高原喀斯特地貌区一处典型的山间坝子。因每年春天，野花遍地，故名花坝。花坝四面环山，山上是绵延的森林和方竹林，中间是波状起伏的浅丘，铺满了厚厚的山地草甸，据说比重庆仙女山的草甸还大。

我们到达的时候，已近黄昏，夕阳辉映，天色清朗。远山、远树以及远处的岩洞都颇具造型，游人有充分展开想象的空间。坝中的两个浑圆状小丘更是让人浮想联翩，在特定位置看，形似两个乳峰。我们来到"乳沟"处，兵分两路，分别登上两侧的"乳峰"，七个大男人那份亢奋劲就甭提了。

花坝地域宽，却荒无人烟，其间只有一条马帮通行的羊肠小道。四周齐腰深的绿草似乎在静候我们的到来，如果作为旅游资源来开发，这儿玩草的项目一定不少。随着夜幕慢慢降临，草丛中昆虫的叫声高扬起来，不时还听到两三声岩蛙的鸣叫，鸟的叫声则停息了，但冷不丁从草丛中飞起的野鸡却把人吓出一身冷汗。

这时，我们碰到一位路过的老乡，一问才知他是这一带有名的采药人。采药人向我们详细介绍了花坝，还提到这里的药材资源。我们对采药人提到的名贵药材天麻非常感兴趣，从天麻的生长环境、采挖季节、药用功效，到野生天麻与人工栽培天麻的鉴别方法，一一做了了解。临别还特别叮嘱他明天一早带一点让我们见识。

天色暗下来了，月亮已挂在东

这种割草搭帐篷的方式，现在已经不允许了

方天际，只能在花坝选个位置安营扎寨了。茵茵的绿草坡上，四顶黄色帐篷在月光下同样扎眼。同伴们找来一些干枝枯草在帐篷旁燃起了篝火，晚餐就是煨烤昨天从老乡家带出来的土豆。遗憾的是，烤出的土豆，不是一面生一面熟，就是全面焦煳，难以下咽，不过大家也没过分责备烤薯人，因为我们当中没有一个烤薯高手，谁烤都一样。没办法，只好拿出万不得已才动用的储备干粮。轻烟飘散到远处，与慢慢升起的雾霭连成一体，在朦胧的月光下，构成晚间花坝的空蒙世界。不一会儿，帐篷润湿了，尤其是外帐敞开，手碰到帐篷，露水珠就从帐篷边沿滑落下来。马上采取补救措施，不让帐篷里的被褥继续受潮。

花坝中没有大河，但饮水并不用愁。从北向南有一条小溪流过，在南边最低处，小溪变成了暗河，流出了花坝。在小路穿过小溪的地方，还可见到一汪泉水涌出。接上一瓶，品上一口，特别爽口。于是在手电的光下，大家所有的装水容器都盛满了这天然的矿泉水。

睡觉时间到了，大伙灭了篝火堆，准备入帐休息。同伴说了一句话，"这里晚上有没有野兽或者歹人出没呢？"大家的心悬起来了。我们来花坝前，在网上查过，也向附近老乡打听过，这里人迹罕至，植被茂密，有野猪、金钱豹等较凶猛的动物出没，只是很久没有伤人的记录，当地人谈论少了，也不在乎了。另外，土匪在几十年前就肃清了，坏人是没有了。但是，对于我们这几个"入侵"者来说，难保啥事没有。安全第一，大家开始准备。有的把从老乡处借来的砍柴刀放在帐中，有的把水果刀放在枕下，我则把安扎帐篷用的小铁锤放在枕边，实在没防卫武器的，捡了块石头也放进帐中，聊以安心。

一个平安夜。一觉醒来，天已大亮。清晨的花坝，空气中有充足的负氧离子，显得格外清新，薄雾溟蒙，草叶上满是晶莹的露珠，在旭日的照耀下，闪闪发亮。

正收拾行李，采药人如约而至。带来了野生天麻，还有一大瓶自己精心泡制的药酒让我们品尝。我们被他的热情感动，都买了一些。因为服用过程添加配药——双肾草药效更好，采药人主动为我们采双肾草，在茫茫草海中，为我们忙了一个多小时，湿了全身才转回来。更让我们感动的是，我们要给配药钱，他却慷慨不收。

太阳渐高，气温渐高。我们别了采药人，将帐篷附近的白色垃圾全部收集起来，烧成了灰烬之后，踏上归途。

请到"天涯"羊角来

羊角，是重庆市綦江区南部的一个山乡，紧临贵州，山高路远。但是，大自然的鬼斧神工，造就了一片山峦重叠、怪石嶙峋的秀丽山区，风光旖旎的松坎河从北部蜿蜒流过。独特的自然条件使这一片神奇的山区具有很高的旅游价值，是游客们观光旅游的好去处。朋友，如果你想揭开她神秘的面纱，就请到这"天涯"羊角来。

地质考察观光

据原四川地质队的勘探报告，这里的岩层最古老的可上溯到五亿年前，而最年轻的岩层也在两亿年左右。由于有松坎河为干流的几条河流的下切作用，附近形成了相当完整的地质剖面，成为地质考察实习的好地方。多少年前，外国地质专家曾为这里的独特剖面而感叹不已。它，蕴藏了方解石、石灰石、煤、黄铁矿等资源，为发展地方经济做贡献；它，叠瓦状的断层、起伏的小褶曲、鲜明的沉积旋回，让考察者心旷神怡；它，出露的古生物化石种类丰富而又个体完整。

峡谷山水观光

山高水深的牛舌口风景区是典型的峡谷景观。身在峡谷，只见谷底狭长，两壁陡峭，青藤宛如垂帘悬于峭壁缝间，并时有泉水渗出，鸟雀也乐于在此安家；抬头望天，唯见到一线天色，非亭午时分不见阳光；俯视谷底潭水，清凉幽深，倘若荡起双桨，定会忘却人间烦恼。

从侧壁登上山，还会看到世外桃源般的景致。山下花谢之时，这里却"山寺桃花始盛开"。徘徊于花丛中、松林间、民居旁、土丘上，怎不令人流连忘返？

喀斯特溶洞外景

牛舌口下游的盐井河区又是另一番风景。这里山色迷人，水清见底，水底卵石间鱼虾嬉戏，宽阔的河漫滩青草平铺，像铺了一层绿色地毯，是劳作的人们野餐休闲的好去处。花开时节，人们还可以陶醉在两岸漫山漫坡的花海中。

喀斯特观光

羊角溶洞很多，形态各异。洞内石钟乳、石笋、石帘、石柱、石瀑布、石塔等形态万千，琳琅满目，有的如花草，有的似鸟兽，有的又如人物，正在述说一个美丽的传说。有的洞中，还有大量珍贵化石发现。秉灯以游，幽曲深邃，游兴未尽。

石灰岩地区，发育的多条地下河和盲河，又成为探险者们的乐园。

人文观光

中央红军长征曾经过羊角，老百姓在当年红军驻留过的地方建起纪念标志，以此缅怀先烈。这里的山民颇具智慧，把树皮也利用起来盖房搭屋，这一朴素的人文景观，呈现出酽酽的民族风情。渝黔交界的崇溪河，210国道上过往车辆多在此停留小憩，渝黔名小吃"辣子鸡"又享誉远方，因而四方游客都愿在此会聚。

这个初感陌生又颇具神奇的地方，正以她独有的魅力深深召唤着烦腻都市生活的周末观光客。

水银—黄莲徒步游

美丽的水银河

贵州桐梓县境内的水银河，因河水清澈透亮，日光照射河面，银光点点而得名，据说这里峡谷幽深、植被茂盛，是避暑的好地方。盛夏时节，酷暑难耐，打通山八壮士，也想亲近一次水银河。我们几经辗转，车在水银村停下，便开始了我们溯源而上的徒步行。

喀斯特地区，岩溶地貌发育完整，峡谷一侧的水帘洞、彩虹洞就是典型的溶洞，洞中不乏造型独特的石笋、石钟乳。一线天、扁担峡、舀鱼潭、珍珠岩等景观则是大自然长期侵蚀形成的，游人到此必被其吸引而驻足。岩壁上，有时会见到个体完整的化石，有一种头足类化石，大的有几十厘米长，如一把宝剑嵌在岩壁，让人震撼。千姿百态的瀑布接二连三，层层叠叠，有的像银丝，有的如白练，最让人心动的是一处喷洒水雾的瀑布，水从悬崖高处几经折腾变幻成水雾，轻轻扑面而来，浸润游人心田，带给你夏日难得的清凉。当然，最让人流连的是水银河清澈纯洁的水，没受到一丝玷污，口渴时捧来喝也行。当我们涉水而过时，水银河水与我们亲密接触，清爽传达全身，虽背负重包，也不觉劳累。

水银河下游河段现已开发漂流项目，来水银河避暑漂流的游客越来越多。我们步行一个小时后，终于进入了尚未开发的上游河段。水银河的美，在于没有刻意雕琢，尤其在上游，那种纯天然的美更是尽情展示，拿着相机不用避开什么，随便一按，就是好照片。

每人用点自备的干粮，算作午餐，然后继续向上源挺进，不知什么时候，我们被一棵大榕树吸引。大榕树长在绝壁之上，根已大量裸露，盘根错节，分不清前后，但裸根最终都扎进了岩缝，汲取营养。我感叹它顽强的生命力，又为自己在生活中遭遇点挫折就偃旗息鼓而羞愧。我们在大榕树根上留影，大"顽童"还在长根上荡秋千。

越往上游，原始味越浓，视野之内根本找不到现代文明的产物。日近黄昏，该考虑晚上的帐篷搭建地了，峡谷中是不能搭帐篷的，山溪水陡涨，可不是闹着玩的。最初的设想是希望找到一户人家，在农家的院坝搭建帐篷，时间一分一秒地过去，大家脸上仍然是失望的神情。忽然有人指着上游远处的山坡喊："看，电杆！"要在平时，对电杆我们是不屑一顾的，如今不同了，电杆是我们整个下午见到的唯一的现代社会产物。有电杆，说明不远处有人家。大家兴高采烈地往前走，终于眼前出现一个山区的小型水电站。

电站人员热情接待我们这群远方客人，电站的平地就是我们的宿营地。

边寨风情

水银河源区是贵州桐梓、正安、绥阳三县交界的山区，森林茂密，人烟稀少，我们一行八人就行走在这片山区。

上午的大部分时间是行走在一个水电站的导流渠坝上。因电站尚未竣工，导流渠没通水，我们走在半米宽的渠坝上，左边是两米深的导流干渠，右边则是悬崖绝壁，脚有点发颤，只恨自己不是体操平衡木运动员。

在截流坝，我们中一名队员不慎踩空，险些摔下坝去酿成悲剧。稍做休息，大家心有余悸地继续赶路。此时所走的依然是险峻的山路。空手行路的人，走一段路两手也不能空，你必须不断攀住路旁的岩石或藤草方能前行；对于我们这些从来没有走过山路又负重的人来说，的确是一大考验。就在抓扯路边草的过程中，有人不幸碰到蜂窝，两耳被蜇，有些红肿，大伙戏称"猪八戒"来了。不过，说归说，马上敷上疗伤药才是正事。

正当筋疲力尽时，我们上到山腰一处稍平的地方，一个叫下螺蟹的村子出现在我们面前。我们走进一户人家，一个由十多个人组成的大家庭。两天来，第一次见到这么多人，格外高兴。主人家热情接待我们，一会儿摘来李子让我们解渴，一会儿又端来煮苞谷让我们填填肚子。我们也没闲着，与老人拉家常的同时，帮老人推磨。可能是见到有客人来的缘故，磨支在了院坝里。满满一盆嫩苞谷，我们八个男人有说有笑，轮流上场，各推几分钟以试身手，还没尽兴就推完了。往磨上添苞谷的是一位大姑娘，轮到我们中的帅哥小王上场时，我们的照相师拿起相机，准备给小王和那位姑娘照张相。当时，姑娘还有些羞涩，以巾掩面，但当主人家为我们准备好午饭，我们正在津津有味地吃饭时，换上漂亮民族服装的那位姑娘，如孔雀开屏一般出现在我们面前，那才叫惊艳。只可惜，当时我们并不在意，到了离开那户人家一阵后，才后悔了，一场美好姻缘就要永远错过了，姑娘有意，而我等愚钝啊！因为我们八个人中还有两个未婚的大龄青年呢。

不知什么时候，雨下起来了，荒郊野地没法躲雨，只好冒雨前行。雨停的时候，我们来到一个叫芭蕉村的地方，一户人家正在大兴土木，用的都是上好的木材。一打听才知道，他们正在修猪圈，我们只觉得太奢侈、太浪费。

芭蕉村有座石笋山，傲然突兀，孤峰耸立，很远都可以望见。这样一个普通的喀斯特山峰，当地却有很多传奇故事，村民把它当作神山来敬仰，每当有人提起它，他们便神采飞扬地介绍起来，但在我们看来，它更像一个男根生殖图腾。

在芭蕉村两个山头间的垭口上，有一门古炮筒，它把我们带回到土匪横行、军阀割据的年代。古炮筒躺在路旁草丛，格外显眼，因其足有好几千斤重，没有人能撼动它，至今我们的疑问没有消除：在交通更落后的从前，它是如何被带到这里来的呢？

天色渐渐暗下来了。因为下雨野地太湿的缘故，我们决定找一户人家作为宿营地。从难得见到的几个匆匆过客口中，打听到原始森林边苗族村子里有个李老师，他所在的小学应该是个过夜的好地方。夜幕降临时，我们下了几个坡、几道坎，终于找到了李老师。李老师以最高规格接待了我们。

物产好丰富，却变不成经济效益

李老师叫李兴富，是高子村民族小学唯一的老师，家是就地取材建成的两层简易小木楼，学校也不过是他家木楼上的十几平方米的地盘而已，但是，这个苗族村子里40岁以下的人全都曾是他的学生，他理所当然地成为这一带德高望重的名人。李老师所教学生全是这个村子的苗家子弟，学生不多，只有十几人，但却有小学低段的三个年级，只能采取复式教学才能忙过来（比如，一年级讲课，二年级写作业，三年级练毛笔字）。更为艰难的是，李老师讲课用语还要在苗语、西南方言、普通话三种语言中灵活变换，才能为听不懂普通话的苗家孩子启蒙。这样艰苦的环境中，李老师默默无闻地在高子村一干就是32年，我们被李老师的"平凡"事迹深深打动。

高子民族村可以用"富饶的贫困"来形容。富饶，是因为这里的物产丰富，山林密、草场广、牛羊肥、特产多；贫困，是因为山区交通不便，信息闭塞，丰富资源无法转化为经济效益。以李老师家为例，家里虽然猪牛羊成群、楼上楼下除了教室和卧室，或堆，或挂，全是洋芋、豆类和山村杂粮，木楼外还挂了两箱蜜蜂，但是，家里没有像样的现代家具，房舍简陋，居住环境差。所幸，随着政府对民族地区政策措施的到位，电来了，电话、电视、网络正开始覆盖这些边远村落，山区信息已不闭塞，公路已朝这里修来，山村走出去的日子近了。

可能是一路跋涉过于疲倦的缘故，我们一行人早早地进入了梦乡。

原始森林游

黄连原始森林处在贵州桐梓东北的黄连乡山区，与正安、绥阳两县毗邻。从未到过原始森林的我们带着一份期待、一份恐惧进入了林区。

树林越来越密，高大乔木、小乔木、灌木、草本和苔藓地衣等低等植物分别在森林的不同高度层各就各位，还有藤本植物、寄生植物贯穿在森林各层之间，构成复杂的森林网。林下光线越来越暗，路也越来越窄，同伴说，这就是原始森林吧，专业出身的我可有发言权了，对原始森林的"原始"两字理解不同，森林定位就不同。我个人认为，原始森林应该是几乎没有人类影响和破坏的森林，然而这一片林区却不一样。有路穿林而过，路旁有被人砍倒的大树，有的树有被人割胶割漆留下的痕迹，有的地方有采药人的足迹。

进入林区腹地，古树越来越多，有的高大参天，有的树干粗壮，还有的根系外露，有的生在山崖，有的长在石缝，还有的横在沟涧。我们合围古树量春秋，合影古树望长寿。林中蜂蝶飞舞，鸟语成趣，虽临近秋天，偶尔见到的朵朵野花也馥郁依然。林下的蘑菇成串成簇，格外诱人，真想马上采来熬汤喝，只可惜不会辨识。野果随处可寻，有的同伴不怕死，沿途采些来补充能量。

经过两个多小时，我们穿过了原始森林。眼前是一片山地草原，草类茂盛，绵延广阔。蓝天白云之下，茵茵草地之上，成群的牛羊散布在草地上，悠闲地吃草，自由地嬉闹，这是一幅多么古朴壮美的画卷啊。我们在路旁草地上稍做休息，一群牛吃着草，旁若无人地朝我们走来，似乎在向我们示威，它们才是这里的主人，我们唯一的选择就是慌忙起身避让。

顺着山路，我们来到目的地——黄莲乡政府所在地。平整宽阔的柏油马路、规划新修的苗民新村、漂亮规范的希望小学、门类齐全的商业网点、光亮整洁的餐堂旅舍、消夏避暑的休闲场所，预示着黄莲发展的美好前路。

梅家沟生态游

大娄山余脉大罗山有个诱人之所在——梅家沟水库。春末，一帮人饶有兴致想到彼地一游。

大罗山海拔在 1500 米以上，虽算不得高，但当你"常恨春归无觅处"时，在这里依稀能够找回"人间四月芳菲尽，山寺桃花始盛开"的感觉。路旁不知名的小花，白的、黄的、紫的都扬起了笑脸。特别是那鲜艳的映山红，火红的一簇簇、一蓬蓬，开在山崖，开在林间，艳丽夺目，游人不由得停下脚步欣赏这大自然的尤物，不忍心有摘花之举，破坏这和谐自然美。一行人，心情爽朗、有说有笑地穿行在绿色世界中，中午时分，迎接我们的是梅家沟盈盈的笑靥。

梅家沟水库，是当地人在上世纪 70 年代筑坝，由几条山谷小溪汇聚成的一个人工湖。湖面曲折而幽长，两岸青山相映，山色空蒙欲雨。湖水清澈，微风荡起涟漪，人坐在岸边，感受心醉的清新。湖的一个浅水湾处，似有一条黑色游龙，近看却是一支由上万只蝌蚪组成的蝌蚪群。它们像是有统一指挥一样，不断变换阵形，有时又千军万马向一个方向游去，好像要在水面上展示什么大手笔。害怕打扰它们的生活秩序，大人小孩都没有惊动它们。湖边的草地上，青翠的小草、娇滴滴的野花，也构成醉人风景。当我们躺在这片草地上，融进绿色中，呼吸着那充足的负氧离子，世间烦恼早已消散殆尽。

沿湖边前行，许多地段岸崖陡峻，水边的泥沙松软，稍微用力便可能踏入湖中，所以踏它不得，唯有紧抓湖边藤草，才能徐徐向前，似探险一般。十多分钟后，回望刚刚走过的一段路，后怕的感觉才袭上心头，不过，更多的是成功的喜悦。湖畔茂密的树林深处，偶然传来几声鸟叫，打破这宁静的空气。有一种鸟叫声，声音高亢却略带几分苍凉，我好奇地学了起来，没曾想到，鸟叫声竟与我一声声和了起来，而且叫声与我越来越近。我忽然意识到我犯了一个严重的错误，那鸟叫声定是呼唤同伴的，鸟把我当成它的同伴了，时间长了，岂不坏事，我立马安静下来。

返程时间到了，大伙儿带着这次生态游的纪念品——湖畔的白色垃圾，踏上归途。

干河沟峡谷游记

干河沟，以前去过多次，是一个深深的峡谷。干河沟的溪流，算得上长江的三级支流，这里峡谷幽深、山水相依，是个周末旅游的好去处。干河沟常年有水，然而，这干河沟之"干"，从何而来？谜底一直没揭开。周末，我们大人小孩一行十多个人，另辟蹊径，选择了向干河沟的上游探险。

春天的干河沟，水量不大，流水潺潺，水清见底，涓涓细流冲击着水底美丽的鹅卵石，水花轻溅。两岸树林茂密，既飘花香又闻鸟语。我们兴致来了还学鸟叫，引得鸟儿信以为真，飞出丛林，一探究竟。岸边的乱石丛，偶有几个小朋友追逐打闹，嬉戏其间。峡谷时窄时宽，宽的地方，则有顺河谷形成的成片水田湿地，有村民进行着传统农业操作——牛耕田，几只白鹤和村民的鸭、鹅同在田间觅食，显得那么悠然。天地间自然人文的和谐，本来就这么简单。

行进中，虽然大体上沿河而行，但我们时而涉水过河，时而河床小憩，时而桥上留影，时而又颤颤巍巍过水草地。最惊险的路段还是河边的一段羊肠田埂，田埂很窄，比体操运动员过的平衡木宽不了多少，上面长满水草，有些滑，左边是水田，已被水草和浮萍铺满，右边是两三米高的坎，坎下是一摊摊泥沼，陷进去，虽不致命，但要起身却非易事。尽管我们全神贯注，但还是泥水灌鞋，鞋袜湿透，更有人脚下打滑，一脚悬空，身子几经摇晃，险酿惨剧。

途中，我们遇到三座静静述说干河沟沧

干河沟的石拱古桥

桑的石桥。在最后一座桥前，突然发现桥下居然没有水流，河流断流了。可是，再往上游行走不足10分钟，清清流水再次出现，流量不减下游，同伴发出了惊叹。我们仔细观察了河床和两岸岩石，得出结论，这是喀斯特地区的河流遇到了地下溶洞，流量小的时候，河水注入溶洞，成为暗河（或叫伏流河），暗河到下游某个位置出露，再次成为明流。原来，干河沟名称来历就源于此。

应该要到中午了吧，队伍中的年轻人已生倦怠，步履艰难，想倒地休息。突然有个小朋友喊道："看！前面有汽车和楼房。"我们抬头一望，吹角场到了，历时五个小时的干河沟峡谷游至此结束。

秋游红花湖

连续好多天烈日炎炎，终于等来一个阴天，我们抓住这个机会，整装前往红花湖一游。

车在云遮雾罩的盘山公路上爬行，还在茫茫雾霭中，我们就晕乎乎地到了大罗。下车背上背包，步行开始。浓浓云雾，让我们分不清天地，路也只在眼前才看到它的延伸。有的同伴埋怨这样的天气欣赏不到什么美景，我就劝慰说可以将此行定名为"桑拿行"，而且还装出很有学识的样子，给同伴讲"云是高空的雾，雾是低空的云……"

路旁近景也不是一点观赏价值没有。比如一条牛牛，主人将其拴在旁边长满青草的田里，也不知牛牛怎么搞的，长长的绳索搅乱了不说，自己的牛鼻子绕在拴牛的铁丝环上，进退不得，我们只觉得好笑。看那牛牛威猛的样子，我们不敢贸然替它解围。路上，我们有时会拿出各自的相机照同一个景物，比比谁的相机"霸道"，结果往往是相视一笑而已。

不多会儿，有小朋友喊："我们到了！"是的，早就渴望见到的红花湖大堤到了，但一点也没让我们兴奋。雾气太浓，我们只能见到大坝及很窄的一点湖面，而且大坝上还有人在钻孔，似乎有破坏大坝之嫌（二战题材的游戏中炸毁水坝的场面印象太深了），后来查清那帮人是在加固大坝，虚惊一场。正在踌躇之际，雾气开始渐渐散开，大家的心情也舒展开来，我们开始了逆时针方向的环湖游。

红花湖是人工湖，因春天湖畔开满红花而得名。这里曾大搞旅游开发，红火热闹一阵，终因交通不便、市场距离远等原因，旅游热冷却了（湖边废弃的游船就是证据），只剩下一个人在这里承包养鱼。但是，不管旅游火热与否，这里依然风光旖旎、景色迷人。

湖水清澈，温柔恬静；灰白天空，映湖成镜；山形倒影，水墨丹青；微风拂过，轻起涟漪。偶尔可见湖中小岛，形如一艘即将下潜的潜艇，岛上还有花草，昭示着它们的存在。湖畔林区是由居上层的杉树、甘居林下的灌木草本以及一些尚未露面的小动物构成的良性生态系统。林区做到采育并重，成材的杉树在有计划地采伐，有的地方厚厚的锯木面铺得很宽，是功夫片拍摄的绝佳场地，杉木采伐后通过湖运，再装车上路，节省开支，也尽量少地破坏环境。

环湖路很窄，盘曲在水边，大家正担心是否有蛇虫出没，队伍中凤姐和小黑不幸被黄蜂蜇刺，痛叫声响彻湖区。可气可笑的是小黑被蜇的位置，黄蜂不知怎么进入裤腿，一直向上，差点到达两腿交叉处，把人给废了，好险啊。一行人只得倍加小心地前进。前面出现一个浅滩，大伙在此小憩，值得圈点的是打水漂比赛，小黑痛定思痛，居然得了冠军，不过没人为他颁奖。

环湖路的尽头是通往石壕镇的山路，山路在山谷中缓缓向高处延伸。满山遍野的蕨菜让人仅仅成为环境中的点缀了。虽然早过了采摘季节，但仍有新长出的蕨苔，鲜嫩诱人，在我的"注意保护生态环境"提醒声中，一些人还是在路边采摘了一些作晚餐之用，尤有苏轼、文与可烧笋晚食之乐。

当翻过垭口，阵阵冷风袭来的时候，人们似乎清楚该返回了。返回到环湖路尽头，折向另一条环湖山路。这条路与湖渐行渐远，后来就根本见不到红花湖了。路边青草茂盛，欲与行人试比高。在一处平地，那青草整齐地向上生长，躺上去就只有草的世界，根本想不到这里是多年前的一块田地。山区退耕还林还草，生态环境改观不少。一个大胆的构想产生：把这里作为我们的宿营地，岂不是天地人合一的美事……

经过四个多小时的行进，我们回到红花湖大堤旁，总算是完成了环湖行。我和魔王、小曾到大坝管理处听老渔头讲有关红花湖的故事，另一些人则因旅途劳累，到一户农家就休息起来。晚餐在一户农家解决，嫩豆花、老腊肉真解馋，最"歹毒"的是小斌，吃了七碗饭还意犹未尽，让好多人暗定主意：以后吃饭绝不与小斌同桌。

晚餐后，天色尚早。我们决定从大坝左侧湖岸进发到之前选好的宿营地，然而路线选择错误，路段太过艰险。有的地方靠水太近，稍不留神可能掉入湖中；有的路段又属陡崖，攀着树根草皮才能前行；还有的地方根本就没有路，唯有自己开路。可苦了队伍中的小朋友，他们可能从来没有这样的经历，但在大人的保护下，总算有惊无险。

到达宿营地，大伙儿各自寻找有利地形，开始搭建帐篷了。由于草很高，要先将草向统一方向按倒，才能铺帐篷，因此还有些费时，不过对于我这个"熟练工人"来说就是小事一桩了。有胆小如鼠者，怕夜晚蛇虫出没，特意修筑一道防火隔离带。因为这次是以家庭为单位出来的，所以帐篷搭建完毕后，一个个都钻入各自的帐篷"谈情说爱"去了。

只有"魔王"和小曾还有特殊使命，他们要在红花湖里捉夜鱼。他们划着一叶小舟，在湖面荡漾多时，西方天空的新月快要没入深山，直到湖面雾气升腾时，他们回来了。"魔王"说，收获丰盛，小的鱼不能要，放生了，大鱼有几条。我们从帐篷钻出来，一看最大的鱼也只有1寸长。大笑之余，我们还是生起了篝火，大伙儿围着火堆，又唱又跳，群魔乱舞一阵，因担心引发火灾，将火星熄灭，草草收场。放在火堆边的几条小鱼，等我们想起时，早已化为灰烬，造孽啊。

次日天明，将营地收拾干净，垃圾收集起来带走，回家，该干啥干啥。

水洞风光

水洞，处在干河沟的最下游。干河沟的所有来水，流到下游被水洞吞掉，使干河沟成为一条盲河。当然，这也造就了独特的水洞风光。

从峡谷东岸岩壁，沿盘曲的陡峻山路而下。如果是雨季，游人会未入其境，先闻其声，早早就可以听到峡谷底传来的水流轰鸣声；如果是旱季，下坡过程就静得让人压抑。当下到一个开阔处，水洞突现眼前，黑洞洞的，有些吓人，干河沟的水哗哗没入洞中。在洞的右方，又有一个黑黑的岩洞，有人居住的痕迹。

好不容易下到谷底，游人会发现有三条路可选。向上是通向岩洞的路，向右可以通向一片长长的河谷草地，向左则是进入水洞的路。

贸然向上，走不多远，就会听到几只大狗的狂吠，那是岩居人的狗在进行情况通报呢。如果岩居人在，马上呵斥，游人可以上到岩洞中与岩居老人攀谈。这位岩居人，姓王，可是当年藏南中印战场下来的退伍老兵哟，由于喜欢安静独处，虽然政府为他修了安置房，他仍然经常来岩洞居住。

如若岩居人不在，游人只能后退。向右是流水下切后，废弃的河谷，绿草茵茵，百十米宽、一公里长，完全是天然的牧场，当然更是野炊野餐之地、恋人增进感情的地方。河谷最远端有成片的粽叶，端午节前夕，这里上好的粽叶，引得一些游人光顾。不过，最值得探险的，还是要沿着左侧小路下到水洞洞府之中。

刚进到洞中，陡然产生空旷神秘之感。漫长岁月里，来自大自然的侵蚀，溶洞形成高达数十米的大厅，回声清晰，光线明亮。洞顶有的地方可以见到形态各异、保存完好的石钟乳、石瀑布。扫视洞府，会发现河水只从左侧流过，右侧筑有高台，前人在这里居住过或烧过窑，坐在石头上，定能感受到时光交错、岁月沧桑。

洞的深处，空间开始收窄，光线越来越暗，回望洞口，只剩小小的亮点了，这时，胆小者多半望而却步。其实，还可以秉烛前行，虽然乱石凹凸不平，且有些湿滑，每前进一步都有点艰难，但这正好给人带来惊险和刺激。据说，在枯水季节，这样一直可以探索着将整个洞府走穿。洪水季节，居然有人冒死在洞里进行捕鱼作业。看来，这也是水洞魅力所在呀！

第六章 自助旅行

三峡"告别"游

　　媒体宣传：三峡工程完工后，三峡风光不再。趁三峡工程蓄水之前应该尽快进行三峡告别游。误导在先，行动在后。1996 年夏，我们也堂而皇之登上了三峡"告别"游的游轮。

　　第一次坐船顺江而下，感觉似乎不错。河风习习，轻柔拂面，江面宽阔，平稳向东。三峡游，在景点观赏方面得事先有所准备。船行江中，景点稍纵即逝。

　　白鹤梁，是我想看的第一个景点。白鹤梁，不过是江中一个普通的礁石而已，因有白鹤栖息而得名，且因唐代文人骚客在礁石上有题字而出名。平时，礁石露出水面，洪水时节没于水中，成了一个水文观测点。游轮快过涪陵时，我特别留意。遗憾的是，宽阔江面露出的小礁石根本没引起旁人的注意，我船头、船侧、船尾巡视江面，终不得见。

　　第二个景点是鬼城丰都。这一次船要靠岸两小时，我们迅速上岸。丰都鬼城距今已有两千多年的历史，历来被人们当作人的亡灵的归宿之地。可能是因为心理作用吧，走在丰都大街上气氛有点异样，总觉得阴暗角落藏有小鬼。街面建筑的刻意装饰、文字绘画的烘托渲染，仿佛这里就是一个等级森严，熔逮捕、羁押、庭审、判决、教化功能于一炉的"阴曹地府"。平日大家放纵说笑、不拘小节，这时好像变得循规蹈矩了。上船时间快到了，一行人还到"鬼屋"里寻求了一下刺激，不枉来"鬼门关"走一遭。此外，我把在码头买的一个小骷髅头别在钥匙串上，提醒自己不做恶事。

　　下一站是忠县石宝寨，可惜船不停。石宝寨，有"小蓬莱"之称，它原是长江北岸一座拔地而起四壁如削的孤峰。清乾隆初年，借助架于石壁上的铁索在山顶修建了一座寺庙，嘉庆年间又聘请能工巧匠，依山取势修建这座九层楼阁，从此，香客及游人可免攀缘铁索之苦，上楼直达山顶。石宝寨塔楼倚玉印山修建，依山耸势，飞檐展翼，造型十分奇异。然而，随着三峡工程蓄水，石宝寨一半将低于江面，雄伟的气势将一去不复返。船过石宝寨江面时，我们都拥到船左侧，相机闪个不停……

第四个景点是万州，记忆最深的莫过于"谭木匠"梳子。万州残疾青年谭传华，从卖画得两元、卖第一把梳子得两元起家，到秉承中国传统手工艺精华的"谭木匠"品牌，再到集梳理用品、饰品于一体的专业化公司，我们看到了创业者的艰难，更读到了成功者的启示。

船过云阳，张飞庙本可一观，船又不停。一打听，根本就不是游船，是一艘往返于重庆上海的客船而已。次日清晨，船到奉节，船同样不停，直冲夔门，我知道，进入长江三峡了。

瞿塘峡，位于重庆奉节境内，长八公里，是三峡中最短的一个峡。西端入口处，两岸断崖壁立，相距不足一百米，形如门户，名夔门，也称瞿塘峡关，山岩上有"夔门天下雄"五个大字。大船上的人虽能感受到雄伟险峻之气势，但当年刘备白帝城托孤时却只有"创业未半而中道崩殂"之饮恨，心境不同啊。

巫峡呢？曲折幽长，如千转百回之画廊。两岸奇峰突兀，怪石嶙峋，遗憾的是植被很少，几乎看不到成林的树种，至多一些草本、藤本、小灌木而已。既没有"两岸青山相对出，孤帆一片日边来"的意境，更不见"两岸猿声啼不住，轻舟已过万重山"的光景，千百年来，神女峰讲述着悲情故事，古栈道述说着蜀道之难，难怪昭君有怨、屈原有恨。这是为什么呢？山高谷深的地方，以前交通不便，经济发展艰难啊。

进入西陵峡，以前听说航道曲折、怪石林立、滩多水急、行舟惊险，经过长江航道的疏通整治和葛洲坝水利工程的建成，哪里险哟。因此，什么兵书宝剑峡、牛肝马肺峡、灯影峡等等没有人特别提醒通通没有见到。三斗坪，是个值得记住的地方，三峡工程正在这里建设。船过三斗坪时，看得见导流明渠快修好了。远远望去，彩旗招展，侧耳细听，机车轰鸣，可谓热火朝天。三峡工程功勋卓著又颇具争议，这是一个怎样的工程啊！防洪、发电、航运效益突显，然生态危机不容小觑。比如对中华鲟就是一场灾难，对中国长江情有独钟的中华鲟，以前可以从长江口洄游到上游的金沙江河段产卵繁育后代，当长江上有大坝阻隔后，只能在大坝下

三峡古栈道

方的洄水沱产卵，没有经过长途跋涉的锻炼，后代质量严重下降，种群数量锐减。

船过葛洲坝船闸后，就是三峡行最后一站——宜昌。同事们下船上岸了，而我则和朋友一道继续东行。

遵义行

五一前夕，学校50多名教师乘车前往历史名城遵义，在接受革命传统教育的同时，也践行科学发展观。

黔北，20年来的变化令人瞩目。青山绿水间，多了一份现代气息，山间坝子上建起了一幢幢高楼。虽然在车上，但我们仍看到高速公路两旁大山那翠绿的新装，一尘未染，显得格外清新。

到达遵义是中午，稍做休息，我们就前往遵义会址。遵义会址，是每一位来遵义的人必去的地方。因为，就在这里，1935年1月15日至17日，召开了挽救了党、挽救了红军、挽救了中国革命的遵义会议。

遵义会议会址，我到过多次，但每次都有新感觉。那段历史渐渐远去，但作为历史名城，文化氛围不减当年。遵义会议会址所在的老城子尹路，满街播放的歌曲音乐都是红色歌曲；参观人群排起了长龙，免费领取领袖像章；革命纪念地如今的免费不免票，让更多的民众有接受革命传统教育的机会；保存有遵义会议相关资料的展览馆更是吸引游客驻足，宽敞的展览大厅展示了红军长征以来所经历的艰难坎坷，也揭示了"转折之城"在历史上的重要地位。

来遵义，自然要登红军山，不说别的，单是那316个石阶，你一路小跑喘着粗气登上去，就已经能感受到当年红军行军作战的那份顽强。

好熟悉的遵义会议会址

晚上，是我们的名城感受之夜。有的人饭后休闲外出购物，浩哥"淘"到物超所值的紫砂陶壶，强哥则对采自遵义山区的兰花情有独钟；有的人则因旅途劳累在宾馆休息，老宋头对宾馆开门不用钥匙、洗澡不留神会被别人参观颇有感慨，"干豇豆"则和几位同伴深切地感受"青山依旧在，几度夕阳红"。

踏上返程之路时，娄山关也是必去的。登建哥用标准的綦江普通话从地理角度给大家介绍起大娄山的地质地貌，"南瓜皮"从历史角度介绍发生在娄山关的历史事件，"安哥拉"则用歌曲串烧的形式给大家唱起了红歌。站在关口上，诵着毛泽东的《忆秦娥·娄山关》，感受一代伟人的豪迈气概和革命乐观主义精神，体味"苍山如海，残阳如血"的意境；在烈士纪念碑前低头追思，在大小尖山的战壕里俯瞰关前动静，又让我们仿佛看到了70多年前那弥漫的硝烟。

名城的历史不是停滞的历史，也在科学地发展。这些年来，遵义城变得越来越漂亮了，城区干净整洁，绿树成荫，给新老游客留下良好印象。遵义的地方产业不断发展，仅就那名目繁多的土特产就足以吸引游人眼球，让你记忆犹新。老字号波波糖、糯米玉米花不丢手、山珍宝刺梨糕、石佛洞牛肉干、板城豆腐干、坤坤香酥辣椒……虽然回家好些天了，一看到那些遵义土特产，睹物思情，让我一次次将这座历史文化名城忆起、再忆起。

二万五千米"长征"

又一个五一短假，我们这一支驴行的队伍又出发了，路线是从重庆綦江打通镇翻越横亘在两省之间的大山，到达贵州习水寨坝镇。

暮春的干河沟，青山、流水、绿草，旱地、涵洞、小桥，景色别致，让人遐想。"干豇豆"抑制不住激动，在青青的草地上就势一倒，做了一个"仰八叉"，那造型不幸被相机记录了下来。

千口村的村村通公路一尘不染，路旁农家院坝的小草已经开花，路人始终没有伤害它。在一处简陋农舍的房前，居然有光亮的太阳能热水器，让古朴与现代形成鲜明反差。公路在绿树掩映下伸向远方，几个驴友不约而同地唱起了《我们走在大路上》，得意之时却走错了路，该走进山小路了。

山不再遥远，路不再平坦。我们在山谷一侧的简易路上蹒跚而行，路边的野花惹我们喜爱，成熟的野草莓果让我们尝鲜，灌丛的野鸡被我们惊扰到，心中有些过意

"我们走在大路上"

不去。口渴难耐之时有山中的清泉，大伙不会放过机会装上两瓶，有备无患。

快到晌午，我们在一块山间草地上，安营扎寨，休息片刻。天公作美，太阳被薄薄的云层遮掩，群山环抱。天地之间，我们成了大自然的宠儿。初次加入队伍的年轻人，有些疲倦，躺在帐篷里不肯出来；"老革命"则找些干柴在河边搭起灶台，摘些随处可见的野菜，烧上开水，为大家奉上了香辣的方便面。

处理完白色垃圾，在一位张姓农妇的热心引领下，我们向贵州的新池村进发。一段段碎石路、黄泥路、岩屑路，一道道山沟沟、山坡坡、山梁子，对于新加入的驴友绝对算是个挑战，我还能欣赏老母鸡呵护着一群小鸡仔在路边觅食，我女儿"格格"也还能将蒲公英种子吹得天女散花一般，那几个年轻人反而有点上气不接下气。下午3时，我们终于到了农妇的家。农妇无论如何要为我们准备晚餐，我们只能感动地接受。

香喷喷的腊肉豆花饭吃过后，已是七点钟了。因为行程安排的冲突，我们婉拒了农妇的挽留，上路了。夕阳余晖下，山路上只剩下行色匆匆回家的人，上百只大小山羊汇成的羊群从旁边经过一定让你震撼。在山的两侧有时会看到奇怪的洞穴，昏暗的天光下，显得阴森吓人，不过假如古墓派小龙女正好居住其间，那感受自然亲切许多。

天色彻底暗下来了，茂密的森林模糊了，连山路两侧朦胧的山形都消失了。前不挨村，后不着店，必须翻过前方茶林岗的山垭口才有歇脚的地方。山路盘曲而上，不知绕了多少个"之"字形，总不到尽头。夜幕下，这群自讨苦吃的人，踩着凹凸不平的路面，深一脚浅一脚地艰难前进，背包显得越来越沉重，体能在不断地透支，只有这个时候才能体会红军长征的艰难。队伍中以前从来没有走过长路的"帅哥"累得要安排后事——将爱妻托付于人。晚上九点半，终于登上山垭口，却没有平坦之地搭建帐篷。救星般地找到一处农家院坝，在主人的应允下，我们撑起帐篷，结束了一天的二万五千米"长征"。

坐在院坝边的石凳上，开始了辛劳一天后的享受。夜晚的山风，习习吹过，阵阵送爽；清新的空气，一呼一吸，神定气畅。仰望天空，好一幅明朗星空图：星星点灯，颗颗耀眼；繁星满天，苍穹尽现。浩瀚银河，牛郎织女遥相守望；大熊星座，北斗七星绽放光芒。

这种景色，喧嚣污浊的"文明"城市怎么会有呢？（有点夸大其词了，现在的城市环境好多了）

我的青藏之旅

2012年的夏天，一群臭味相投的朋友相约一场青藏之旅。我们计划先自助游青海，再组团游西藏，所以第一站是西宁。于是，在7月7日这天，我们在重庆北站乘L96次列车，途经西安、宝鸡、兰州等地，经过29小时颠簸才到西宁，临时客车嘛，拥挤、闷热、缺水，十多年没有享受这样的待遇了。可能有人问，为什么不乘飞机，那不快捷、舒服多了？为了节省银子啊，98元就到西宁，98元啊！况且，沿途经过渭河平原，还可以免费领略黄土高原、陕西民居、八百里秦川的无限风光啊。

圆梦青海湖

在嘉禾宾馆休整一夜后，7月9日上午，乘车游览有600多年历史的塔尔寺。塔尔寺是中国藏传佛教格鲁派（黄教）六大寺院之一，建于明朝嘉靖年间，也是青海省首屈一指的名胜古迹。寺中的大金瓦殿、班禅行宫、藏医学院给我们留下深刻印象。有趣的是，我们逆一般游客的路线行进，一路畅通无阻，差不多游览完整个寺院了才看到售票窗口。

晚上有幸游西宁东关清真寺，感受上千穆斯林做礼拜的壮观景象，震撼于伊斯兰世界的凝聚力。末了，还听清真寺古力阿訇传道布经，对伊斯兰讲"自身和气、家庭和睦、集体和谐、世界和平"的思想深表赞同。

7月10日，开始租车之旅。路上捡的一位"驴友"，与我们同行。先到门源，观百里油菜花海。高原上的油菜，可能是因为雨水偏少、气温偏低吧，长得不高就开花了。不过，一望无际的花海仍值得留恋。

金银滩草原，是我早就向往的地方，王洛宾的经典民歌《在那遥远的地方》就出自这里。如今拥入草原的怀抱，与牛羊亲近，与草地亲吻，我得意忘形，情不自禁进行体操表演，但是动作太不规范，乐得同人笑翻了天。

就在金银滩，我国第一颗原子弹研制成功的地方，现在已有个原子城供游人参

喜马拉登沙漠的沙雕

观，在此处进行爱国主义教育是不收费的哟。

在往青海湖赶的途中，居然看到要穿越一个叫喜马拉登的沙漠（我估计是当地人取的名字，不然我这个"地理专家"咋就不知道呢），在这个所谓的沙漠，我们停在路边，安排两个小朋友到沙丘高处去滑沙，剩下的人高举彩旗，留下一个"青年突击队"的光辉形象。

夕阳西照时，我们终于可以望见青海湖了。但是，想要感受中国第一大湖的神奇和魅力，绝非易事。司机告诉我们，青海湖周边土地都划给当地牧民了，牧民拦起铁丝网，一户牧民只留一个入口，在未与牧民先达成协议前，贸然进入，很可能引发纠纷。有的"入口"，有无人看守的遮阳伞，伞下有凳，陷阱吗？还是征得主人同意再坐不迟。

我们谨遵教诲，来到青海湖畔的"天路藏吧"牧家乐。虽然吃住条件简陋，但是可以免费游青海湖。踏过青草地，我们总算真正来到青海湖边。有的人忙着留影，有的忙着捡石头，我则首先尝尝湖水的味道，真的是咸水湖啊。湖水清澈，卵石可鉴，湖面宽阔，望不到头，湖风吹送似乎带来淡淡的咸味。终于圆梦青海湖，却没有想象的兴奋，在天边最后一抹晚霞余晖逝去之前，我们有些失望有些惆怅地离开青海湖，去住那牧民准备的大通铺。

情系柴达木

7月11日，那位驴友离队而去，我们沿青海湖南岸一路向西，经黑马河到鸟岛。沿途仍然可观赏青海湖牧场和藏族民居。由于我们到达时，鸟岛正下大雨，自认为观鸟效果不佳，就没打扰鸟儿们了。

继续赶路，进入中国海拔最高的盆地——柴达木盆地。住海西蒙古族藏族自治州府德令哈广场旁的星光宾馆，因房间里电话国内长途全免费，可以向家人朋友报个平安。地图上有外星人遗址，但当地人尚且不知详情，所以未敢贸然探险。夜晚，在柴达木影剧院……照张相而已。

次日仍然一路西行。沿途可以饱览草原、戈壁风光，不要钱，还可以看到草原灭鼠队（因为公路两旁植被稀少，而老鼠却危害好不容易生存下来的草）。越往西，降水越少，戈壁滩植被也越少。在停下来观光的一处路边，居然一眼就可以发现中药材——锁阳，司机不与我们商量，挖起一窝，放到车上。不过，这是不是在破坏

柴达木的雅丹

戈壁生态呢？

原计划经锡铁山，转向南到格尔木，没想到，走错路，过大柴旦西行到了涩北。不过，我们却因此看到了老有气势的雅丹地貌群、盐碱地。雅丹地貌，是一种典型的风蚀性地貌。"雅丹"在维吾尔语中的意思是"具有陡壁的小山包"。由于风的磨蚀作用，小山包的下部往往遭受较强的剥蚀作用，并逐渐形成向里凹的形态。我们停下来的地方，小山包有像狮身人面像的、有像驼峰的，还有连起来像城堡的，太壮观了。我们一行人，由于太兴奋，"丑态"百出，有从雅丹峰奋不顾身跳下来的，有背起媳妇在雅丹峰群中穿行的，有站在雅丹峰巅峰凝望远方学西部牛仔的，我则在低洼处，从不同角度研究一个盐结晶体。

折返经铅锌矿基地——锡铁山，到格尔木。沿途成片的盐田从车窗前掠过，察尔汗钾肥厂的钾肥露天囤积，真不怕雨水啊。

听说格尔木市西 50 公里的地方有胡杨林，我们就一路赶过去。柴达木盆地西部，气候干旱。这胡杨是生活在干旱沙漠的唯一乔木，能忍受荒漠中干旱、多变的恶劣气候，对盐碱有极强的忍耐力。被称为沙漠的"生命之魂"。在大漠上一直流传着这样的传说：胡杨树是大漠的保护者，天神赐予了它生命，三千年不老，三千年不死，即使倒下了还三千年不烂！可是等我们赶到，却是另一番景象。远处是漫漫黄沙，沙丘之下是密密的胡杨林，有涓涓溪水从胡杨林中流出，没有见到想象中老态龙钟的胡杨树。失望加之门票老贵，有些人不想进去看，而且听管理员说里面蚊子厉害，最后只有五位"英雄"进入景区。

我从未见识过蚊子厉害到如此可怕的程度。我们刚入景区，就像羔羊掉到狼群里一样，成群的充满野性的蚊子扑面而来，身上裸露在外的皮肤停留一秒钟，就会有蚊子叮上来。手脚必须不停挥动、腰身必须不停扭动，就这样仍然有蚊子成功得手，尝到我们的鲜血滋味。在景区照相是一个非常艰难的动作，被照者和照相者都备受折磨，双方约定喊"三二一"，当喊到"一"时，做片刻停顿，才拍下一张照片。由于景区的溪流正涨水，我们没来得及进入胡杨林腹地，就在边缘晃了几分钟，就仓皇逃窜。回到车上，不要以为万事大吉，成群的蚊子已经尾随你，进入车内。这时车内的人又展开一场灭蚊大战，司机还

察尔汗盐湖一角

点燃藏香……

夜宿格尔木农垦宾馆，一夜无话。

7月13日，在广场租车游察尔汗盐湖。一位老司机，直接带我们经过万丈盐桥（其实几年前早已铺上细石，看不出盐桥了），经过一段盐路（那腾上来的灰尘，你舌头一伸，就是标准的调味盐的味道），来到让人惊叹的察尔汗盐湖边。湖中的卤水太浓了（一定比得过西亚的死海），在湖底和湖边大量结晶成为盐花，盐花晶体晶莹剔透，让人爱不释手。旁边还有真正的"盐河"，一条沟渠之中，白花花的盐漂浮在上面，我们以为是铁实的，结果几位一跳上去就陷下去了，好一副"惨"状，我们不仅不施救，反而拿起了相机。

下午，在格尔木市区深度游，在清真寺与穆斯林老者畅谈，在公园绿地欣赏民间乐队自编自导的《青海花儿》，其自娱自乐，陶醉其中，连我们这些旁观者也被深深感染。

探秘大藏布

7月14日凌晨，队伍分两批乘火车前往拉萨。沿途过三江源，觅藏羚羊，过唐古拉山口，观雪峰。下午到拉萨，西藏中国旅行社派人来车站接。晚宿拉萨汉庭快捷宾馆。

第二天，首先参观世界上海拔最高的古代宫堡式建筑——有"高原明珠"之称的布达拉宫。布达拉宫，屹立在拉萨市区西北的红山上，最初是松赞干布为迎娶文成公主而兴建的，17世纪经五世达赖重建后，布达拉宫成为历代达赖喇嘛的冬宫居所，也是西藏政教合一的统治中心。整座宫殿具有鲜明的藏式风格，依山而建，气势雄伟，堪称是一座艺术的殿堂。布达拉宫中还收藏了无数的珍宝，据说，其财富可抵半个上海哟。

下午参观建于吐蕃王朝时期的最早的佛堂——大昭寺，它供奉有文成公主所带的佛祖释迦牟尼12岁的等身像。晚上看反映藏文化的演出——《幸福路上》。

第三天，目的地——林芝。汽车沿318国道东行，先经过松赞干布出生地，后经达孜县、墨竹工卡县，到达海拔5013.25米的米拉山口，过山口沿尼洋河一路下行，游览千年秀巴古堡（又叫格萨尔古堡）。古堡群距今1600多年，原有古堡七座，现存五座。古堡历经千年风雨，依然雄伟挺拔，牢固异常，其精湛的建筑工艺被当今建筑专家、军事专家称为"当时条件下的奇迹工程"。点将台是景区内的另一不朽建筑，共分四层，呈阶梯状，相传是格萨尔王挥师点将的宫殿，内存少量古代的军事兵器，陈列着历史悠久的民俗展品，被誉为"西藏林芝博物馆"。

　　林芝海拔不到 3000 米，植被丰厚，好一派藏南风光，我们尽情享受着这里的清新空气。下午 6 时许，我们来到比日神山山脚下，因为下雨路滑，我们没能上去领略。晚住林芝八一镇智力大酒店。

　　第四天，早餐后游览名气很大的雅鲁藏布大峡谷，门票自费，太贵了（一个人 680 元），而且我们游的也只是大峡谷的 20 多公里的一段，大拐弯的自然风光不可能看见。那个海拔不到 8000 米（7782 米）的南伽巴瓦峰，引无数英雄竞折腰，至今没有人能够征服，我们在山下，等了约半个小时，云腾雾绕，就是没有一睹风采的机会。带着少许的遗憾，游览结束，返回拉萨。

　　第五天，沿中国—尼泊尔公路向西，翻过冈巴拉山口（海拔 4900 米）后，来到碧海青天、天鹅绒质感般水面的羊卓雍错。羊卓雍错藏语意为"天鹅池"，是西藏三大圣湖之一，海拔 4441 米，是西藏最大的淡水湖。湖内分布着十几个小岛，湖滨水草丰茂，是西藏著名的牧场之一。羊卓雍错还是西藏最大的水鸟栖息地，每到夏季，无数天鹅、沙鸥等水鸟常在湖面嬉戏。湖水碧蓝清澈，湖光山色，景色如画，人们形容她是"天上的仙境，人间的羊卓"。

　　沿着秀美的羊湖，经过世纪冰川——卡若拉冰川，来到西藏名城，电影《红河谷》的拍摄地江孜。远眺宗山古堡，那是 100 多年前，中国西藏军民与来犯的英国侵略军进行殊死搏斗，最后全部壮烈牺牲的地方。在纪念碑前肃立十分钟，然后赴西藏的第二大城——日喀则。

　　下午 5 时许，游览修建于 1447 年的黄教六大寺之一、历代班禅额尔德尼驻地——扎什伦布寺。寺内供奉有高 28 米的世界上最大的铜佛坐像——"强巴佛"（即弥勒佛像）。

　　晚住日喀则，宾馆窗外可见小布达拉宫，在夕阳的辉映下也很壮观，可惜在"文革"期间，被红卫兵打砸、洗劫一空，现在徒为一座空建筑。

　　第六天，早餐后，向拉萨返程。远眺天葬台，沿雅鲁藏布江河谷返回拉萨。沿途路况良好，但是因为限速的原因，车子走走停停，我们正好尽情欣赏河谷风光，感受高原第一河的气势。

　　午后，我们来到拉萨市郊。旅行社指定的购物点必须一一光顾。先是土特产购物点参观，后到茶马古道去品茶，再到藏医院去听藏医讲解，最后到地矿博物馆购"天珠"。我们一行人，几千

当年中国西藏军民血战英国侵略军的地方

元的消费看来是少的了。

末了，导游小廖介绍，他与人合伙的藏珑土特产专卖场，次日要开张，货已经摆好，工作人员已经到位。于是，我们便成了这个专卖场的第一批客人。热情友好，服务周到，打折优惠，但是我们一干人的几千大钞又不见了。

夜宿殿影宾馆，享受四星级待遇。深夜，旅行社张林松才把火车票送来。因为我们与旅行社合同中，返程火车票为硬卧，但由于旅行社自己的原因，火车票订晚了，只有软卧车票。在我们的强烈要求下，还是以硬卧的价格接下了火车票。

第七天，也就是 7 月 20 日，导游小廖和张师傅送我们到拉萨火车站。带着藏族聚居区留给我们的美好回忆，我们结束了这次愉快旅程。经过 48 个小时行程，我们回到重庆。

黔东南风情之旅

初到黔东南

梅雨时节，烟雨蒙蒙，我和我那帮"狐朋狗友"经过名茶之乡——都匀。这仅是我们的途经之地，除了云雾缭绕的群山和牌楼式公交站台，对别的没有印象可言。

榕江县城，黑灯瞎火中吃了些第一次听说的东西（如牛瘪），回到旅舍，枕着潮湿的被褥，听着窗外的雨声，忍着蚊虫的进攻，过了一夜。

次日，我们冒雨顺沿河公路而行。黔东南是苗族、壮族、侗族、瑶族等少数民族聚居的地方，融江两岸处处可见少数民族村寨，青灰色瓦顶木楼为主，层层叠叠，蔚为壮观。在一处侗寨，老远就望见一座高高的鼓楼，我们不顾雨势，绕道进到鼓楼，一睹神韵。鼓楼是侗寨老年人教歌、青年人唱歌、幼年人学歌、民间老艺人传歌编侗戏的集中场所。鼓楼为多柱支架八角密檐塔式结构，以杉木开槽穿榫和接而成，不用一钉一铆，衔接无隙，丝毫不差，牢固严谨，经风霜，历雨露，百年不倒。瓦檐上有彩绘和雕塑，山水造型，花卉、龙凤、飞鸟和古装人物，云腾雾绕，五彩缤纷。鼓楼高耸，巍然挺立，气概雄伟，让人叹为观止。

加榜梯田游

从江加榜梯田是我们此行的重要景点。由于正在修路，山路泥泞，高低不平，车技不精、路况不熟者，绝不敢贸然前行，我们只能租当地车前往。长安车在乌税山山腰颠簸不止，好像随时要翻下深深的加车河谷底。幸运的是，开车的苗族小伙不但车技精湛，而且还是当地旅游协会的志愿者，义务为我们当起了导游。车内，循环播放着加榜梯田的宣传片，不一会儿，第一个梯田观景点到了，我们兴奋地下车。乌税山山顶是茂密的森林，天梯般的梯田就从森林带下方重重叠叠延伸到谷底。梯田如苗家小伙的一层层腰带，又如苗家姑娘的一环环项圈，无论是蓝天背景，还是彩霞映衬都让梯田壮美无比。浓浓的水汽，顷刻间可以在山间成云成雾，成雨成"海"。观景兴致正高，山谷腾上一团云汽，居然马上就下起雨来。我们立刻上车，并继续前进，不想两分钟过后，云雾飘过，雨又停了。再一次停车观景，云雾正离我们远去，近处梯田雨后格外朗润，秧苗焕发生机，远处梯田透过淡淡云气如仙境一般，虚无缥缈，若隐若现。

　　加榜梯田开凿于什么时代无人知晓，但无疑是农耕文化的重要遗产，那梯田如高低错落的音符、如苍茫大地的水彩画、如春夏秋冬的调色板，记录了黔东南山区的远古历史，承载了苗族同胞的厚重文化，更寄托了苗家儿女的美好愿望。沿途梯田格局不断变幻，我停车、看景、听讲，其乐融融。在一些梯田角落，有时会发现一座独立的小屋，我们实在猜不出小屋的用途，苗家小伙告诉我们，那是耕牛棚，一年四季牛都在小屋过夜。我们关切发问：那牛会不会被偷，小伙很平静地告诉我们，这里民风淳朴，是不会发生偷盗事件的。

　　我们踏进一个梯田环绕的苗寨。进寨一棵参天古树，古树半中伸出两枝硕大的古枝，好像张开双臂欢迎我们。民居是一幢幢吊脚楼，楼下主要是牲口或农具屋，楼上住人。粮仓为防火，一般独立于主楼，甚至单独建在寨子边沿。苗家小朋友无忧无虑地在寨子里成群玩耍，玩具不多，连公鸡也成了他们的宠物。狗是寨子里最平常的动物了，我们一行人来时，没有一只狗对我们叫，它们若无其事在我们周围徜徉。寨子旁有不少晾晒稻谷的木架，这里的糯米稻在食用前仍是成熟时的一束束稻穗，加榜乡的苗家人走亲戚时，挑上两大串成熟风干糯米稻就是最好的礼物。在一处苗家，主人招待我们最好的待客午饭——鸡蛋面，还领我们参观他的农家乐新居。该返程了，几只狗替寨子主人送我们，其中一只送我们很远很远，直到我们上车，还不肯离去。

苗家人挑着厚礼走亲戚

岜沙苗寨风情

难得晴朗一天，一早赶往中国最后的枪手部落——岜沙苗寨。运气真好，苗王率身着盛装的村民站在寨门口吹起芦笙端着美酒，鸣放火药枪和铁炮以示欢迎。进得苗寨，有如置身于久远的原始部落，时光将人们拉回到数百年前，村民们穿着土法染制的民族服装，深蓝紫色泛着光泽。女子身穿大襟的上衣，下穿百褶短裙，扎绑腿。领口、袖口、下摆和绑腿都是姑娘们自己绣制的彩锦，项上戴着粗大的银环。男人们梳着小辫，头挽发髻，腰间别着砍刀，肩头挎着猎枪。

寨子的房前屋后树木参天，每一棵树都可能被岜沙苗人定为"生命树"。原来这里至今保持树葬的习俗：每一个岜沙人在出生后，他的父母都会为他种一棵树，寓意他生命的开始，此后树在一个又一个春夏秋冬中成长，也伴随这个人在人生的酸甜苦辣中历练和成长，直到人的一生走到尽头、生命结束的一刻，寨子中的人会把伴随死者成长的这棵树砍来做成棺材，在为死者鸣枪之后，把死者放进棺材入土，之后在埋葬他的地方种一棵树，表示他的生命以另一种形式得到了再生和延续。因此，我们看到的每一棵大树下都可能葬过岜沙先民。

在树林环抱的芦笙坪上有隆重的岜沙风情表演。少男少女们围成圈跳起芦笙舞，悠扬的芦笙音乐，久久回荡，热情奔放的歌舞让人陶醉，让人心动。枪手部落一定有枪手表演，精彩的表演演绎着古老民族的沧桑历史。男子成人礼——"镰刀剃头"是岜沙苗寨最吸引眼球的习俗：依照岜沙的传统，男孩从出生那天起，不能随便剃发、剪发，到十五六岁时用镰刀把一头长发统统剃去，只留下中央的一撮并梳成高高的发髻，也就是堪称岜沙部落标志的"户棍"发型。

岜沙苗寨，中国唯一允许持枪的地方

迎娶新娘的节目也很好看。这一次是一位老外有幸成为"新郎"，高高的"新郎"牵着矮矮的"新娘"，按照习俗不断被折腾，窘态百出，笑声四起，快乐至极。风情表演最后以女孩子们与客人手拉手共跳芦笙舞而结束。几十年前，321国道就从寨子边经过，如今岜沙仍能保持古朴民风，我们为之感叹。

黎平红色游

行程最后一站，"红色"黎平。出发前，我们就在网上查到黎平有个所谓世界最大的天生桥，为了一睹风采，我们驱车前往。日薄西山时才到达，没想到，这个天生桥其实就是一个巨大的两头见光的天然溶洞。

除了大，没有什么特别，同行者有些失望。不过，我一点不失望，因为在景区导游图前认识了一位孤身一人长途驴行的眉山女老乡。她，看上去只有20多岁，背着沉重的驴友背包，手里还提着相机、雨伞、水果、饮料什么的，但看不出任何倦意。攀谈中得知，她已经出行半个月了，一路上大多数时候是一个人驴行，夜晚有时在老乡家住，有时住便宜旅馆，有时就在野外搭帐篷过夜。敬佩之余，我们也为她的安全担心，从她坦然一笑中，我忽然觉得担心可能多余。驴友是不肯跟车而行的，与老乡共游天生桥后，分道扬镳。

黎平是中国工农红军三次经过的地方。1930年红七军为与中央红军会合曾辗转黎平，1934年夏红六军团西征先遣过黎平，1934年年底中央红军长征转兵黎平。特别是中央红军在这里召开的具有历史意义的黎平会议值得一提：会上，李德一意孤行，坚持要北上与二、六军团会合，而毛泽东则主张放弃与红二、六军团会合，甩掉重兵围堵，避实就虚，不往敌人的口袋里钻，改向黔北进军。会议争论得十分激烈，主持人周恩来愤怒地把桌上的马灯都拍熄。最后政治局采纳了毛泽东的正确主张，实现了战略转兵，避免了中央红军的覆灭。此后红军变被动为主动，并为遵义会议的召开做了有力的准备。千里迢迢来到黎平，肯定要看看黎平会址、黎平会议纪念馆，只是时间过于仓促，未得详看，有些遗憾。

返程中，我们经过不少侗寨、苗寨、壮乡、瑶寨，匆匆而过，没有留下多少记忆，不过，公路两旁那便宜得难以置信的西瓜、李子和价格高得离谱的杨梅却让我们停下车来品尝。

风风火火的四日游，哪能将黔东南风情领略个够，以后再找时间游个够吧。

再游黔东南

2014年1月，一帮"难"友居然想再到黔东南一游，我策划好路线，游一圈。点滴记忆，奉献出来，以乞共飨。

导航问题

出发时，按照导航指引的路线前行，没想到后来出现几个问题。①由贵阳北到贵阳东的绕城高速封路，车子到封路路口唯有变线，经过城北到城西、城西到城南、城南再到城东，绕贵阳城 270 度才回到原路线。②导航地图更新慢，从余庆到湄潭已经通高速了，但导航上没有，害得我们误了时间，损了车子。③从遵义以西的青檬高速直接分路可以缩短行程，导航上也有显示，但由于先前导航滞后，我们不相信导航了，仍然绕遵义过，结果遇上多处路段的拥堵和车祸，所幸 100 多元的过路费免了。

千户苗寨

我们去的是贵州雷山县西江镇的千户苗寨，号称中国最大的苗寨。西江千户苗寨是一个完整保存苗族"原始生态"文化的地方，是领略和认识中国苗族漫长历史与发展的好地方。

苗寨处在河流谷地，清澈见底的白水河穿寨而过，苗寨的主体位于河流东北侧的河谷坡地上。千百年来，勤劳勇敢的西江苗族同胞在这里日出而作，日落而息，在苗寨上游地区开辟出了大片的梯田，形成了浓郁的农耕文化与优美的田园风光。由于受耕地资源的限制，生活在这里的苗族居民充分利用这里的地形特点，在半山建造独具特色的吊脚楼，上千户吊脚楼随着地形的起伏变化，层峦叠嶂，鳞次栉比，密密匝匝，蔚为壮观。

每天上下午各一场的当地苗族歌舞节目，具有浓郁的民族色彩。华丽的服饰，欢快的歌舞述说着美丽的爱情故事。苗族古歌演唱，非常原生态，演唱者全是寨中的老人，用苗族古语演唱其史诗般宏大的古歌。

千户苗寨的歌舞表演，值得一看

西江千户苗寨的夜景就更为璀璨迷人了。每到黄昏时分，千家万户就亮起了灯，随着天色越来越暗，由近及远，由河谷到山腰，西江千户苗寨变成了灯的海洋，摄友们陶醉于美景面前，唯有不停地按下快门。行走在夜景之中，突然一店铺门口，一块招牌非常刺眼——"本店恕不接待日本人"，令人遗憾和痛心的中日关系，在这里也见端倪啊。

晚餐好玩。我们下榻的那家苗家乐，厨师不在，我们就自己动手 DIY。丽姐和斌哥只用了一个多小时，办出了丰盛的晚餐。苗家小妹还换上漂亮的民族盛装，以最高礼仪为我们祝酒唱歌。可能"水总"有点遗憾，下午在观景台艳遇的一位靓妹，几经搭讪，比较熟悉了，却不敢请来一道用餐。怕河东狮吼吗？

镇远古城

镇远县属于黔东南苗族侗族自治州，位于贵州省东部武陵山区，是贵州高原向湘西丘陵过渡的斜坡地带，是贵州的东大门，素有"滇楚锁钥、黔东门户"之称。

我们一行人，到了古城，茫然失措，不知从何游起。由于意见不统一，只有分头行动。我和另三位从参观"和平村"旧址开始，"和平村"是抗战期间收容日本战俘的地方，先后300多名日本战俘在这里被收容改造，其中不少战俘后来加入反战同盟，为反日本法西斯做了一定的贡献。

绕城而过的舞阳河是要看的。舞阳河自西向东呈"S"形蜿蜒贯通全城，形成了"九山抱一水，一水分两城"，山水城浑然一体、天人合一，使古城有独特的太极图风貌。镇远古城历经千载沧桑，至今城址未变，古韵悠悠。舞阳河两岸，古民居、古巷道、古码头不少，甚至还有"歪门斜道"，街道是倾斜的不说，街道两旁的店铺也不正对街道。无意间，走进了府城的镇远博物馆，全面了解了镇远的古往今来。另外，这里居然有炎帝宫，炎帝在这里成了火神。

走疲惫了，河边有品茶休闲的地方。看着城墙下清清的河水，望着对岸的万寿宫，那种宁静那种悠闲，不带任何杂念。漫步走过风雨桥，来到对岸，回望府城。府城背靠大山，山巅有寺庙。我马上想到圆周率"3.14"，同伴夸我联想丰富。由于没有当地专业导游，吴敬梓《儒林外史》中描述的地方，周达文故居，我们走过了也不曾知晓。青龙洞，据说是佛教、道教、儒教三教合一的圣地，可惜时间有限，未成行。

舞阳河畔镇远城

花都掠影

不知什么时候，贵州黔西县冠上了"花都"的名号，为了一探究竟，五一小长假，应好友相约，奔赴黔西。

黔西县当然在贵州西部，一个别致的小县城。街道清爽整洁、绿树掩映，花台之上是各色杜鹃，艳丽可人，为了体现"花都"之名，就连路灯也用花装饰。午憩时，从一高处窗台远望，风雨廊桥、别墅筒车、亭台楼阁，让你禁不住对黔西有了好感。

满族村风情

下午，我们安营扎寨于贵州的"满族第一村"。"满族第一村"什么来历？我满心狐疑，进村第一件事就是向一位老者请教其中缘由。原来，在清初，清朝为了加强对汉族地区的统治，将北方一个整村的满人强行殖民于此，这个满族村就此扎下根来。村旁那清初满人的古墓古柏也许就在述说那一段故事吧。村民依湖而居，我们信步走向湖畔，首先映入眼帘的是由三叶草花铺成的花海。球形花序，白色为主，偶有淡红，边开花，边结籽，生生不息，绵延不绝，让人感叹。

好几个月不下雨，湖面水位很低，两岸大片龟裂的土地，从裂缝中哈着粗气；渡口已成摆设，水鸟成了船的主人，真个"野渡无人舟自横"。小姑娘有在湖边拾贝的，有在湖边放牛的，有从湖中为家里挑水的，好一幅田园风景画。

满族村布置得像一个花园小区，有休闲健身器材，水泥路通到各家各户，民居墙面一般都有满族服饰画。在村口一面墙

满族村湖畔的三叶草也有风情

上的村民量化考核栏中，有表彰表现满族村良好精神风貌的内容。印象深的还有一只斗鸡，多处创伤，羽毛不整，仍有斗志，屡屡攻击已被主人保护起来的另一只斗鸡。我们在一户农家安顿，悲的是停水停电，喜的是用手电绑在伸入庭院中的小树枝上照明，吃上了最正宗的农家晚餐。与我们不同，村民喜的是我们来了给他们带来了一场好大好大的雨（唯心说法），结束了挑水的日子；悲的是大雨来的同时，夹带着大冰雹，导致即将成熟的油菜籽和蔬菜苗受灾。

百里杜鹃花海

次日，是我们领略花都风采的时候。"百里杜鹃"其实是一座规模宏伟的天然花园，以天然的杜鹃花海而得名。我们从满族第一村出发，经过金坡到普底，路旁的杜鹃早已怒放，似乎埋怨我们来得有些迟了。遇到特别的景致，车子不自觉地停下来，我们蜂拥而出，投入杜鹃花海的怀抱。

杜鹃花，又叫索玛花、映山红。我原以为杜鹃花只有红的，这次让我大开

眼界。单红色就好多，水红、大红、粉红、橘红、淡红，但没想到还有纯白、银粉、鹅黄、淡紫、紫色等色的杜鹃花，蓝天背景下，各色杜鹃争奇斗妍。只可惜我们来去匆匆，来不及一一留下那美轮美奂的瞬间。

在普底景区，我们沿着山路向云台岭前行。视野所及几乎全是杜鹃树和杜鹃花，因昨夜的那一场大雨加冰雹，花瓣大量凋落，我们一路踩着花瓣不觉有些伤感。我想起曹雪芹笔下黛玉葬花词："花谢花飞飞满天，红消香断有谁怜？……试看春残花渐落，便是红颜老死时……"不过，花开花落，自然规律，龚自珍笔下不是有"落红不是无情物，化作春泥更护花"之言吗？这样想来，心境释然，虽败柳残花，也有别样风流。

云门囤风景

归途中，游兴不减，当有人提议前往遵义地区的云门囤景区时，众人立刻响应，驱车前往。

云门囤景区，是典型喀斯特河谷，青峰如屏倒映江中，景色奇幻多姿。现开发的景点有云门囤水上天生桥奇景、湄江河十里画廊观光、牛角塘景区、夜郎古道。我们乘船游览，仡佬族美女导游热情为我们讲解，我们又看到了有数千年历史的洞穴岩棺，乐安江与湄江的"V"字形交汇，嬉戏于湄江河面的野鸭、鸳鸯、白鹭，山泉从莲花峰飞流直下，随微风摆动，映着阳光形成的彩虹瀑布，牛角塘旁鬼斧神工的天眼地缝，沉坠于河床数千年经炭化而成的乌木，千奇百怪、造型逼真的各种根雕，确算不虚此行。

美酒河风光

初夏是最美的季节。我邀一帮同道者，开始了我们的赤水美河风光游。黔北山地的自然风光引人入胜，在长年的云遮雾绕下，山色朗润，碧绿清新，座座山峰如出浴的少女，显得格外迷人。

赤水河，发源于云南，流经川黔边界。文献中说，赤水河因红色岩石风化侵蚀渗到河中的红色泥浆使河水在多雨季节呈赤色而得名。我仔细观察两岸，灌丛下确能辨出红色质地来。河流两岸山势陡峻，悬崖如削，山顶奇峰异石，河中滩长陡跌，水急凶险，故被誉为黔北入川天险。在对岸一陡崖处，两个黑黝黝的岩洞，张着大口，让我们驻足观望。两口岩洞在半山腰顺岩层竖直延伸和排列，幽深叵测，令人颇感神秘。公路旁立起的"国际洞穴及攀岩探险基地"碑，已初显岩洞对世人之魔力。

公路两旁的文化景观美不胜收。"小糊涂仙""醉三江"等酒文化护栏让公路也亲切起来，据说是西南龙刻之最的四条石刻长龙，既作公路护栏，又是石雕艺术，彰显着中国龙文化。清朝民间义士吴登举开河修浚河道的传奇故事也有碑为证。40多幅摩崖石刻中，要数载入"世界吉尼斯之最"的"美酒河"石刻最为壮观。岩壁之上，由著名书法家邵华泽书写的三个石刻汉字单字宽和高皆有三四十米，字体潇洒稳健又豪放有力，且刻入岩石一米多深，远远望去，给人以震撼。

车沿赤水河前进，忽然，阵阵酒香扑鼻而来，而且越来越浓，我们意识到，酒乡茅台镇要到了。

茅台镇坐落在宽坦的赤水河谷，依山傍水，群山环抱，水秀山青。与茅台镇居民攀谈，他们总是兴致勃勃地给我们讲"酒"故事，话语中浸透灿烂"酒"文化。亮出证件，经过交涉，我们顺利地参观了茅台酒厂，年产万吨的茅台集团气度非凡，不同字体的"酒"字造型、别样风格的各式酒樽、国酒大师的庄重塑像、高高耸立的茅台大楼，更让我们感受到酒文化的浓郁。

为什么茅台镇出好酒？我多方求证，终于懂得了一点玄机。没有污染、甘甜爽洌、富含有益微量元素的赤水河水是美酒诞生的第一要素，温暖潮湿的亚热带季风气候、紫红色微酸性土壤、当地优质的红高粱、千百年传承下来的酿造工艺都是优越的酿酒条件。

晚餐本可以沾点茅台酒味，可巧，我们这行人都不嗜酒，无法辨出茅台品质的高低，结果只要了两瓶"茅台"啤酒，总算不虚茅台之行了。

仙女雪山景物记

也许是虎年的虎劲吧，冷空气一次次南下，南方也呈现出北国风光。2011

年1月，我和几个朋友就和重庆武隆的仙女雪山有过一次亲密接触。

在中国西部的群山中，仙女山并不高，但车还在半山腰，就有管理人员提醒要给车加防滑链了。果然，再往上白色渐渐成为视野中的主色调，公路上也有厚厚的积雪，没有防滑链，车技再高的人也不敢玩命。

仙女山镇娴静地躺在这个冰雪世界。从车厢里拿出的矿泉水，一会儿工夫就成了一瓶冰疙瘩；积雪铺得太厚，只能靠一排排延伸的建筑才能辨知街道位置；商铺凸出的标牌字凡是横的笔画都因积雪而变粗；雪中找乐的人任意将什么容器盛上水就铸成一个个冰雕作品，供游人观赏。

我们选择在一个旅社安营休息。因准备不足，险象环生。虽是室内，也得格外小心：除了开了暖空调的卧房，其他屋子从外面带来的雪是化不了的，所以走路就得当心滑倒；服务员倒给你的茶水，你端在手中得一气喝尽，不然一会儿就只能喝冰；水管结冰、厕所结冰，甚至泡菜坛结冰，泡菜也不得吃。

走进卧室里，境况稍好，但见厚厚的绒布把门窗捂得严严实实，我出于好奇，掀开绒布，才发现窗框不知从哪天起就已冰冻了，根本打不开。窗外银白色的世界，显得特别刺眼。待在这种房间里，你是没有心情看书、看电视或进行其他娱乐活动的，中心工作就是开上电热毯睡觉。

次日，在旅社大家围在一起吃了一大锅麻辣热面，主动放弃乘坐观光车的机会，开始了徒步游仙女雪山的征程。无垠的林海雪原，好一片圣洁仙景。皑皑白雪，白得让人心疼，害怕一脚下去就玷污了它的圣洁。冰雪笼罩的大地、银装素裹的森林总带给你一个又一个惊喜。走在厚厚的积雪上，你不担心衣裤弄脏；倒在软软的积雪上，你不担心身体受伤。在路边随便摆一个造型，就可以得到一张唯美的人物风景照。绿色森林早成玉树银花，晶莹剔透的树挂形态各异，想啥似啥，昏暗的树林下也有白雪积淀，有的地方野生动物的脚印清晰可见，我在冥想：何处是动物们的家？

南方人见到这茫茫雪原，是不会放过领略雪上运动的无穷魅力与浪漫刺激的。不必说嬉戏、追逐、打雪仗，也不必说滑雪、溜雪、堆雪人，单是我和几个年轻人在雪地里脱光上衣秀肌肉就无比刺激。忘却了雪山寒气，我们在雪地里疯狂地摆够了各种造型，还现场直播武术散打对决，拳脚

仙女山雪屋

相加，雪花飞扬，那一刻，杨子荣、雪山飞狐在脑子里乱现，游人在驻足赞叹，相机在不停乱闪，瘾是过足了。

美好的时光总是短暂的，我们终究回到了无冰无雪的现实里。不过，每当心情郁闷、情绪低落或者繁忙工作之后需要解压之时，我总想到那足以让人忘却烦恼、净化心灵的仙女雪山。

清溪中峰　古剑寻踪

清溪河，古名奉恩溪，发源于贵州习水茂密的原始森林，经贵州、江津四面山、綦江中峰、永新至清溪口汇入綦河，据说是綦江区境内最美的河流之一。这个五一节，我就邀约一帮朋友，想一探究竟。

车从北门而出没多久，就开始沿着清溪河驰行。处于库区的清溪河，河面宽阔，水流淌在河床，几乎不见其流动。在管理处，我们租了一艘游船，荡舟其间。河水清澈、微波荡漾，走到船头，俯身轻抚清澈的河水，犹如抚摸爱人的脸——细腻、光滑，润泽心扉。两岸的竹林是两道风景线，但见竹叶扶疏，错落有致，倒影与之相映成画，美不胜收。偶有白鹤栖息竹梢，或从两岸竹林间飞过，安详而自然。我们来得不巧，正赶上竹林开始换叶，往年的老叶子纷纷掉入河中，河面上漂浮着大量的发黄竹叶，多少对河面景观有点影响，不过，遵循自然法则，亦无可厚非。大人欣赏美景，两个小朋友脚踩游船，专心学习控制船舵，也算学在其中，乐在其中。

听说在岸边一处山顶可以纵观清溪河道天然绕成的"太极图"，于是我们下船向山顶攀登。然而，看起来不起眼的山头，特别陡峻，体力好的人估计没有一小时上不到山顶，最后只有我和小黑、帅哥三人迎难而上。因行程紧，我们只在半山腰俯瞰了一下"太极图"，显然还没有看到"太极图"全貌，多少有点遗憾。两个多小时过去了，我们只得继续赶路。

在离中峰大约十公里的邓家沟，我们见到清溪河上最大的水坝——马颈子水坝。马颈子水库坝型为浆砌石重力拱坝，坝顶轴线长近100米，最大坝高恐有30米高，溢洪道为正堰开敞式坝顶溢流，溢流坝段有平面钢闸门六扇，钢闸门是用大型滑轨塔吊才安装上去的，滑轨塔吊待工程完工后，就废弃在坝体上，但即便如此，站在高高的塔吊旁仍然有点后怕。据介绍，马颈子水库是一座以灌溉为主，兼具发电防洪功能的水库。整个坝体宏伟大气，没想到在这么一条小河上有如此宏大的水利工程，我们忍不住在这里合影留念。

中午时分，我们到达中峰镇。在镇上转了转，吃了午餐，"杀"向传说中的中峰古镇。镇上人说车子绕盘山公路三四分钟可达，我们在中峰镇河对岸的半山坡下了车。山下是清溪河的上游，河面窄了很多，小桥流水人家，停了下来，我们见到一些破旧房舍，便向几位老人打听中峰古镇所在。没想到老人没听说过中峰古镇，甚至有一个算得上是见过世面的老人说，我们是不是要找古南镇，把我们气得差点背过气去。既来之，则安之，我又耐心地向老人描述：古镇，就是有很多古老的街道……一位老人似乎有所顿悟，问我们是不是要找这里的老街。我们马上说，就是就是。他们马上说，这里就是，然后用手往他们身后一指，我们终于明白了。

穿过一条窄窄的巷道，一条长长的老街呈现在我们眼前。老街全是明清时代的木制两层楼建筑，青瓦屋顶、斗拱飞檐，中间是一条由青石板铺就的街道，街宽约三米，街长估计有两三百米，慢慢行走五分钟就能走到头。由于年久失修，街两边的木楼有些倾斜，原本就很窄的街道显得更窄，站在街当中只能看到"一线天"，一米阳光透过青瓦木檐给老街抹上了一道天光。街中心位置的过街房下，坐了些乘凉、打牌、拉家常的街坊邻居，小狗小猫匍匐在主人脚下，恬静而悠闲。街中心地段的戏台和庙宇至今保存完好，戏台上的石雕图案仍清晰可见，记录着这里曾经的繁荣。古镇居民与世无争，享受这里的古朴宁静。不过每隔几天，这里也会逢场赶集，热闹一阵，附近的村民也愿意来这里购些小商品。听说，这里最出名的是当地一位老婆婆酿的砸酒，只可惜我们来得不是时候，不逢场，不曾得见。我们怀着依依不舍的心情离开古镇，心中默默祈祷：古镇啊，能长久些吧，但愿多少年后，我们还能看到您的鲜活……

僰人的男根崇拜

车子载着我们前往灵应岩。中峰镇最神奇的是男性生殖图腾，灵应岩一带的河岸礁石、山壁、路旁都能看见先人雕刻的男性生殖器图案，因此被外界称为"男根圣地"。清溪河流域是古代僰人生息繁衍的地方，先人为求子、祈福而留下的几千根男性生殖器石刻、石雕，根体雄壮、挺拔、恢宏、逼真、罕见、奇特，根体上咸丰、

我的地理之路
WODEDILIZHILU

同治、光绪年间求子得灵的字迹清晰可辨，其历史传说、典故趣事神奇诱人。如今，仍有一些久不生育的善男信女前来祈福，他们将木棒削成男根形状，插于香案前，然后膜拜，祈求得一男半女。这不，我们离开时，就有一对小夫妻神神秘秘地来了。不过，灵不灵还得相信科学吧。

车子在返程路上急驰，偶然间看到清溪河对岸的石灰岩峭壁上有数十个方形孔洞，甚是蹊跷，于是下车遥望。据说这就是古代僰人的悬棺，经历千年沧桑，孔洞早已空空如也，那孔洞似乎张着嘴，向人们倾述着多少曾经的故事。

穿过綦江城，车沿盘山公路蜿蜒而上。半小时后，古剑山就在眼前。古剑山，山势雄伟，奇峰突兀，自成孤峰，凌空屹立，状似公鸡，故又名鸡公嘴。相传于明万历年间（1610）建东岳庙时，掘基得古剑、古镜各一，故山以古剑名之。鸡公嘴海拔1140米，三面悬崖，沿石径曲折而升，松柏繁茂，绿树成荫，风光灿烂，景色宜人。沿途还有不少人性化的设施，休息亭、饮水斗、垃圾箱和音乐盒都做得与环境甚是协调，不觉得别扭。看上去高高的山峰，同伴起初还有些担心体力不支，但是一路欣赏着美景居然没太费劲就上到山顶了。净音寺就坐落于山势最雄浑开阔处，香火不断，香客络绎不绝，从百里之外慕名而来。

黄昏时分，我们在高处悬崖边，振臂一呼，因为孤峰耸立，所以没有回声；我们在后山密林中深深呼吸，因为轻风拂面，所以没有陶醉，但美景足以让我们流连。只是天色暗淡下来，大家也不情愿折返，一致决定忍着高消费的"罪名"，在山顶的一处农家乐住了下来。

带着对次日观日出的期盼，也带着奔波整整一天的疲倦，我们很快进入梦乡。

洞穴探秘

洞穴在人们的心目中，一直是个充满神秘的区域，欧洲人认为洞穴是通向地狱的通道，藏族群众认为洞穴是邪恶的地方，从不轻易进入。小时候的我，初生牛犊，什么都不畏惧，长大了反而有点怕了。只有在邀约几个朋友一起来探究时，才不感到害怕。

洞穴，虽然是地层、土层或冰层下的特定空间，但成因却很多，大小规模也相差悬殊。同样是小土洞，田间地头的小土洞（专业上称潜蚀洞）与流水的侵蚀、溶蚀作用分不开，而川西北松潘草原上的一个个土洞则是草原硕鼠的"功劳"。同样是侵蚀作用，既有海浪海流侵蚀形成的海蚀洞，也有干旱地区风力侵蚀形成的风蚀洞；既有石灰岩地区广泛分布的喀斯特溶洞，还有高寒地区冰川裂缝在流水作用下形成的洞穴通道，不过这种洞穴通道不稳定，不可能长时间存在。

在东北黑龙江五大连池，有一种特殊的火山洞，那是由于流动的岩浆内外温差造成的，外面的冷却快结成硬壳，而中部的岩浆保持高温继续流动，最后形成空隙，形成洞，在低温的冻土层下，呈现壮观的洞穴冰雪世界。如果到东北旅游，一定不要忘了，去五大连池水晶洞和白龙洞一睹风采哟。特别申明，这不是打广告！你去冻坏了，也不关我的事。

科学界有争议的夏冰洞，我也有幸见识。在重庆巫溪县红池坝，就有个夏冰洞，有冬春冰融、夏季结冰的特点。盛夏，当你靠近洞口时，寒气逼人，几欲止步，但好奇心，促使你鼓足勇气进入洞中。当洞内四壁的冰瀑，一排排、一道道，似银河决堤，气势恢宏地展现在你面前时，我敢保证，你会觉得千里迢迢来这一趟，值了。

至于夏冰洞的成因，我没做长时间考察，未敢妄言，不过有两种观点，可以提供给大家参考。一种观点：大气环流分水平运动和上下垂直流动两种。其中上下垂直流动与四季温度变化有关。夏季，地面增温，大气上升运动明显，带到洞穴的空气从裂缝处和破碎通道向外流出扩散。空气流出，气压降低，根据物理原理，气温

夏天结冰的夏冰洞

也降低，当降到零摄氏度以下，洞内潮湿的空气达到饱和，就结冰了。冬季，过程相反，洞内气压升高，气温也就升高了，洞口还可见到冒"热气"的现象。另一种观点，说真的，我也看不太懂。它说，在山体高处还有与夏冰洞相连的洞穴，随着天气的变暖，山体外部的气温高于山体内部温度，内部密度较大的低温气流就沿着山体内通道向下流动。这种流动随着外部温度的升高，内外空气密度差的增大而加剧。当山体通道不足以将气流温度加热到零摄氏度以上，且外部空气湿度满足零摄氏度空气的饱和条件时，通道出口将出现凝华冰（洞口有水渗出时将出现冰柱），形成夏冰洞。

洞穴探险充满危险，当然也有乐趣，还能学到知识。我工作的渝黔交界地带，

喀斯特洞穴很多，周末或节假日我喜欢带领朋友到洞中探险。

有一个"硝洞"，据说当地人很早以前在里面制过硝。洞口很小，侧身小心进入，里面却宛如一个大厅，洞壁比较潮湿，有些地方居然爬满了两三厘米长的能分泌黏液的白色"悬巴虫"（学名叫啥，不知道）。一不小心，手碰到洞壁就粘上几条，有的还是活的，有的则肢体残缺，太恶心了。在四周还有很多岔洞，倒霉的是我每次在岔洞口撞见与猫一样大小的老鼠。灯光照到它，硕鼠两只眼睛好像放出黄光，盯着人丝毫不动，让人顿生怯意。唯有大声吆喝，硕鼠才遁去。后来，我就在想，这洞中老鼠为啥这么大？又为啥对灯光刺激没有反应？老鼠大，可能是变异的结果吧；对灯光不敏感，我想是因为洞内的"悬巴虫"是它的食物，因食物丰富，这个老鼠家庭就没到洞外活动了，久而久之，视力就退化。

还有个洞叫"仙女洞"，留给我太深刻的记忆了（命都差点留在那里了，能不深刻吗？）。25年前，我曾带领一帮不怕死的家伙探到洞的最深处。当时，准备不充分，只带了火把就匆忙进入。因为少有人探到内洞，洞中的石笋、石钟乳、石柱形态各异，少有破坏，让人心喜。不过，让人心忧甚至恐惧的事马上发生。由于一路观景，不觉到了洞的最深处，正准备折返，燃得好好的火把突然熄灭了，我马上意识到洞内定是氧气不足。不到一分钟，火把上的火星也全部不见了，洞内顿时彻底暗下来（那时手机还不普及），洞内气温也开始上升，一行人呼吸也有些急促了。几个女孩和一些胆小的男孩开始哭喊，我马上呵斥："安静下来，这样少消耗氧气。"大家安静下来后，我仔细回忆刚才进来时的情形——路线的曲折程度、坡度的陡缓、沿途的标志物，做好明确判断后，我叮嘱大家蹲下身子，学鸭子走路摸索回转，一路上不断提醒大家要注意相互关照。洞内有一些岔洞，岔洞稍小，我试探一番，没有走偏；洞内还有落水洞，深邃不见底，石块滑落下去，只听声音就知道洞很深，我叫大家特别留意，掉下去，只有说拜拜，谁都救不了。大约半个小时，我的前方忽然一丝亮光。我马上高呼："我看到亮光了，我们得救了！"洞内一片欢腾，一次危险的探险告一段落。以后的日子，每每想起这次历险，都心有余悸，当然也告诫自己：以后不管到哪里旅游，安全第一。

东北游印象记

2018 年夏，我策划一次东北游。最终由 12 人组成的队伍，从辽宁锦州开始了为期 15 天自助游租车旅行。沿途风景挺多。

自然风光：锦州笔架山、盘锦红海滩、大连老虎滩、中朝界河鸭绿江、长白山风光、东北平原湿地、一眼望三国的图们江口、长春净月潭森林公园等。

文化景点：辽沈战役纪念馆、大连星海广场、鸭绿江断桥、长春伪满皇宫、长影世纪城、沈阳故宫、张大帅府、清昭陵（皇太极陵）、九一八纪念馆、中共满洲省委旧址、清入关前的皇家寺院皇寺等。

域外景点：朝鲜、俄罗斯风情。

这些景点网上都能查到，我还是谈谈东北游的印象和感受吧。

别样的东北

单从沿途风景就能窥见东北物产的丰富：辽河口的一排排油井、海滨绵延的养殖场、长白山茂密的森林、东北平原一望无际的稻田，无论是谁都会认为东北是块宝地。加上一座座亮丽的城市、四通八达的高速公路网、快速通行的高铁动车，中国这些年发展快啊。另外，东北餐饮费用低最有印象：12 个人围着一张大桌子，我们初次按常规点菜，由于菜品分量太足，结果居然没吃完。

游盘锦红海滩长知识了。红海滩为什么红？那是因为碱蓬草，一种适宜在盐碱土质上存活的草。它每年 4 月长出地面，初为嫩红，颜色渐次转深，10 月由红变紫。它是自然形成的，不要人撒种、耕耘。神奇之处在于它生长的位置，土壤盐度要适中，太咸不能生存，太淡又不能呈现红色。

游吉林珲春的防川心情沉重：从地图上可以看到，防川夹在中国和俄罗斯之间，中国领土从珲春一路向东沿着图们江延伸几十公里，只差十多公里就到图们江口的日本海，但是领土边界戛然而止。那是一个鸡鸣闻三国的地方，只怨祖辈的落后软弱，才造成今天的尴尬和憋屈。每一位到此一游的中国人都扼腕叹息，怅恨久之！

精神的朝鲜

朝鲜一日游，印象颇深。朝鲜人精神状态好，保持吃苦耐劳的优良传统，大街上以自行车、公交车和少量出租车为主，所以不堵车。由于能源紧张，私家车很少，据说只有对国家有重大贡献的人，才有资格获得国家奖励的私家车。

贫富差距小，没有玩手机的低头一族，所有工作收入都要上交国家，由国家统筹分配。在朝鲜我们只用人民币，同事与两位朝鲜美女照张合影，洗出的照片收费20元，导游告诉我，这20元也是要上交国家的。

朝鲜小姑娘欢迎、欢送我们，她们的笑颜定格在脑海中，祝愿她们快乐幸福。

鸭绿江大桥上看鸭绿江断桥

悠闲的俄罗斯

俄罗斯人的悠闲是出了名的。乌苏里江以东大片的黑土地荒芜，基本没看到种什么庄稼，好听的说法是保持原生态。偶尔可见到路边低矮而整洁的农家小院，没看到像我们农村的小洋楼。道路、房屋、管道等基础设置物尽其用，不到万不得已不会整修和改造，大街上什么车都有，新的旧的、敞篷的密封的、左边驾驶的右边驾驶的，甚至还有一些老爷车，看起来要散架的车，只要年检基本构件符合安全标准，外形外壳美点丑点无所谓，马路上一样开得大大方方。他们认为，车子只是代步工具而已。俄罗斯人过着散漫、恬静，又不想被打扰的生活，知足常乐，这一点值得我们学习。

随着中俄交流的加深，俄罗斯年轻人也有些变化。有些人可以说简单汉语、商场营业员准备了汉语说明书、一些人买东西甚至直接收人民币。

去俄罗斯的人都有一个感受，那里的帅哥美女太多了。但有个问题，很多国人没搞清楚，为什么那些身材婀娜的美女，会变成身肥腰粗的大妈呢？我觉得有三个原因：俄罗斯妇女家务做得多，身体变粗糙壮硕正常；第二个原因是饮食习惯，俄罗斯气候严寒，人们需要大量补充高热量食物御寒，高糖、高脂肪食品顿顿不离；第三个原因，冬季寒冷漫长，白天短促，少有户外活动，不胖才怪！

如果哪位中国小伙有幸娶到一位身材修长的俄罗斯美女并善加对待，中国纬度低，比较温暖，没必要过量进食高热量食物，再加强运动健身。放心吧，美女不会变大妈的。

第七章　自驾旅行

小西南游记

热情小"春城"

2015年夏，一帮人自驾游西南三省一市，因范围小，姑且称为"小西南"游。

西昌，凉山彝族自治州州府，处在四川第二大平原——安宁河平原上，海拔1500米以上，被称为"小春城"。每年农历六月二十四、二十五日，北斗星斗柄上指，彝族朋友就要过一年一度的"火把节"。

还未到西昌，就从多种渠道得知，100万人涌进西昌，西昌主城区已找不到住宿之地，无奈之下只好在距主城八公里的安宁镇住下。要体验火把节，当然要驱车进城，好不容易在离火把广场四公里的地方找到停车处（因为三公里内是交通管制区），开始步行向广场进发。

小雨淅沥沥，一路伴君行。离广场越近，人越多，管制区马路上已经堆放好一堆堆柴火，还进行了编号。火把广场位于中心地带，硕大的圆形广场上，56根红色火炬形巨柱耸天挺立，应该是象征全国56个民族大团结吧。

火把节又叫星回节，相当于彝历的新年。火把节的主要活动在夜晚，人们或点燃火把照天祈年、除秽求吉，或烧起篝火举行盛大的歌舞活动。

火把节中的一个火堆

离晚上八时火把节开始还有四个小时，不可能在雨中的广场上干站吧。同伴提议在附近找个茶楼休息一会儿再来，这真是个太迟钝的想法，附近茶楼、咖啡厅、网吧等所有能容纳"闲"人的地方早都人满为患，再走出三公里的管制区心又不甘。终于找到一个餐馆，说好了在那里吃晚餐，老板终于同意我们在里间稍息。

吃罢晚餐出来已是七点过了，华灯初上，人群聚集，已经没有好的观景位置了。在雨中终于挨到八点，广场上、马路上一下欢腾起来。首先是广场上的那56根红色巨柱上喷出了火苗，成为燃烧的最大火把，马路上的一堆堆火把也相继燃起熊熊火焰，民众还自发地点起一个个火堆，身着盛装的彝族少女、小伙穿行在人群中，一个个火堆被人群手拉手围成一圈又一圈，人们载歌载舞，挥洒豪情。

我们这些外乡人，被这种热情深深感染，也想靠近火堆，围起来歌舞一番，又迟了，根本挤不进去。只能在远处看着那变幻的火光，映着我们火热的脸庞……火柱、火把、火焰，歌声、舞形、人影，雨中激情百万人。

火把节高潮在零点前后，还有人群不断涌入，热情不断高涨，人们早忽视了雨的存在。可惜我们还要出城住宿，于是且看且退，离开了这一片"火"与"情"的世界……

次日，我们参观西昌卫星发射基地、考察土林景观、"揭"开邛海面纱，结束了西昌之旅。

梦中的泸沽湖

从西昌到泸沽湖直线距离并不远，但要翻山越岭，有些路段正在重修，时值雨季，时不时遭逢大小石块从山崖上掉落，总让人提心吊胆。在一个峡谷中行进时，正好有石块、泥块从山上掉下来，胆大的司机加大油门，快速通过，胆小的只能停下来，苦苦等待落石停止，那场面惊心动魄。

真正到了泸沽湖景区时，多少有些失落。在景区大门买票时，几个小朋友来到我们车队前，旁若无人地探问我们要不要逃票。逃票？小孩子教我们逃票？……诚然，当今中国很多景点门票偏贵，民众多有怨言，但一群小孩来带我们逃票，以期收点低于票价的费用，这里面已经不是门票本身的问题了，而是下一代教育的问题了。我们不理会，还是购票进入景区。

泸沽湖，是川滇交界的一个天然高原湖泊，环湖修有观光公路，半天时间就可以环湖一周游。水，或清澈如镜，或微波荡漾，与天共色；山，自然环绕，林木葱郁，绵延远方；岸，曲折婀娜，逶迤伸展，呈现片片大沙滩；岛，形态各异，翠绿如玉，似神仙姐姐居住的地方……

自然风光是美的，人文景致感觉有些欠缺。数十家酒店、渔村、旅社分布于环湖，建筑缺少民族特色，而商业气息却很浓郁，如果夜宿湖畔的酒家，就会体验到经常"缅甸"（免电）的滋味。（据说就是为了保持古朴民风，所以经常停电，不知是真的吗？）环湖多数路段，道路平整，居然有几处奇烂无比的路段，路面坑坑洼洼，积满了水，车辆难行，估计为时不短了，为什么不修呢？难道真的要体现"走婚"路上多艰险吗？此外，如果是走马观花般匆匆而过，你是根本体会不到"摩梭"文化的，"走婚桥"就是一段水泥路加一段木桥而已，难怪同行者离开时发出感慨："那穿着秀丽衣装、落落大方、清秀美貌的摩梭姑娘，你在哪里呀！"

别致的米易城

从泸沽湖到攀枝花，沿途要经过一些彝族、傈僳族自治乡，偏僻地区新修了上好的公路，这对当地经济有很好的拉动。村寨的人到路边摆个烤红薯摊、卖点特色水果，甚至无所事事地站在路边看过往车辆，但我们却从他们脸上看到了他们的幸福。在盐边的雅砻江畔，我们还有幸一睹中国特大水电站——二滩库区的风采。

在攀枝花的米易县城，老朋友为我们接风洗尘，那场面热情洋溢，情深意长。朋友招待我们吃当地特色——铜火锅。一个铜盆，中间镂空作为火烟通道，四周放置菜肴。以山药、莒根、藕块、萝卜等耐炖煮的菜打底，中间煮上一只嫩公鸡的鸡肉和火腿脚（俗称"香拐"）、五花曝腌肉等，再在上面均匀铺上一层精肉丸子，最上面用片成薄片的豆腐盖上，以胡椒、葱结等调味，盖上锅盖焖煮半个小时，就可饱口福了。这样煮出来的火锅，汤鲜肉美，菜耙入味，热气暄腾，营养丰富，蘸一蘸用家常豆瓣、油辣椒、火葱末、小米辣和蒜泥拌成的味碟，还可边吃边加入时鲜菜蔬涮烫，味道越炖越鲜……

米易小县城的夜景可迷人了。穿城而过的安宁河，两岸滨江路皆有彩色灯带装饰，河上的虹桥，如一条游龙，果真气势如虹。街道整洁清爽，一尘不染，花台路沿，紧凑别致。尤其是空气清新，让人心怡。米易是亚热带干热河谷立体气候，全年干雨季节分明而四季不分明，也是四季如春。难怪有不少成都人在此度假甚至养老……

第二天早上，就是我们的水果抢购"风潮"了。芒果、木瓜、石榴、荔枝、桂圆、苹果、梨子……批发市场应有尽有，让人目不暇接。价格便宜得让我们外地人不忍心还价。我们中好多人大包小包，直接往车上甩，以至于车队返程时油耗明显增高。最纠结的是菜市场路边摆放的新鲜野生蘑菇，伞把菇、大脚菇，甚至松茸，几十上百元一斤的，这

安宁河上的米易虹桥

里只卖几元，只怕坏了可惜，不敢买。

和朋友相别，有些依依不舍，车队离米易县城越来越远了，但我想起灰太狼的名言——"我一定会回来的！"

沉寂的红土地

回途的旅游线路中，我们安排了游览云南东川红土地。导航指引我们到了一家红土地摄影农家乐，安顿下来，正好日薄西山近黄昏。带上相机，开始和红土地深层次接触。

东川红土地，是因为土壤含高价态的铁较多，所以显红色，如果衬以蓝天、白云和那变幻莫测的光线，就会构成红土地壮观的景色。据说，这里的"红"仅次于巴西里约热内卢红土地的"红"。

可惜我们不是在最佳时候来的，红土地不如想象中或网上图片中那么红。最佳的观测时机是 5–6 月、9–10 月。高原上的初夏，农作物才生长不久，土地的红配上植物的绿，随着山形梯地环绕，就成为一幅壮美的油画。秋天呢，一部分土地翻耕待种，颜色鲜红，另一部分已经种上绿绿的青稞或小麦，色彩同样比较丰富。还有，雨季前后，气温高、光照强，红土地色彩艳丽。我们的造访恰恰在雨季，由于红土中水分偏多，颜色就要暗淡一些。

终于明白，为什么我们一路而来，专为红土地观光的车辆少，红土地镇一带的农家乐生意也清淡。我们站到高高的山岗上，透过云层洒下的片片残阳光，天宇之下是一座座沉寂的红土地山丘，和风吹送，凉爽宜人。红土地上，远远近近，偶有村民劳作，正好成为红土地背景的点缀……

红土上有一种作物，我们都不认识，正巧有村民赶着驴车经过，一打听，方知是我们经常提到的荞麦。一位老兄马上想到一户农家，现场买点新收割的鲜荞麦，拿回家泡茶。老农一句话"这是苦荞，不经加工不能泡茶喝，我们是拿来喂猪的"，让我们无地自容，不好意思惨了。

我们不能像摄影专家那样，长时间住下来或来很多次，红土地每一个角落，在不同的季节、天气、时辰、光线、角度下，皆能照出精美之作，说白了，我们只是匆匆过客而已。

草海滩隐忧

小西南游最后一站——贵州咸宁草海。草海水域面积才 46.5 平方公里，居然就成了贵州最大的湖泊，这是为什么呢？原来，是因为贵州的喀斯特地貌，地表水容易渗漏，所以，有这么一个天然湖泊实属不易。

草海很浅，平均水深才两米，长满各类水草，湿地景观可谓壮美。湖周围有大片广阔平坦的湖滩，草类茂盛，生机一片，若是暮春时节，还开放着大面积千姿百态、绚丽动人的杜鹃花。不过，我们来时是 8 月，湖岸的万寿菊、相思草、格桑花已竞相开放，有的已成产业。

为避免伤及水草，人工桨游船轻盈地漂在湖面上。湖中的水草在碧水中开出一朵朵、一串串、一片片的黄花、红花和白花，船行其中，花随水波浮动，摇曳让人如入仙境。一会儿，小船进入蒲草或芦苇丛中，时隐时现；一会儿，小船又进入开阔水面，观察水下，感觉小船像是被海菜花、紫萍、金鱼藻等水草顶托起的，几乎找不到没有水草的地方……

草海泛舟有情调

游览草海，我们非常尽兴，但尽兴之余，我却看到了隐忧。

两多两少。靠山吃山，靠水喝水，草海边的海边村，作为休闲度假胜地，人气旺，接待游客多，卖当地土特产的也多。什么土特产？一看便知，一口袋一口袋的小鱼小虾，晒干了，油酥了，摆起叫卖。景区宣传广告牌介绍的鸟类多达 200 种，我们船行湖面期间，只看到一两种，且是单只出现。水中的小鱼也很少，这么好的生态系统，鱼类如此丰富，无论如何也能见到一些吧，可是我却没见到。

两明两暗。明着叫卖土特产，还要明着摆卖捞鱼工具，有一种小网兜，是专门为游人在船行湖中时，捞鱼用的。这样做，我们不是在同鸟类抢食吗？还有暗的，春天的芦苇丛中和蒲草丛中，有一些鸟类孵出的蛋，但总有人在月黑风高之时去偷蛋，这是绝鸟类的种啊。船行湖中时，我不经意间发现水草间有类似管道一样的东西，一问撑船人，才知是捕鱼虾的装置。据说这种装置，设计非常精妙，鱼虾只要进入就绝无逃生之可能了，这可是赶尽杀绝的架势呀！

奇怪之处。整个景区，我没有看到有关保护鱼类、鸟类和草类资源的任何宣传牌，难道草海的各种资源真的是取之不尽用之不竭的吗？

疑问：鱼类少了，冬天大量候鸟来时吃什么？候鸟只能飞走，那大量游客来看什么鸟？鱼类、鸟类和草类资源遭到破坏后，旅游价值会不贬值吗？草海的旅游经济会持续下去吗？……古人尚且知道"不焚林而猎，不涸泽而渔"，难道我们不知道？但愿读者朋友游草海时，没有这样的疑问了。

川西北印象记

2014 年 7 月 20 日，我的第一次长距离自驾游行程开始。车队"寒碜"，只有一辆越野车和一辆轿车。队员由四个家庭组成，共有 10 人，其中包括一名学龄前儿童和两名中学生。

行程汇报

第一站，重庆至茂县。沿途适逢都江堰二王庙赶庙会，免费游之，喜。经过汶川，不忘"5·12"记忆，夜宿茂县。

第二站，茂县至阿坝县。先免费览观中国唯一的羌族博物馆，再登 437 个台阶的羌族祭祀台。赶往阿坝县，沿途草原风光无限，牦牛藏马好不自在。

第三站，阿坝县至玛曲县。观瞻阿坝县最具藏族文化代表性的格尔登寺，进入青海，考察神山年宝玉则之冰川地质公园，雪

气势宏大的羌族祭祀台

山、冰川、仙女湖、峡谷、花海、沉积物，让人流连忘返。又两过黄河，进入甘肃最南边的玛曲县，蓝天映衬下，感受黄河第一湾的壮美。

第四站，玛曲县到松潘县。在格萨尔广场徘徊，联想王朝兴衰；在黄河边玩沉沙，意犹未尽；在草原上观硕鼠（四五斤重），惊叹不已；在若尔盖草原看遗迹，红色记忆响耳边。

第五站，松潘县游黄龙景区。黄龙以彩池、雪山、峡谷、森林"四绝"著称于世，还有一条长约 7 公里，宽约 300 米的钙化山峡。当倦怠之情袭来之时，你大概就看到了最美的"五彩池"，这正印证"风光在险峰"之理。

第六站，松潘县至绵阳市。赶路超速上演戏剧一幕，北川地震遗址做下蠢事一桩，最后顺利到达科技人才会聚的绵阳市。

第七站，直接回重庆按下不表。

行程险象

草原陷阱。车行驶在草原公路上，人坐在车内欣赏草原风光，甚至偶尔靠边停车照个相也是可以的，可是，千万不要以为车开到公路旁的岔道上能尽收美景，因为岔道多半是有的"牧民"油子设下的机关，一旦车开上去，说不定"牧民"就从什么地方突然出现在你车前，挡住去路，以你的车"破坏天然草场"为由，非得让你交上数百甚至上千元才能脱身。这一次，我们在若尔盖草原算是栽了，所以特请后来的"各个小组注意"。

超速惊魂。草原上公路，要么国道，要么省道，并且正在修高速，所以大多数路段是非常好的，老驾们自然想高速运行。但，旅游旺季，车多人多，路上事故不断，所以我在这里还是要告诫大家切莫超速。

北川蠢事。北川地震遗址，是个教育基地，当然免费参观，但不允许各色车辆不加控制进入，这样既难管理，又不安全，所以游客只被允许乘观光车到达指定地点，再行参观，这是合情合理的。可是，我们在这里却犯了个严重错误。当警察告知我们，将自驾车停到停车场后，每个人买九元一张的车票，就可往返参观，然而，我们却偏听了路口一个"串串儿"的谎言："我带你们开车进去自由自在地慢慢参观，方便得很！每个车只收50元，跟你们乘观光车花一样的钱。"更要命的是，我们没问清楚，"车从哪里开进北川老县城遗址、开多长时间……"这些关键性问题。那个"串串儿"开着我们其中一个车，开始了漫长、痛苦而惊险的历程。本来，乘观光车从路口下到地震遗址，只需不到五分钟，他却领着我们千转万绕上了正路旁的一座高山，再千绕万转下到北川地震遗址。我们的爱车在又窄又弯又陡的山路上行驶了一个多小时，特别是好几处地方，因为路况不熟的陡坡车子熄火，车子重新起步太艰难，离合片烧焦的煳味让我们很心疼。待到下坡，虽然车子不会熄火了，但必须一直踩刹车才行，结果车轮和刹车片又烫得危险，车子不得不在下山的半途停下来，用山路旁农家的冷水冲四个车轮，只见车轮"哧哧"冒着热气，好一会儿才敢继续下山……

黄河"几"字游

熟悉中国地图的人都知道，黄河干流是"几"字形水系。为什么呢？实地看看吧。

2016 年夏，我策划了一次黄河"几"字形自驾游。这个名号有点夸张，带有不可告人的目的：吸人眼球呗。其实，主要就是沿黄河的兰州到包头再到壶口瀑布的这一段旅游，加之前些年到过的青海黄河第一湾附近，全长不过 3000 公里，与黄河 5500 公里还差得远呢。

当然，我们这次的重点是很有意味的兰州到包头段。中国几千年历史长河中，多少王朝的兴衰与更迭、多少文化冲突与交融就发生在这一带。大将蒙恬的屯田戍边，汉匈时期的大漠硝烟，刘秀起兵的"得陇望蜀"，关陇贵族的帝业成就，李元昊的西夏霸业，成吉思汗的金戈铁马，俺答汗、三娘子的互市通商，文化元素太多太多。另外，我们是从重庆出发的，从南方到北方，从湿润区到干旱区，奇幻多姿的景观变化绝对带给人视觉上的冲击，所以，我精选了这条线。

我们 2016 年的具体行驶轨迹：重庆→阆中→广元→陇南→天水→兰州→中卫→银川→巴彦淖尔→包头→鄂尔多斯→靖边→延安→壶口→西安→重庆。

先看自然风光。从川北进入陇南再到天水、兰州，沿线观察峡谷植被的由多变少，由密变疏，感觉自然力的伟大；十过黄河，感受黄河水在兰州的浩浩汤汤，到河套平原后的平缓流淌，再到壶口瀑布处的奔腾咆哮；在宁夏中卫沙坡头，亲吻腾格里沙漠南端的黄沙、绿洲、"月牙湖"；在后河套地区，探访河套平原灌溉水渠的接纳归属地，号称中国八大淡水湖之一的"塞外明珠"乌梁素海；在包头市中心逛游中国最大的城市湿地——塞汗塔拉城中草原；在陕北，喜看植被覆盖率大大提高，生态良性恢复的黄土高原……

再言文化古迹。古城阆中张飞牛肉醋味十足；剑门雄关一夫当关万夫莫开；在中华哲学起源地天水，感知"文明启羲皇，一画开天地"；在形似麦垛的山上，膜拜被称为"雕塑陈列馆"的中国四大石窟之一的麦积山石窟；在兰州，参观兰州博物馆、拍照黄河母亲像、抚弄黄河水车、观瞻黄河第一桥中山桥；在贺兰山下，遥看那气势恢宏而又散落在平坦大地的宛如埃及金字塔般大大小小的西夏王陵，感受历史的神秘和扑朔迷离；在银川镇北堡，游览曾拍摄《牧马人》《红高粱》《新龙门客栈》《乔家大院》等上百部优秀影视作品，以古朴、原始、粗犷、荒凉、悲壮、民间化、衰而不败为特色，被誉为"东方好莱坞"

形似麦垛的麦积山石窟

的西部影视城；在包头，徜徉于传播军工文化，体现休闲娱乐的北方兵器城；在鄂尔多斯，神情庄重地参观一代天骄成吉思汗陵；到了西安，先参观陕西历史博物馆，后近观由唐朝高僧玄奘主持修建的大雁塔（保存玄奘从天竺带回的经卷之地），再分头行动。我们之所以选择西安作为旅途最后一站，还因为古都的历史文化内涵太丰富，古迹太多，骊山华山华清池、俑坑乾陵法门寺、钟楼鼓楼古城墙……不得不各取所需了。

民族风情体现在我们的吃住行中。先说"吃"。既然是草原文化和农耕文化的交错地带，饮食上自然要体现出来：多种拉面、各式肉夹馍菜夹馍，不一而足；做法繁多，花样百出的牛羊肉，口感十足；另外，回民街上，美食应有尽有，让人胃口大开；沿路上，瓜果堆卖，香甜可口，也叫你回味良久。"行"中如何体现民族文化呢？骑马、骑骆驼、骑沙漠摩托、沙漠冲浪、滑沙、乘坐黄河上的羊皮筏子，当然具有民族特色；在羲皇故地的天水广场与老人共舞一段太极舞同样融入中华文化；在西安大雁塔北广场观随民族音乐高低起伏的音乐喷泉也一样感受文化的魅力。那么"住"呢？在选择住宿地时，我们有意选择反映地方特色的宾馆。如渭河之滨的"渭滨宾馆"、借用西夏国主名命名的"元昊宾馆"、草原风味浓郁的"蒙古人家"……

革命纪念地，当然就是延安了。我们参观"延安革命纪念馆"、杨家岭、宝塔山……这些地方留下了伟人们的足迹，当然也留下了我们这些缅怀者的足迹。另外，我们在去壶口瀑布的路上，还顺路参观了三五九旅曾经轰轰烈烈开展过"大生产运动"的南泥湾。

行程结束，收获颇丰，也有遗憾。在广元怎不到专门供奉一代女皇武则天塑像的皇泽寺看看，在陕蒙交界地带怎不下车探寻古长城的遗迹呢？

"几"字游，游是游了，那"几"字作何解释？对头，还要回答文章开头的问题，黄河到底为什么是"几"字形水系呢？其实，几次亲近黄河，从周边的地形就看出端倪了。黄河水系形状是地质作用中内外力共同作用，受地形约束转向的结果。看不懂，太专业了？好，通俗点。黄河水系形状是受山脉高原阻挡不断转向造成的。具体如图。

黄河发源于巴颜喀拉山北麓，一路向东准备流出青藏高原，不幸被岷山阻挡，在阿尼玛卿山和西倾山的夹击约束下，流向来一个180度大转弯，向西北而去；接着，又遭到祁连山及其余脉的阻拦，被迫向东；"悲惨"的行程还在继续，在受到秦岭和六盘山的阻截后，开始转向北方；贺兰山算是没为难它，也或许通人性，认为北方内陆更缺水，让黄河水一直流到河套；再向北流不远就要出国界了，不行，阴山横空出世，挡在面前，黄河水转而向东；进入黄土高原地界，吕梁山出现了，黄河"忍气吞声"，只得折向南而行；秦岭最后一次发难，阻挡黄河水让其流向华北平原，在山东丘陵的引导下，黄河最终注入渤海，完成了"几"字形水系的最终塑形。

气势恢宏佛光岩

佛光岩，似乎哪里都有，赤水市的佛光岩别有特色，让我细细道来。

初入这个深度切割的山谷，那侏罗纪、白垩纪的红色沉积岩便吸引了我。岩石红艳艳的，有的红得像在滴血，有的则波状起伏，还有的居然有气孔和结核，很难还原亿万年前的地质演变。

峡谷最深处，大自然的鬼斧神工使这里形成一个巨大的圆弧形绝壁山谷。据说，山谷高234米，宽666米，弧长1000余米。山谷顶群山环绕，缺口处有瀑布倾泻而下，180米的落差使飞泉未到谷底就如粉如丝。而谷底的浅潭和跌水，却正是消夏避暑的好去处。

绝壁当然就是由裸露的红色砂岩形成的丹霞地貌。据说，晴天的时候，太阳光从高处照入山谷，山谷中向上腾起的云气正好形成壮丽的佛光，在丹霞景色的映衬下，气势恢宏，"佛光岩"因之得名。

五柱峰中的两柱

与佛光岩齐名的景点是这里的五柱峰，它由五座棒状直立的丹霞山峰排列而成，红色岩石与苍翠山林相映成辉，丹岩绝壁、奇峰异石、崖廓岩穴，大气磅礴，泰山压顶，气吞山河。

佛光岩景区真值得一游！

牯牛背历险记

在重庆市綦江区郭扶山区，有一处尚待开发的自然奇观——牯牛背。在郭扶镇高青场西北五六公里远的莽莽群山之中，高处茂密森林突现几处光秃秃的岩石，显得格外醒目，那就是被当地人称为"牯牛背"的奇险之地。

由于山路难寻，我们一行人找到一条后来被证实是最愚蠢的路线，在山间穿行两个小时（其实最多一刻钟）才来到一条南北向的山脊之上。山脊上两边很窄、很高、很险，若哪位想不开，随便往哪边纵身一跳，那这篇"文章"就宣布结束。这样的山脊我们走起来都有些害怕，居然是山里人的一条路，常有山民负重经过。

砂岩风化后的山脊多数地方是有植被的，从苔藓、地衣到草本、小灌丛都有，但有三四处太陡，除了裸露的砂岩，什么也没有，活像牯牛背。当第一个"牯牛背"出现在面前时，震撼、兴奋、不虚此行，什么感受都有，当然还要摆各种 POSE 定格历史瞬间，我居然敢在"牯牛"背上来一个腾空留影。我们颤颤巍巍（但要专心致志，不看两侧）踩着前人挖好的踏脚处，好不容易走过，一个同伴眼晕再也不敢往前走了，勇敢者继续前行，第二、三个"牯牛背"更窄、更险，不过经过第一个的我已经无所畏惧，大不了一个字……

光秃秃的牯牛背

返回山下，只花了十多分钟。当地老乡（我恨死他了，上山时怎么不出现，害得我们多走了好多路）饶有兴趣地告诉我，牯牛背前后山脊 1949 年前被土匪占据，给当地山民造成不小的威胁，岁月留痕，如今只有依稀可见的山门了。

"牯牛背"旅游开发在即，以后会是什么样呢？我无法预见。

"巴东"有个红池坝

2013年的夏天，真有点不像话，梅雨太短，早入伏旱，重庆人受不了，开始向周边的避暑地疏散。我们选择的地方就是重庆最东边的巫溪红池坝（非湖北巴东）。

三辆越野车一路狂奔在山路上，随着海拔的升高，气温降到25℃时，离红池坝就只有30公里了。我们在一处农家安顿下来。趁着夕阳余晖，站在窗前，远望起伏万乳山，近闻阵阵松涛声，吸纳股股清凉气，酷暑之烦躁遁于无形。

红池花海游　民乐声声醉

次日，开车直接进入景区。穿过林区，两山之间狭长的高山草原展现在眼前。先在王老大农家乐安营扎寨，再到四处徜徉。骑马赛车不感兴趣，划船泛舟不是所爱，徒步进入"云中花海"景区。

"云中花海"景区是红池坝草场的主打景区。红池坝草场由红池坝"云中花海"、天子山、西流溪三大草场组成，面积达30余万亩，由多个岩溶槽谷平坝组成，槽谷底部地形辽阔平坦，据说是中国南部最大的高山自然草场，被专家誉为"中国的新西兰"。春夏时节绿草如茵，繁花似锦，草长得很高，真要风吹草低才见牛羊，盛夏来临，仍然姹紫嫣红，芳香馥郁。花的品种可多了，我们见得最多的是金鸡菊、紫松果菊、黑心菊、大滨菊，繁花树影、色彩缤纷，间或又有静谧的湖水相配，让人感受自然的亲切与宁静。十多公里的花海世界走了两三个小时，居然不觉得累。为了留作纪念，每一类花，我都来一个特写。

由于景区实在太宽，我和三个同伴索性租用山地自行车，来一场草原走"马"观花。虽有些气喘吁吁，但有美景在，值！

景区有一处夏冰洞，藏于高山草场旁的原始森林中。夏季结冰，冬春冰融。我们站在洞口寒气袭人，久之无法忍受。这个现象至今是个谜。

不在草原上露营心有不甘，我和一位同伴各自在草场上撑起帐篷。帐外凉风习习，繁星满天，帐内睡袋温暖，不

红池坝的"云中花海"

久入眠。不知什么时候,被啃草声惊醒。探出帐篷,借助微弱的星光,朦胧中可见几匹马的身影,也许这就是真正意义上的"马无夜草不肥"吧。

高山草原的黎明来得早些,天刚亮,就被跑马场上阵阵悠扬的民乐声吸引。循声而去,来到跑马场的敞篷下,见到两位正陶醉于民乐演奏的民间艺人。一位手拉二胡,娴熟淡定,一位演奏手风琴,头戴皮毡帽,更像草原人,两人配合默契,民乐婉转动听,《敖包相会》《草原上升起不落的太阳》《蒙古人》等名曲把情景带到了辽阔的北方草原……

探秘天子山 泛舟西流溪

从红池坝草场到天子山、西流溪草场要过几道山垭口,车队一路西行,路很窄,景很美。高山各色野花从车旁掠过,无暇顾及,道旁各路养蜂人戴着头罩忙碌,无法惠顾,只是遇到特别风景,才停下来留影。

天子山草场,群山环绕,牧草茂盛,更具有原生态气息。只有马群、牛群、羊群,没有牧马汉、放牛娃、牧羊女,没有房舍,没有人烟。原来,这里世代形成习惯:每年春暖花开,草木复苏之际,红池坝的山民将马牛羊引领到天子山草场,就离开了。马牛羊们在这里自然生息,或三四十成群,或单独栖息。待到深秋来临,赶在大雪封山之前,这些马牛羊在头头的带领下,回到红池坝它们各自的主人家。这个时候,主人多半会有惊喜,因为很可能马群、牛群、羊群会新添小生命。

西流溪草场是离红池坝最远的草场。也是群山环抱,独成一体。与红池坝和天子山不同的是,这里有小河西流溪。夏天的溪水也是冰凉冰凉的。水清见底,绝对纯天然,当地居民不会饮用桶装的所谓的"矿泉水",这里随手捧来喝就是最好的山泉水。西流溪可以泛舟,驾上小船可以到溪流深处,来一次与大自然的亲密接触。最神秘的是,这西流溪中,有国家二级保护动物——大鲵。它是世界上现存最大的也是最珍贵的两栖动物。因它的叫声很像幼儿哭声,因此人们又叫它"娃娃鱼"。同伴在溪畔有幸见到"娃娃鱼"幼苗,小心翼翼,不便惊扰。

西流溪也有跑马场,不过这个跑马场更粗犷。骑马人自己可以在草原任意驰骋,不受跑道约束。也正因为如此,我们一位同伴(外号叫"病毒")从飞奔的马上摔下来,连车也暂时不能开了,幸好我们有备用司机,不然真的不能如期返回了。

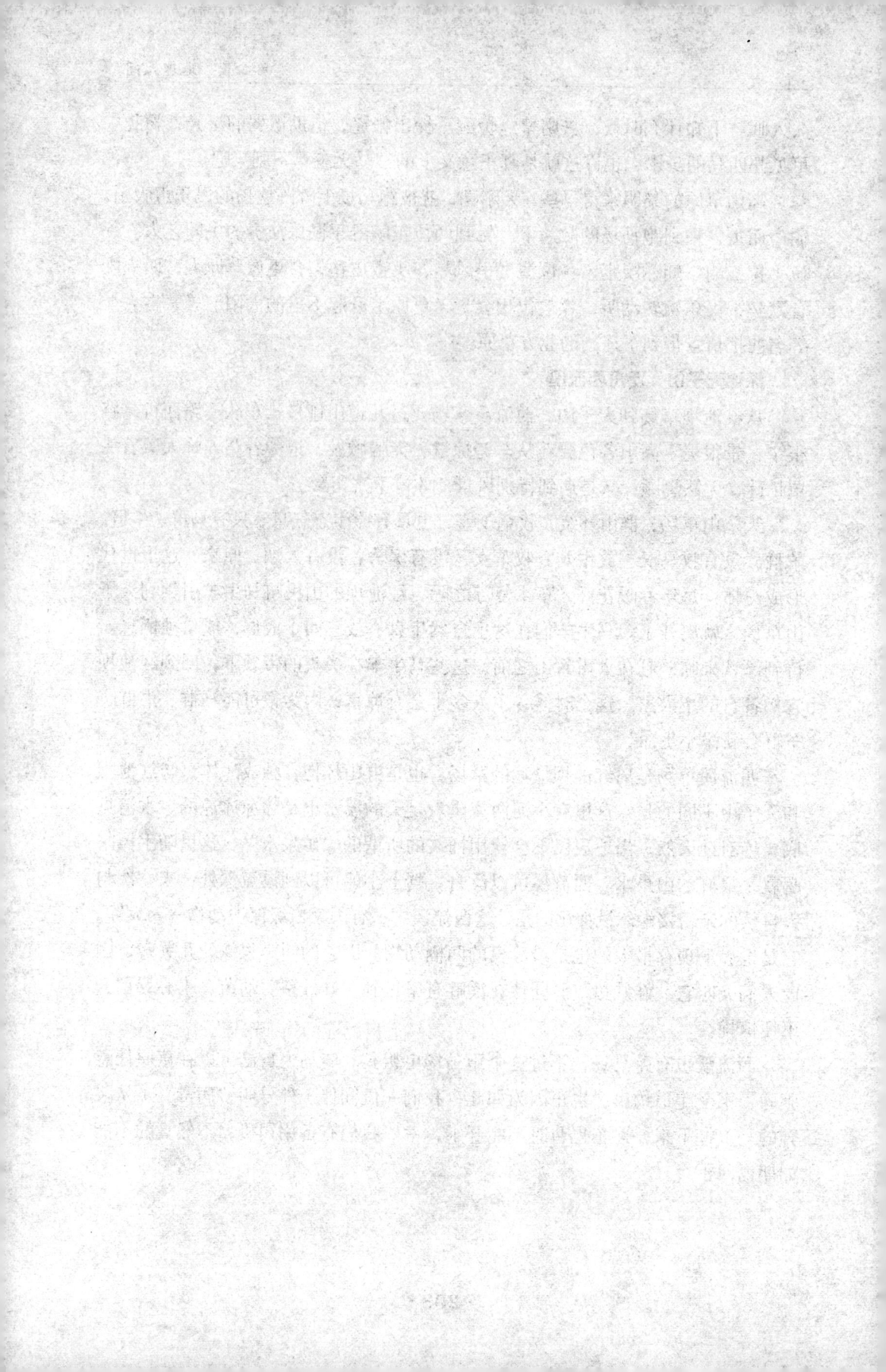

附录1：地理趣闻之地名串烧

假日历险记

愉快的**阿布贾**日到了，我和**摩洛哥、圣地亚哥、夏威夷**策划外出旅游，在一旁的**墨西哥**说："你们最好往**南非**，而且**越南**越好。"我们听从他的建议，开始收拾行李：我身穿一件用**尼亚加拉瀑布**做的衣服，再披一件**富士山**、带上一张做**孟买**的**西雅图**，买两张手机充值用的**斯里兰卡**，记日记用的**墨尔本**不可少，为了卫生，自己带了一副**立陶宛**以及保暖的**巴基斯坦**，而且自备晚上生火用的**里约热内卢**、装水用的**梵蒂冈**，请一位**马尔代夫**为我们搬行李。一切准备就绪，我们骑上**直布罗陀**出发了。

第一天，估计有100**马德里**的行程。我们先经过**海地**的**奥斯陆**，穿过茂密的**柏林**，再翻越了**新加坡**和**吉隆坡**，第二天上午来到一个古老的村子——**柬埔寨**。

守寨门的是两个手执**波士顿**的士兵，一个是身穿**马六甲**的**菲律宾**，另一个是身着**大马士革**的**横滨**。我们说明了来意，他们吹响了**好望角**，有的敲起了**开罗**，顷刻间，全寨人向我们迎来，把我们当成尊贵的**摩尔曼斯克**，热诚欢迎我们的光临。他们播响了**蒙古**，敲起了**圣保罗**，**威尼斯**小姐跳起了别具风情的民族舞。**神户**为我们做洗尘仪式以后，**马尔维那斯**小姐在前引路，我们踏过用**刚果**金镶金边的**巴勒斯坦**，进入一个**卢森堡**，再跨过**也门**，进到一间**名古屋**。为保持古朴民风的缘故，全寨子**缅甸**，屋子里有点**慕尼黑**。当**苏门答腊**被点上后，满屋子顿时**仰光**。**布宜诺斯艾利斯**小姐为我们准备了丰富的欢迎宴会：先是一杯**康斯坦察**，接着是一碗**本州**，加一张用**丹麦**烙的**亚的斯亚贝巴**，菜是用**阿塞拜疆**炒的**阿伯丁**以及**约旦**，**牛津**则用来烫着吃，宴席上还有平时难以吃上的**斯德哥尔摩**和清蒸**乌拉圭**。饭后上的本地的特产——**刚果**和**巴黎**，还有最甜的**尼加拉瓜**，吃得我们直流**秘鲁**。我们吃得很饱，直打**布拉格**，而且满头的**阿富汗**。忽然觉得肚子不舒服，原来吃得太多，**巴西**了。赶快进到厕所，厕所外面**摩洛哥**一个劲地喊："你好没有，我已经**库兹巴斯**了，你快出来，咱俩**伦敦**……"这一次我们可出尽**万象**了。正准备上医院，幸好，**沙特阿拉伯**说："我们这里的医院没有内科，只有**莫斯科、奥里诺科**和**圣弗朗西斯科**，还是我给你们治吧。"说着，他取出用**阿巴丹、不丹、鹿特丹**合炼成的**苏丹**配**阿留申**汤，给我们服下，还**都灵**，立竿见影。

下午，**伯明翰**家的小**亚马孙**和**哈得孙**陪我们游览**四国**风景。这里花香四野，风光旖旎，远处是当地人奉为圣山的**落基山**，因为**基多**，在那山腰的虚无缥缈间，常常听到**洛杉矶**在引吭啼鸣，近处则是成片的**北海道**，**曼谷**绿油油的，长势喜人，奇怪的是这里的**爪哇**白天也在鸣叫，而且蛙声悠扬、此起彼伏。我发现，花草中以兰花最多，有**波兰、荷兰、米兰、芬兰**，有**乌克兰、新西兰、格陵兰、纽芬兰、斯威士兰**，还有最名贵的**爱尔兰**，单单**不来梅**，多少有些遗憾；建筑也很有特色，古色古香，房上尤以**萨尔瓦多**，有来自非洲的**科特迪瓦**，还有取自欧洲的**摩尔多瓦**和**日内瓦**，据说这些都是根据**阿拉木图**设计建造的。

我们边走边看，来到一个古堡——**约翰内斯堡**，里面阴森森的，有些恐怖。四壁的人像全是由**维也纳**塑的，有的张着大大的**西班牙**、有的长出长长的**合恩角**，因为年久失修，雨水渗漏，轻轻在塑像上一摸，就会粘上一手的**悉尼**，看来，还得**加纳**和**加篷**，塑像才会更牢固。不过，用质量最佳的**圭亚那**制作的塑像却完好无损，塑像旁还有一盒**印尼**，是专为游人留指纹用的。在一个**大阪**上，则陈列着各色的**耳朵**模型，有小一点的**乌拉尔、贝加尔、尼泊尔、安道尔、喀布尔**，有巨型**克什米尔、班加罗尔、伊斯坦布尔、蒙特利尔、苏必利尔、厄瓜多尔**，最怕人的还是那似乎涂满鲜血的**塞内加尔**。由于太逼真，一个同伴信以为真，惊得猛地倒退了几步，摔了个**佛得角**，满身是**泊尔尼**，还掉了一颗**葡萄牙**。

从古堡出来，前面是两座高高的佛塔，同伴进了**雅尔塔**，我则登上拉普拉塔。当我借助**高加索**，费力地爬上塔顶，正准备欣赏无限风光时，却看见**潘帕斯**小姐正向我们招手，说将要举办**马赛**，让我们赶快前往。

赛马场汇集了世界名马。有欧洲的**罗马**、中美的**巴哈马**、南美的**利马**，最著名的是亚洲的**珠穆朗玛**，东道主的**阿塔卡马**……上届冠军**巴拿马**，正中了**萨尔温**，病未痊愈，不能参加。比赛开始了，马群先越过一米多的障碍——**开普敦**和**休斯敦**，然后沿**科伦坡**飞奔，通过**剑桥**，到达**河内**。河面上微风习习，泛起**马拉开波**，河水不深，马儿都能踩到**伊洛瓦底**。过得河来，就是终点**冰岛**，除一匹马中途**大不列颠**外，各路名马**马达加斯加**，都想展示强劲的实力，向终点的三八线冲刺，但出人意料的是，名不见经传的**汉科乌马**，显示了它的**挪威**，最先**冲绳**，一举夺魁。

夜幕降临，寨子里更成为欢乐的海洋。人们燃起篝火，丰富的活动拉开了序幕。在"硅谷"有一场别开生面的**琉球**赛，据说选手个个都是打**阿联酋**的高手，但球星还是大名鼎鼎的**马里亚纳**。我并不感兴趣，转到**阿根廷**院中看棋赛，我本熟悉各路棋道，没想到这里的棋让我大开眼界：有下**卡拉奇**的，也有下**乞拉朋齐**的，当地人最擅长的还是**土耳其**，可就是没有我喜欢的围棋。观战不久，我就迈步走向别处。在**红河**谷宽宽的**哈萨克斯坦**上，有人正在**安卡拉** OK 机，我颇有兴致地走上前，刚唱完一曲**卡拉库姆**，同伴拉我一把，说那边有精彩的时装模特大赛。**尤卡坦**铺的 T 形台上，模特们尽显风采。从**汉堡**和**湄公河**来的全是男选手，**芝加哥**、**格拉斯哥**、**摩纳哥**成为耀眼的明星，从**索非亚**来的则是女选手，**那不勒斯**、**兴都库什**、**额尔齐斯**、**珀斯**、**基里巴斯**、**圣劳伦斯**、**阿尔卑斯**以及**俄罗斯**小姐，她们个个身披华沙、仪态万方、端庄秀丽、举止婀娜……

天气转凉，夜晚的山寨，刮起了一阵**查亚峰**，我隐约觉得有点**耶路撒冷**了，再看看**比利时**，也不早了，找到同伴，在**伊朗**的指引下回到住地。喝了点**九州**，感觉好多了。没有睡意，环顾房间有什么书，书架上全是**雅典**，我随手抽出一部**里斯本**，就翻了起来。

睡觉之前，我先翻开**日本**，从包里取出才买的**密西西比**，用**东帝汶**记录下一天的传奇经历，然后一头钻进**萨拉热窝**，进入了梦乡。

第三天的旅程是游览原始森林——**洛林**。我们乘坐一个小时的大型客机——**赫尔辛基**，停机坪外早有专车——**以色列**来迎候我们。（以下主要中国地名）

通过一道**山海关**，再走过一段**河西走廊**，就到了进山的**厦门**，在**东营营口**花点**白银**买了几张门票，一行人进山了。

漫步林区，心旷神怡。东边是**吉林**，常年生长着**塔里木**、**柴达木**和**格尔木**，西边是**桂林**，据说以出产**神木**而出名，不过，林中有一怪，就是**宝鸡**啼鸣有点像**绵阳**叫，引来许多**包头**的妇女**茂名**前来**娘子关**。**延边**的**九寨沟**两岸，远远望去，满山遍野都是**玉树**，开着**百色**的**攀枝花**，两个月后，香甜的**伊犁**就能饱口福了，树荫下**黄石**缝里，长着极为珍贵的**林芝**。

穿过林区，视野顿然开阔，原来我们来到了著名的**冷湖**风景区。我们先漫步湖畔，一股淡淡的酒香扑面而来，身穿**克拉玛依**的**峨眉**小姐是我们的导游，她看我们一副迷惑相，就给我们讲起了关于湖的传说：**密云**深处的**天山**，发源的一条河"**天水**"，是冷湖唯一的补给水源。有一年，从**龙泉山**来的**九龙**在河口处**十八盘**，它们**横断**河套又上下**腾冲**，使河成了一条**黑河**，一时间河里**大余**绝迹了，它们刮起的**息峰**使**拉萨长沙**漫漫，**日照无锡**，不升旭日，也不见**洛阳**。后来，从**鹤岗**飞来几只丹顶鹤，见龙扎龙，硬是从**老龙头**中啄出一粒粒**邯郸**，不久**九龙**死去，沉到**小浪底**，湖面又**保定崇明**、**宁波安康**了，而且**长春无夏**，气候宜人。此后，湖中开始**阳泉**了，因泉水中有阵阵酒香，所以当地人称之为**酒泉**，"**湘潭**"**泉州**从此吸引了八方来客……正说着，我们来到湖畔**任丘**上的一口**羊八井**旁，我们证实了**酒泉**之说。那湖畔的**连云港**称为**香港**是再贴切不过了。

湖中有一小岛名叫**青岛**，从**钓鱼台**旁的**天生桥**可直达风景**瑞丽**的小岛，岛上原有个**石家庄**，岛上村民原来以**大理**石为生，而现在则以经营民俗旅游为主了。我们一到，村里人就举行**大庆**，对我们的来访表示欢迎。一行人来到一家**瓦房店**参观民居，房主人施以**大理**来迎接我们。环顾整个居室，门帘、窗帘都挂的是**雅鲁藏布**，房顶用高高的**吕梁**支撑，南方飞回来的**十堰**和**都江堰**都在房梁上建造了爱巢，并且还分别挂上一串**铜陵**在叮当作响，跨过一道**澳门**，经过一段**廊坊**，我们进到内屋，在**烟台**上放着一口大大的**淄博**，**焦作**上则放了一副祖上传下来的**乌鲁木齐**，我**开封**取出一枚棋子，发现棋子是由**佛山**的佛珠精雕而成的，因此显得格外珍贵，不过棋子**太原**，稍不留意，就会从手指缝中滑落。里面盛的是从**盐城**取回的优质井盐，尝一尝还真有点**旅顺口**，墙角的**鹰潭**则是本地特产——**西沙冰糕**，房主人给我们每人一支，吃过后感觉太凉，主人又给我们端来一碗**温州**，可喝了又直冒**察尔汗**，主人再端来一碗**凉州**解热，服务可谓周到。从后门出来，一眼就看见一个大大的**基隆**，笼中的**富拉尔基**正**高雄**着头，朝我们**齐齐哈尔**。房主人为我们套上马车，这马车很特别，左边是**昆仑**，右边是**北仑**，初看认为是大同小异，实则有本质区别，一个由**锡铁山**的铁**大冶**而成，一个取自**铜川**的**铜仁**。马鞍来自**马鞍山**或**鞍山**，我们上了马车，同房主人告别，踏上了归途。

珠穆朗玛拉着我们沿路返回来到岸上，继续我们的行程，有一片**株洲**的景色让我们记忆长久，那**二滩**上一望无际的**和田**，长着熟里透红的**吐鲁番**，据说，行人口渴了，摘一个来吃，在这里是不算偷的。

越过**巫山**，在**平顶山**的**商丘**旁，马车被两个胖胖的**武汉合肥**拦了下来，他们向我们申明，从这里路过的人，都要步行经过。原来，**张家界**到了。这里地势险要，**南通唐山**，北连**五指山**，自古以来是兵家必争之地，直到现在，这里尚有一些古战场遗迹。**哈尔滨**领我们穿过有点**个旧**的**虎门**，来到一个**汕头**，又由另一个**宜宾**带我们从**玉山**旁的**玉门**穿出，在**神府**门前叩拜三首，才对我们允以放行。

旅行顺利结束，略显遗憾的是走时**太仓**，居然没带一件纪念品回家，只好**修文**一篇，算作永久的纪念吧。

附录2：地理幽默

（学习和生活中不乏地理幽默，现收集一些奉献给朋友们。不过，笑过之后，还是希望朋友们想一想其中的道理，也算有点收获。）

雾天

甲：今天天气怎么样？

乙：雾太大，看不清。

冬至话题

地理老师：今天是冬至。同学们，提到"冬至"，你们首先想到什么？

学生甲：老师，我知道，提到"冬至"，我就想到了吃羊肉。

地理老师：就想到吃，想点气候方面的。

学生乙：我知道，冬至、冬至，就是冬天到了呗。

地理老师：这也太简单了吧，想远点……

学生丙：老师，冬至到了，离放寒假就不远了。

地理老师：你们怎么就不想想太阳啊、回归线什么的？

学生丁：哦，老师，你要这么说，我知道了，就是我们每天在太阳下山以前，要回归家里，是吧。

地理老师：……

地球仪（一）

地理老师：同学们，你们看，这地球仪放在桌子上，南北极为什么是歪的？

学生：那是学校买的地摊货呗！

地球仪（二）

上课了，地理老师提着地球仪进教室，学区主任正好来听课。

地理老师：同学们，今天教室里多了个什么东西呀？

同学们：多了个主任！

地理老师：主任是东西吗？

同学们异口同声：主任不是东西！

地理老师突然意识到提问产生歧义，马上提起了地球仪……

热带雨林

地理老师：同学们，热带雨林气候高温多雨，空气闷热潮润，走在雨林里，衣服几乎都干不了。

某女生：那，我就不穿衣服。

地理老师：那，我只能讲极地气候了。

难倒天文学家的小学生作业

某假期作业上，有一道作业题：要求，小学生连续一个月，不间断地观察月相，做好记录。（请问哪个学生做得到？）

牙齿化石

高中时，同学不幸掉了颗牙齿。该同学经过慎重考虑，到后山挖坑将牙齿埋了。有人问，有那么费劲吗？同学回答："我想，若干年后，我这颗牙齿能成为牙齿化石，顺便给后人发现古人类牙齿化石增加点难度系数。"

专业语言

两个地理"痴"聊天，有趣。（旁人称奇！）

甲：当年，我大学填志愿不费劲。所以备选大学都在亚热带季风气候区，具体点，秦岭 – 淮河以南，南岭以北，横断山脉以东，武夷山以西。

乙：我跟你差不多，最后在长江和汉江交汇的那个城市读的大学。

甲：哦。听说你喜欢旅游，那你大学毕业这些年，都到过哪些地方呢？

乙：是啊，我经常外出旅游。范围从东经 90 度到东经 120 度，从北回归线到北纬 50 度。唉，这几年，外出得少了。要买房子呀！

甲：在哪里买的房？

乙：我们国家地域辽阔，加上我又喜欢旅游，我原本想分别在：纬度低和纬度高的地方、沿海和内陆地区、低海拔和高海拔地方都买一套，但是资金有限啊。暂时在川西平原的中心城市和长江入海口城市买了房。

甲：我没有你能耐，我只在首都的城市热岛环流圈外买了个小户型，那儿房价相对便宜……

盼下雨洗脸

高中同学李，一向喜睡懒觉。往往早自习预备铃响，才翻身起床。打水洗脸是来不及了，他只能将自己的脸往挂在寝室外露天铁丝上的毛巾上一抹，就奔向教室。久而久之，他的毛巾最黑最脏。

天晴时，他就只能用干毛巾擦脸，不过，这样很不舒服。有一天晚上，雨一直下个不停，同学李显得格外高兴。同学问他："你高兴啥？"同学李笑答："你没看见在下雨吗？我明天早上就可以用湿毛巾洗脸了，舒服啊。"

水浒地理

一天地理老师问同学们：中国江河水向哪里流呀？

一学生猛站起来唱道：大河向东流啊。

老师没理会他，接着说：天上有多少颗星星啊？

那位同学又唱道：天上的星星参北斗啊。

老师气急：你给我出去！

学生：说走咱就走啊。

老师无奈说：你有病吧？

学生：你有我有全都有啊！

老师：你再说一句试试……

学生：路见不平一声吼啊！

老师：你信不信我替家长揍你？

学生：该出手时就出手……

老师怒：你退学算了！

学生：风风火火闯九州。

长江黄河聊天

黄河说："长江长江，我是黄河。"长江回答说："黄河黄河，我也是黄河！"（这是说长江水土流失严重，含沙量变大）

地理神卷摘录

问：为什么夏季白天长，冬季白天短？

答：根据热胀冷缩的原理，夏季热，白天变长，冬季冷，白天变短。

问：月球为什么不能住人？

答：月球是嫦娥、吴刚约会的地方。

问：解释岩石的重熔再生作用。

答：重熔再生就是重新投胎。

问：解释台风。

答：台风，就是台湾吹来的风。

问：汉水的发源地在哪里？

答：发源地在头上。

问：什么是海沟？

答：海沟就是海洋的阴沟。

问：新疆自然成熟的西瓜为什么那么甜？

答：常言道，强扭的瓜不甜，新疆西瓜不是强扭的，所以它甜。

最严的考场规则

某校制定的考场规则中，要求考生坐正考试，只要身体偏转角度超过黄赤交角，就认定考生考试违纪。

危险的陆风

地理老师讲热力环流时说：根据热力环流原理，晚上你面对大海站在悬崖之上是非常危险的。陆地气温下降，气压升高，近地面的风由陆地吹向海洋（称为陆风），就好像有一只罪恶的黑手将你往悬崖下推，希望大家格外小心啊。

老师们谈寿命期望值

一天课间休息，几个老师在办公室笑谈对自己寿命的期望值。对话大致如下：

生物老师：我要求不高，只要活大象的寿命就可以了。

众人：大象活多少岁？

生物老师：60～80岁。

众人：现在生活这么好，活这个岁数没追求。

化学老师：我的希望也不高，只要有放射性元素钚 238 的半衰期长就可以了。

众人：钚 238 的半衰期是多少？

化学老师：89.6 年。

众人：那要好好活，重视锻炼和保养身体哟。

地理老师（我）：我的要求也不高，我只希望再次见到哈雷彗星就心满意足了。

众人：哈雷彗星哪年才又出现？

地理老师：2062—2063 年，那时候我已经 95 岁了哟。

众人：有难度哟。

地理老师：我今天说好，到时我如果不在了，你们中还有健在的，请把我的照片拿出来，对着夜空中哈雷彗星晃一晃，就算满足我的遗愿吧。

历史老师：要有信心，别那么悲观嘛。我打算活过"药王"孙思邈。

众人：孙思邈活了多少岁？

历史老师：据可信的资料说，他经历了隋文帝时代、隋炀帝时代、唐高祖时代、唐太宗时代、唐高宗时代，直到武则天时代才去世。活了 100 多岁哟。还一个说法，说他在北周朝就在世了，活了 142 岁。

众人：看来，我们是做不到了。

语文老师笑：算了，你们的要求都低了。我准备活到猴年马月、天荒地老、海枯石烂、水滴石穿、沧海桑田、万古千秋、万寿无疆……

（语文老师还准备说下去，上课铃声响了。）

后 记

取"我的地理之路"这个书名，我是纠结了很久的。一个地理教师，文坛上可有可无，你的地理之路关我什么事，我凭什么要关注呢？我曾想到将书名改成"安哥的地理故事"，这个书名倒很直白，不过这样就没有地理的先后历程了。

两年时间，寒来暑往，看别人悠闲地玩，我则坐在电脑桌前，伤着脑筋，敲着键盘，只因鄙人一癖好——酷爱地理。地理是我的"恋人"，给我带来无尽的快乐。我以苦为乐，乐此不疲，情定终身。同时，学生的点赞、同事的鼓励、家人的支持让我笃定前行。

我与地理的深深恋情有日记为证。40年来，一本本日记扎成一大捆。我花了大半个假期的时间，将日记整理出来，其间与地理相关的记载让我激动，难以忘怀。我将其作为"我的地理之路"的主要素材。我撰书之愿得到同事、学生以及长期"潜水"的老同学（如陈洁、柯琴）的支持，他们也为我出谋划策。除此之外，老家眉山的哥哥也专门为我收集素材而奔波。

我要特别感谢张白地、李梅、房筱锦、潘宇等文字功底深厚的同事，为我的文稿进行了一遍又一遍的校对和润色；弟子曾明扬是个语文高手，暑期也没闲着，她为我稿子的语言结构进行了首次梳理；美术专业的王运青弟子也牛刀小试，为我的文稿配上了一些精美的插图；中央美院的高材生向庭洁还为本书的封面构思，提出了合理化建议；退休老同事宋安翻出几十年的珍藏邮票，让我在其中找寻地理元素……

有人怀疑，你这一本"我的地理之路"到底价值几何？

首先，我和很多老教师的想法一样，几十年的教育教学积累，总有经验和教训值得年轻教师学习借鉴，总有教育故事对学生有启迪，总有生活经验对人们有启发，所以，它一定会体现出应有的价值。只要有人从中受益，我就心满意足了。

其次，我不指望也不可能靠它来获取经济利益。

当然，由于水平有限，书中难免有表述不当之处，我希望读者朋友能予以指正，更期盼与读者朋友们进行广泛交流，一道热爱自然、享受自然。

图书在版编目（CIP）数据

我的地理之路 / 王泽安著 . -- 长春 : 东北师范大
学出版社 , 2019.1
ISBN 978-7-5681-5462-8

Ⅰ . ①我… Ⅱ . ①王… Ⅲ . ①地理课－中小学－课外
读物 Ⅳ . ① G634.553

中国版本图书馆 CIP 数据核字 (2019) 第 027489 号

□责任编辑：包瑞峰　□封面设计：陈丽维
□责任校对：张巨凤　□责任印制：张允豪

东北师范大学出版社出版发行
长春净月经济开发区金宝街 118 号（邮政编码：130117）
电话：0431—84568003
网址：http://www.nenup.com
东北师范大学出版社激光照排中心制版
北京市金星印务有限公司
2019 年 4 月第 1 版　2019 年 4 月第 1 版第 1 次印刷
幅面尺寸：170mm×240mm　印张：15.75　字数：260 千字

定价：55.00 元